Le Duc de Guise joua dans l'affaire de
Saluces un rôle magnifique et écrivit
au Pape. Allié de Charles-Emmanuel,
qui l'incitait a faire éviter la guerre
à la Savoie, une lettre superbe de
laquelle on relevait ces phrases :

"Je tiens à très grand honneur et
"spécial faveur qu'il ayt plen à V. Sté
"par ses lettres écrites de sa main le
"XIIII du moys passé m'envoyer ses
"intentions et son très clair et cague
"jugement sur le fait de Piémont...
"Mais son bon plaisir sera de m'excuser
"si avec la Reverence et submission de très
"fidel servyteur et fils d'obédiance que je
"lui suys, je le supplie très humblement
"de vouloir balancer également les raisons
"du Roy, mon Souverain seigneur, les
"justes ressentyments d'un puissant Etat
"la valeur et le courage de l'une des
"premières nations du monde plus
"nourrye et acoustumée aux conquest-
"et à l'accroissement des lymits de la
"monarchie qu'à la diminution,
"n'estymant la pouvoir souffrir
"de quoy que ce soit sans encourir
"un très grand blasme et déchoir

de l'ancienne Reputation et generosité françois
...c'est pourquoi le Sainct Pere, debvois que l'
evennement de Saluces, fut arrivé, je fis entendre
à V.S. le regret que j'en avois avec beaucoup
d'apprehension que ce nouvel et subit accedant...
...ne fut un sujet trop plus que suffisant
de traverser les Sainctes résolutions que l'on
prenoit de faire la guerre irreconciliable
aux heretiques, pour traiter une treve avec
eux et convertir les armes ailleurs ... estant
une maxime d'Estat que les frontieres gardées
le dedans se peut tousiours remettre ; Estant
ce que je suis tres voué et affectionné a la
manutention du service de Dieu et du St
Siege jusqu'au dernier soupir de ma vye
je tiendray la main a la continuation et poursuite de cette Saincte entreprise ; mais aussy
estant né françois, je recongnois par le
Droit de ma naissance, par la fidélité de
mes progeniteurs, et la myenne particuliere
par les bienfaicts de Rois mes souverains estre
tres obligé a la défense de mon prince et
de sa couronne, et pour tous les respects du
monde je n'y voudrois manquer......

(Archives du Vatican. Nunz. di Francia
    Tome 26. f.° 361 lettre originale avec sceau).
v. aussi L'Epinois de Ligne et les papes, mais
l'indication des archives du Vatican est mal donnée;

HISTOIRE

DE LA

GASCOGNE

DEPUIS LES TEMPS LES PLUS RECULÉS

JUSQU'A NOS JOURS,

DÉDIÉE

A MONSEIGNEUR

L'ARCHEVÊQUE D'AUCH

ET A NOSSEIGNEURS

LES ÉVÊQUES

DE BAYONNE, D'AIRE, DE TARBES ET DU PUY.

PAR L'ABBÉ J. J. MONLEZUN,

CHANOINE D'AUCH.

SUPPLÉMENT.

AUCH,

BRUN, Libraire-Éditeur.

—

1850

ÉPILOGUE.

Henri IV ne survécut pas trois ans à l'acte qui avait tant coûté à son cœur. Ni la paix qu'il avait rendue à son royaume, ni son excessive affabilité, ni cette bonté à toute épreuve dont il ne s'écarta que le jour où il envoya à la mort une des gloires militaires de la France, son ancien compagnon d'armes, le brave et imprudent maréchal de Biron, rien ne put désarmer la rage de quelques esprits farouches ; on eût dit un tyran justement abhorré. Plusieurs tentatives de parricide se succédèrent inutilement; mais une dernière devait, hélas ! réussir, et le 14 mai 1610, la France perdit un de ses meilleurs et de ses plus grands rois. Au premier bruit de l'attentat, hommes (1), femmes et enfants, tout se précipita dans la rue avec des gémissements et des sanglots. « Il était pitié de voir tout le peuple en pleurs et en larmes avec un triste et morne silence, ne faisant que lever les

(1) Journal de l'Étoile.

yeux au ciel, joindre les mains, battre leurs poitrines et hausser les
épaules, gémir et soupirer, et si quelques cris échappaient, c'était avec
des élancements si douloureux, que rien ne saurait se représenter de
plus affreux et pitoyable. Ensemble, chacun ne faisait que dire : nous
sommes tous perdus, si notre bon roi est mort. ».

Le prince laissait six enfants légitimes, trois fils et trois filles, nés
de Marie de Médicis, qu'il avait épousée, après avoir fait casser son
mariage avec Marguerite. Louis, l'aîné des fils, ne comptait que huit
ans et quelques mois. Il succéda à son père; mais Marie de Médicis
saisit les rênes de l'administration sous le titre de Régente. Il eût fallu
une main ferme et habile. Les factions des grands, assoupies durant
le dernier règne, s'étaient réveillées plus ardentes que jamais. D'un
autre côté, les protestants feignaient de s'alarmer des tendances de la
cour. La Régente, esprit faible, étroit, capricieux, entêté, n'avait aucune des qualités que demandaient des conjonctures aussi difficiles.
Elle apaisa les protestants en confirmant l'édit de Nantes, et elle essaya
de désarmer les factions en assemblant les états-généraux. Ils se réunirent à Paris, le 27 octobre 1614.

La province ecclésiastique (1) d'Auch y fut représentée par son
archevêque Léonard de Trappes, par l'évêque de Bazas, Jean de Jaubert de Barrault et par l'évêque de Comminges, Giles de Souvré, fils
du maréchal de ce nom et successeur d'Urbain de St-Gilais, mort
l'année précédente. On y vit aussi Antoine Decous, neveu et coadjuteur de l'évêque de Condom. La noblesse y avait envoyé pour le Bazadois, Antoine Jaubert de Barrault; pour l'Agenais, François Nompart
de Caumont-Lauzun et François de La Gaulte, baron de Buisson;
pour le Comminges, Jean-Denis de Lahillère; pour les sénéchaussées
de Dax et St-Sever, Antoine de Grammont, gouverneur de Bayonne;
pour le duché d'Albret, Raymond de Montcassin, secrétaire de son
Ordre, et Jehan de Castillon, baron de Mauvoisin; pour les comtés
d'Armagnac et de l'Isle-Jourdain, Jean de Lupé (2), seigneur de

_____

(1) *Gallia Christiana.* Procès-verbal des États de Paris et Manuscrit de M. Ben-
jamin de Moncade.

(2) Ce Jean de Lupé dont nous avons déjà parlé, fut capitaine de 50 hommes d'armes, gentilhomme ordinaire de la chambre, gouverneur de Fezensaguet et de la ville
de Mauvezin, capitaine de chevaux-légers (1591), maréchal de l'armée du roi en
Guienne (1593), maréchal-de-camp (1596). C'était un des braves guerriers de cette
époque. Il reçut de Catherine de Médicis et des rois Henri IV et Louis XIII les marques les plus flatteuses d'estime et de confiance. Jean épousa, en premières noces,
Marguerite de Morlhon, fille de François de Morlhon, seigneur d'Asprières et de
Vensac, dont il eut une nombreuse postérité.

Maravat et Géris de Leaumont, seigneur de Puygaillard; pour la
ville et cité de Condom et sénéchaussée de Gascogne, Jean du Bouzet,
baron de Poudenas, gentilhomme ordinaire de la chambre du roi,
et Jean-Paul de Monlezun, seigneur de Malibeau. Le tiers-état avait
choisi pour mandataires, à Bazas, Antoine de Lavergne; dans l'Agenais, Jean Villemon, Julien de Combefort et Jean de Sabaron; dans
le comté de Comminges, Jean de Cambis, sieur de Lamothe; dans le
pays de Rivière-Verdun, Louis Delong, conseiller du roi et juge général audit pays; dans la sénéchaussée d'Albret, Pierre du Roy et
Jean Broca, consul de Nérac; dans l'Armagnac, Samuel Delong,
juge-mage; dans la sénéchaussée des Lannes, Daniel Dubarry; et
attendu l'indisposition de Dubarry, on lui avait donné pour coadjuteur Arnaud de Coets. Enfin, la ville de Condom y avait député
nobles hommes Guillaume Pouychelant, sieur de La Tourre, et Raymond de Goyon, bourgeois et jurat de la ville. Les trois Ordres con-
sumèrent presque tout leur temps dans de mesquines et jalouses riva-
lités de préséance. Ils purent à peine sonder les plaies de l'État et ne
travaillèrent à en guérir aucune. Toutes ces grandes assemblées de
l'ancienne monarchie, si souvent réclamées à grands cris et réunies
avec tant de fracas, n'obtinrent presque jamais d'autre résultat. Quand
on les examine de près, on s'afflige de reconnaître qu'elles ont été à
peu près toujours un leurre ou un embarras.

Henri avait longtemps combattu l'Espagne. La Régente, suivant
une politique opposée, noua une double alliance avec cette puissance.
Elle maria Elisabeth, sa fille, avec le prince des Asturies, et obtint la
main d'Anne d'Autriche, fille du monarque espagnol, pour Louis
XIII (1). Les deux mariages furent célébrés par procureur le même
jour (18 octobre 1615), l'un à Burgos où le duc de Lerme épousa
l'Infante au nom du roi très-chrétien, et l'autre à Bordeaux où le duc
de Guise épousa la princesse française au nom du prince des Asturies.
Celle-ci partit trois jours après, traversa Bazas, Captius, Roquefort,
Mont-de-Marsan, Tartas et Dax, et arriva paisiblement à Bayonne.
On lui avait fait craindre pour sa sûreté dans ce voyage. La rumeur
publique publiait que les ennemis songeaient à l'arrêter, et que le
comte de Grammont et le baron de Castelnau-Chalosse étaient prêts
à se joindre à eux; mais les religionnaires ne parurent nullement en
armes. Le comte de Grammont vint se joindre à l'escorte de la princesse à la tête de mille hommes de pied et de cent chevaux. Enfin, le

(1) Voir, pour tout ce qui suit, Dupleix, Vie de Louis XIII, page 74 et suiv. Mém.
du duc de Rohan, p. 126. Fontenay-Mareuil, p. 315. Mém. de Richelieu, tome. 1,
p. 273 et suiv. Pontchartrain, p. 120. Barthelemy Gramond, lib. 2, pag. 103 et suiv.

baron de Castelnau ne se contenta pas de la recevoir avec toute sorte de respect dans la ville de Mont-de-Marsan, où il commandait; mais il voulut l'accompagner avec quatre-vingts hommes d'armes ou *maitres*, comme on les appelait alors.

Elisabeth, près de quitter à jamais la France, laissa un dernier souvenir de sa piété. Durant son séjour à Bayonne, elle provoqua la fondation du couvent des Capucins. Elle planta elle-même au milieu d'un immense concours, la croix sur l'emplacement qu'allait occuper le nouvel établissement (3 novembre). Le lendemain, elle partit pour St-Jean-de-Luz. L'Infante de son côté, était arrivée à Fontarabie, conduite par Philippe III, son père. L'échange se fit sur un bateau richement pavoisé, au même lieu où François Ier avait été échangé contre son fils. Les bords de la rivière étaient occupés par les troupes et les gentilshommes. Les coteaux voisins étaient couverts d'une immense multitude, accourue des deux royaumes. La princesse française fut conduite dans le bateau par les ducs de Guise, d'Elbœuf et d'Uzès et le maréchal de Brissac, et par la duchesse de Nevers et les comtesses de Lauzun et de Guiche. Le duc d'Usséda, fils aîné du duc de Lherme, premier ministre d'Espagne, y conduisit l'Infante. Les deux princesses s'embrassèrent avec effusion, et quand elles touchèrent les deux rives opposées, une décharge générale d'artillerie et les sons bruyants d'une double musique militaire annoncèrent à deux peuples alors amis, mais trop longtemps rivaux, qu'un nouveau gage de paix venait de cimenter leur union.

La ville de Bayonne avait fait de brillants préparatifs pour recevoir sa future reine; mais l'infante, s'étant trop arrêtée à St-Jean-de-Luz, ne put jouir du spectacle qui lui était destiné. Albert de Luynes, favori de Louis XIII, l'attendait pour la complimenter au nom de son royal fiancé. Il l'accompagna à Bordeaux, où l'on se rendit en toute diligence. Les Huguenots s'étaient vantés de lui barrer le passage, comme ils devaient barrer le passage à la princesse Elisabeth. Favas, un de leurs chefs les plus entreprenants, sortit en effet de Casteljaloux dont il était gouverneur pour se placer sur sa route; mais le duc de Guise, ayant fait avancer sa cavalerie, Favas n'osa pas l'attendre. Le roi vint au-devant du cortège, et le 25 novembre les cérémonies du mariage furent renouvelées dans l'église métropolitaine. La messe commença tard et ne finit qu'à six heures. Les deux jeunes époux y parurent avec tous les attributs de la royauté. Louis venait d'entrer dans sa quinzième année. L'Infante, quoique jeune et belle, ne lui plut pas longtemps. Le prince n'avait aucune des qualités de l'adolescence; sombre, soupçonneux, méfiant, plein d'aversion, non seulement pour les affaires, mais même pour les fêtes et les plaisirs,

il s'ennuya bientôt du joug maternel, et écarta la Régente pour aban
donner le pouvoir à son jeune favori. La religion n'avait pu changer
ce caractère indocile et rebelle; mais, du moins, elle avait déposé dans
son cœur d'ineffaçables impressions. Le prince lui avait déjà voué un
respect et un amour qui ne se démentirent jamais. Il souffrait de voir
le Béarn livré encore à l'hérésie.

Henri s'était occupé d'y rétablir l'exercice du culte catholique;
mais il avait cru devoir user de prudence et de ménagements dans
une œuvre aussi difficile. Il ordonna (1) d'abord ce rétablissement
dans une vingtaine de villages et de bourgs, où la plupart des habitants étaient demeurés fidèles à la foi. Il l'étendit ensuite aux villes
d'Oleron, d'Orthez, de Morlas, de Nay et de Lescar. Ces ordonnances
alarmèrent les protestants, qui firent entendre des menaces; mais
que peuvent les menaces contre les ministres de l'Évangile. Deux
Franciscains, échappés comme par miracle au glaive de la persécution
et appesantis sous le poids de l'âge et des travaux, évangélisaient seuls
une contrée d'où rien n'avait pu les arracher. Un renfort leur arriva
de Rome. A leur tête parut Zacharie Colom, fils de Pierre Colom,
ancien secrétaire de la reine Jeanne et frère d'Henri Colom, syndic
des États de Béarn. Engagé longtemps dans l'erreur comme tous les
membres de sa famille, Zacharie était rentré dans le sein de l'église,
et malgré tous les obstacles qu'on opposa à sa résolution, il avait pris
l'habit religieux dans la congrégation des Barnabites. Rome lui
associa le Père Olgiatti, milanais, son confrère. Les deux religieux
ouvrirent leur mission dans le village de Lucq; l'évêque d'Oleron,
le courageux Maythie, présida à cette ouverture et célébra la messe
dans une vaste prairie au milieu d'un immense concours. De Lucq,
où les conversions furent nombreuses, les zélés missionnaires gagnèrent Moneins où la moisson ne fut pas moins abondante. Bientôt ils
se répandirent dans tout le Béarn et firent partout des conquêtes.
L'hérésie frémit de ces succès. Peu contente de prodiguer aux missionnaires les outrages et les violences, elle s'attaqua aux deux évêques du
Béarn. Celui de Lescar fut insulté dans les rues de sa ville épiscopale
et dut se retirer à Pau où toutefois les prédications étaient sévèrement
interdites. Celui d'Oleron courut des dangers plus graves. Il devait
faire un voyage à Paris pour les intérêts de la religion. Des forcenés,
instruits de son dessein, l'attendirent sur sa route entre Mauléon et
Sauveterre, et quand il fut à leur portée, ils fondirent sur lui l'é-
pée à la main; mais le ciel veillait sur ses jours; des secours venus
à propos le dérobèrent à la mort. La lutte se poursuivit jusqu'à la fin

(1) Poydavant, t. 14. Troubles du Béarn, p. 148, et surtout Barthélemy Gramond,
liv. 6, p. 309 et suiv.

du règne d'Henri IV. Les consistoires et les synodes multipliaient les obstacles. Plaintes, clameurs mensongères, tout fut employé pour arrêter le triomphe des catholiques. Néanmoins, on n'osait point encore en appeler à la force ouverte. Les mariages espagnols fournirent aux protestants le prétexte qu'ils cherchaient. Ils levèrent (1) des troupes pour s'opposer aux desseins prétendus de la royauté. Laforce, gouverneur du Béarn, entra dans le complot avec Favas, Boëse-Pardaillan et quelques autres seigneurs Gascons. La Régente essaya de les regagner durant son séjour à Bordeaux; mais n'ayant pu y parvenir, elle priva Laforce de son gouvernement. Celui-ci, piqué de cette punition qu'il regarda comme un outrage, retourna aussitôt dans le Béarn, décidé à s'y maintenir de son propre chef et à y continuer la guerre contre l'autorité royale.

Pendant que le duc de Guise conduisait la princesse Elisabeth sur les frontières d'Espagne et en ramenait l'Infante, le duc de Rohan, chef des religionnaires, se saisit de Lectoure où Fontrailles l'introduisit, et ayant aussitôt assiégé le château, il le força à se rendre avant qu'il pût être secouru. D'Angalin y commandait. Le duc de Rohan l'éloigna et mit à sa place Fontrailles, dont la trahison lui avait été si utile. Rohan alla ensuite attaquer Mauvezin et le Mas de Verdun; mais il échoua dans cette double attaque. Il poussa alors jusqu'à Montauban, qu'il parvint, quoiqu'avec peine, à attirer à sa secte. Laforce, qui l'avait suivi jusqu'à Lectoure, se jeta sur l'Armagnac; mais on avait eu le temps de se préparer à le recevoir. Nobles, roturiers, ecclésiastiques même, tous s'étaient prêtés à organiser une vigoureuse résistance. On attendit l'ennemi de pied ferme. Celui-ci essaya trois fois de s'ouvrir un passage, et trois fois il fut repoussé avec grande perte. Il n'osa pas revenir à la charge, renonça à traverser l'Armagnac, et prit par la Chalosse. Ce mauvais succès obligea le duc de Rohan à retourner sur ses pas et à gagner ensuite Tonneins; mais bientôt une trève générale essaya de suspendre les combats. Malheureusement cette trève fut mal observée, et les hostilités se poursuivirent dans la Guienne, en Béarn, en Chalosse et dans le Labour. La Force s'empara de Sordes et de Hastingues, pilla le comté de Gaure, et rentra dans le Béarn chargé de butin. Il en repartit presqu'aussitôt et alla assiéger Aire, dont il s'empara; mais il n'eut pas le temps de s'en assurer la possession. Au premier bruit de cette perte, Grammont et Poyanne accoururent, à la tête de tout ce qu'ils purent rassembler de troupes, et reprirent la ville, malgré la défense qu'opposa Laforce, qui fut con-

_____

(1) Voir encore Dupleix, Richelieu, Rohan, Fontenay-Mareuil, Pontchartrain et Gramond.

traint de s'éloigner en laissant sur la place ses meilleurs soldats. Maîtres du pays, les deux chefs catholiques allèrent, à leur tour, surprendre Tartas, livrée par la couronne aux protestants comme une de leurs villes de sûreté. Il est vrai qu'ils jouirent à peine de ce dernier triomphe; car la place fut rendue aux sectaires par un des articles du traité de Loudun (1) qui, plus efficace que la trève, arracha enfin les armes à tous les partis.

Les catholiques du Béarn profitèrent de ce repos pour relever les murs de Betharam (2). Le zèle hâta les ouvrages, qui furent terminés en très peu de temps. On voulait donner de l'éclat à l'inauguration du nouvel édifice : on invita Godefroi, supérieur de Garaison, à y venir présider. Godefroi amena avec lui les prêtres et la musique de sa chapelle. A son passage à Tarbes, on essaya de l'effrayer des périls qui l'attendaient : Mon âme est à Dieu, et ma vie à mes concitoyens, répondit le pieux et intrépide supérieur, et il continua sa route jusqu'à Nay, où les deux jurats catholiques le reçurent avec cette joie qu'inspire, aux jours de persécution, la communauté des sentiments religieux. Le lendemain, un des prêtres célébra la messe dans une pauvre cabane qui servait aux exercices du culte catholique depuis que l'église paroissiale avait été envahie par les protestants, et après une courte exhortation, qui attendrit bien des cœurs, on partit processionnellement pour Betharam. La procession comptait dans ses rangs environ deux mille âmes, et elle se grossit encore par la rencontre des processions de Nay, de Bénéjac et de Montaut, qui vinrent la joindre, protégées par le seigneur et la dame de Miossens, à la tête de presque toute la noblesse du pays. On traversa ensemble le Gave pour atteindre Betharam, assis sur la rive opposée; mais déjà les environs de la chapelle, les flancs de la colline et le plateau, qui la couronne, étaient couverts d'une multitude immense accourue de tous les lieux voisins. L'émotion et la piété pénétraient tous les cœurs, la joie rayonnait sur tous les fronts. C'est parmi les transports et les chants d'allégresse, répétés au loin par les

(1) A l'assemblée protestante de Loudun, parurent, comme députés de la Basse-Guienne; pour la noblesse, le marquis de Castelnau, et Favas; pour l'église, Hesperien, ministre de Ste-Foi; pour le tiers-état, de La Tour-Genest et Pouyferré. — Comme députés de la Haute-Aquitaine et de la Haute-Narbonaise; pour la noblesse, le comte d'Orval et le baron de Sénégas; pour l'église, Josion, ministre d'Alby; pour le tiers-état, Ticier, procureur du roi de Lectoure, et Guerin juge.— Comme députés du Béarn; pour la noblesse, Lescun, conseiller au parlement de Pau, et Bensin; pour l'église, Capdeville, ministre de Navarrens, et Rostellan; pour le tiers-état, Dargelot, avocat. Gramond, pag. 312.

(2) Poydavant. Man. d'Aignan. (Voir note 18).

échos des montagnes, qu'après quarante-six ans de proscription Godefroi bénit la chapelle et célébra les saints Mystères auxquels succéda un sermon, prêché sur la place publique de Lestelle, en présence de plus de cinq mille auditeurs.

Le saint archevêque d'Auch, Léonard de Trappes, voulut visiter lui-même un pèlerinage jadis si célèbre. Il partit de Garaison le 16 juillet 1516, avec toutes les marques de sa dignité. Arrivé à St-Pé, frontière du Bigorre et du Béarn, il organisa une procession qu'il voulut conduire en personne. Il entra ainsi à Betharam, aux sons d'une excellente musique et précédé des moines de St-Pé et d'un clergé nombreux, qui lui avait servi de cortége dans sa route. Le bruit de sa venue avait attiré les populations entières, et le concours fut si grand, qu'on le porte à six mille âmes. Le prélat célébra la messe pontificalement, tandis que par ses ordres des prêtres, dispersés dans la foule, expliquaient les dogmes catholiques. Avant de s'éloigner, il voulut consacrer sa visite par un souvenir durable. Il planta au sommet de la montagne la croix autour de laquelle s'échelonnèrent dans la suite les diverses stations du Calvaire. Il quitta enfin Betharam et alla coucher à Nay. Le lendemain, il assista avec toute sa suite aux funérailles d'une pauvre femme catholique, fit une procession solennelle dans la ville, administra publiquement le sacrement de Confirmation, et reçut au sein de l'église huit protestants : c'était la première fois que le catholicisme promenait hautement ses étendards dans la contrée. On a droit de s'étonner que ceux, qui persécutaient avec tant d'obstination les prêtres du pays, ne missent pas opposition à cet éclat religieux. Néanmoins, aucun obstacle ne vint troubler le pèlerinage, et le prélat rentra tranquillement dans son diocèse en faisant porter toujours devant lui sa croix archiépiscopale. Les pratiques de la piété et les intérêts même de la religion ne lui faisaient pas perdre de vue les nécessités du royaume. Il parut, l'année suivante, à l'assemblée des notables tenue à Rouen, comme il s'était montré aux états-généraux, et c'est vers cette époque qu'il fut fait conseiller d'État.

Le Béarn s'agitait alors vivement. Le bruit s'était répandu que la cour songeait à le réunir à la couronne de France. Sur cette vague clameur (1), les états s'assemblèrent extraordinairement et déclarèrent que cette réunion serait repoussée comme contraire aux fors qui avaient jusque-là régi le pays. Moneins, de Serres, Bassilon, Brassalay, Baure, les députés de Morlas, d'Orthez, d'Oleron, de Sauveterre, de Pau et de Navarreins se montrèrent à la tête des opposants. Cette précipitation nuisit à la cause qu'ils voulaient défendre. Le roi, déjà

_____

(1) Poydavant, tom. 3, pag. 116. Troubles du Béarn, p. 17.

indisposé, s'irrita de ces ombrages et s'affermit dans son dessein. Il rétablit d'abord par un arrêt l'exercice de la religion catholique dans le Béarn et la Basse-Navarre, et donna main-levée pleine et entière pour tous les biens que le clergé y possédait et dont il avait été dépouillé sous la reine Jeanne. Il est vrai qu'en même temps il indemnisa, aux dépens du trésor public, les ministres des pertes que leur causait cette restitution. C'était, ce semble, concilier tous les intérêts. Néanmoins, les protestants se réunirent et députèrent à la cour Lescun, seigneur de Piets, zélé pour son parti jusqu'au fanatisme. Le roi ne répondit à la harangue de Lescun qu'en confirmant son arrêt. Le conseiller d'Etat Renard fut chargé d'aller le mettre à exécution : mais les états de Béarn refusèrent de le vérifier, et Renard lui-même, indignement outragé sous les yeux des magistrats, dut se retirer à Dax. La présence du roi pouvait seule briser toute opposition et ramener la paix.

On apprit tout-à-coup que le prince était à Bordeaux, prêt à paraître en Béarn. On se hâta d'envoyer à sa rencontre deux conseillers, Dufaur et Marca, pour promettre la vérification refusée jusque-là. Louis ne s'arrêta point à leurs promesses, et, laissant derrière lui un corps de troupes qui suivait à petites journées, il partit accompagné seulement de cent hommes de sa garde, et arriva le 13 octobre à Grenade, sur l'Adour. L'édit avait été vérifié le 8. Laforce et l'avocat-général Dupont en portèrent la nouvelle et essayèrent encore d'arrêter la marche du prince. Sa résolution fut inébranlable. Dans deux jours (1) je serai à Pau, dit-il aux deux magistrats; vous avez besoin que je m'y rende pour soutenir votre faiblesse : et le soir même, il alla coucher à Arzac. Là, les députés de Pau vinrent prendre ses ordres sur le cérémonial de son entrée. S'il y a une église à Pau, déclara le digne petit-fils de St-Louis, j'y entrerai en souverain ; s'il n'y en a pas, je ne veux point d'honneurs. Il me siérait mal d'en recevoir dans un lieu où je n'ai jamais été, avant d'avoir rendu grâces à Dieu, de qui je tiens cet héritage (2). Les troupes conduites par Bassompierre arrivaient alors à St-Justin, à Labastide, et à Barbotan. Elles eurent ordre de se disséminer dans les environs (3), tandis que Louis s'avançait avec sa faible escorte commandée par Schombert et Créquy.

Il entra ainsi à Pau, le 15 octobre, sans aucune cérémonie. Il n'y trouva ni l'empressement, ni la joie qu'inspirait alors la présence du

(1) Gramond, p. 325. Voir, pour cette expédition du Béarn, Mirasson, Poydavant, Dupleix, Fontenay-Mareuil, Richelieu, t. 2, p. 105, Bassompierre, p. 207.

(2) Mémoires de Richelieu, p. 109. Mirasson, p. 55.

(3) Bassompierre, p. 240.

souverain. Il sut même qu'on avait caché ou écarté les vivres pour l'obliger à s'en retourner plutôt. Toutefois, il reçut avec bonté la députation des divers corps, et répondit avec grâce aux protestations d'une fidélité et d'une obéissance, qui lui étaient justement suspectes. Deux jours après, il prit le chemin de Navarreins. Cette ville, petite, mais forte, pouvait servir de boulevard à la révolte. Il était de l'intérêt du roi de s'en assurer. Bernard de Salles, qui y commandait, consentit à la remettre pour un brevet de maréchal-de-camp et une somme de soixante mille livres : on le remplaça par Poyanne, le digne fils du brave gouverneur de Dax, dont la fidélité avait toujours été aussi inébranlable que le courage. Jamais triomphe n'avait été ni plus complet, ni moins chèrement acheté. Louis témoigna au ciel sa reconnaissance en faisant célébrer solennellement à Navarreins même une messe où il assista avec toute sa suite : c'était le 18 octobre. A pareil jour, cinquante ans auparavant, Montgommerry avait proscrit le culte catholique dans cette ville, et depuis on n'y en avait point vu le moindre vestige. Après cet acte de piété, le roi rentra à Pau pour consommer son ouvrage.

Se sentant maître d'imposer la loi, il rendit un édit qui restituait au clergé son ancienne place dans les assemblées des états. Jusquelà il agissait dans les limites des anciens fors ; mais il alla plus loin et prononça la réunion, tant redoutée, du Béarn et de la Navarre à la couronne de France : c'était anéantir toutes les franchises, qui faisaient depuis tant de siècles l'honneur et la gloire du pays. La force était là : il fallut obéir. L'édit fut vérifié sous les yeux du monarque par les deux cours de Béarn et de Navarre, réunies à cet effet ; on prit même sujet de cette réunion pour les transformer en un parlement dont le siége fut établi à Pau. Ainsi, le Béarn perdit à la fois et ses lois et ses juges. Un dernier pas restait à faire. Il y avait dans la ville une vieille église que les hérétiques avaient usurpée sur les catholiques : elle fut rendue à sa destination première, et quand elle eut été purifiée, on y célébra la messe en présence du roi, qui voulut y paraître avec tout l'éclat du diadème. Le Saint-Sacrifice terminé [1], on alla chercher en procession le Saint-Sacrement dans une pauvre chapelle, qui était le seul édifice religieux qu'eussent encore pu reconquérir les catholiques. Quatre seigneurs, les plus distingués de la cour, portaient le poêle. Le prince suivit à pied avec le reste de sa suite. Ce spectacle toucha les cœurs, malgré le peu de sympathie qu'avaient fait naître les mesures précédentes, et le prince entendit pour la première fois retentir à ses oreilles de nombreuses acclamations que la solennité de la cérémonie et plus tard la présence du lieu saint ne purent contenir.

(1) Gramond, p. 327.

Le roi, avant de s'éloigner, mit de bonnes garnisons à Navarreins, à Pau, à Orthez, à Sauveterre, à Oleron, et après s'être assuré du pays, il rentra à Bordeaux, d'où il se dirigea vers Paris. Quelques jours avaient suffi pour accomplir une œuvre qui semblait devoir coûter plusieurs années. Mais si le pays était soumis, tous les cœurs n'étaient pas gagnés, et bientôt les deux frères Bensin, neveux de Salles (1), levèrent hautement l'étendard de la révolte. Après une tentative inutile sur Navarreins, ils s'emparèrent de Montgiscart, petit fort assis sur une roche escarpée et défendu par deux fortes tours. Poyanne courut aussitôt les investir, et les ayant obligés à capituler, il rasa les deux tours. Laforce, à qui le roi avait laissé le gouvernement du Béarn, quoique tout dût lui rendre sa fidélité suspecte, s'offensa de ce que cette entreprise avait été exécutée en dehors de son autorité. Il leva des troupes, occupa quelques points fortifiés et disposa les esprits à un soulèvement. Le roi, instruit de ce qui se préparait, lui députa La Sabaudie, pour lui ordonner de désarmer sur-le-champ. Laforce se retrancha derrière quelques vains prétextes, et refusa d'obéir. Ce refus avait été prévu, et La Sabaudie portait un message spécial adressé au duc d'Epernon. D'autres messages enjoignaient à d'Albret-Miossens, à Vignoles, à Grammont et à Pardeillan-Gondrin, de se joindre à d'Epernon.

Celui-ci ne perdit (2) point un instant. Il réunit, à ses frais, quatre mille hommes de pied et huit cents chevaux, et tomba brusquement sur le Béarn. Laforce tenta vainement de l'arrêter, et n'ayant pu y réussir, il licencia ses troupes, gagna à pied le pays des Landes, et s'enfuit presque seul vers Nérac et Casteljaloux sans avoir essayé la plus légère résistance; tandis que ses principaux complices allaient cacher sur la cime escarpée des montagnes ou dans les anfractuosités des rochers leur honte et leur effroi. D'Epernon entrait alors à Orthez, qui lui ouvrit volontairement ses portes. Nay, Oleron, Sauveterre, Salies, Pau lui-même, imitèrent cet exemple. La marche des vainqueurs ressemblait plutôt à une promenade militaire qu'à une expédition. Partout le duc d'Epernon n'eut qu'à se montrer : aussi usa-t-il de clémence. Il se contenta de punir quelques séditieux, de raser le fort de Montaner et de rétablir le culte divin là où il ne l'était point encore. Laforce, cette fois, porta la peine de sa félonie. Le gouvernement du Béarn lui fut enlevé et donné au maréchal de Thémines, qui se déchargea du commandement sur Pardaillan-Gondrin.

Les protestants, forcés de se soumettre en Béarn, transportèrent ailleurs leur champ de bataille. La Réforme semblait s'être donné pour

(1) Gramond, p. 343.

(2) Gramond, p. 345. Poydavant. Mirasson, pag. 84.

mission de ramener la France aux luttes de la féodalité. C'était sous
d'autres formes le même esprit de turbulence et le même combat contre
l'unité nationale. L'Assemblée de La Rochelle venait de partager le
royaume en une vaste confédération républicaine, à la tête de laquelle
apparaissaient presque tous les seigneurs mécontents. Toutefois, la
monarchie ne fléchissait pas. Une force secrète la faisait marcher à
ses destinées. Nul homme supérieur n'apparaissait dans ses conseils ;
mais une secrète inspiration de bon sens poussait l'ensemble des affaires
et préparait en quelque sorte l'avénement du génie, qui voudrait réali-
ser ce vague besoin de réparation (1). .

La Basse-Guienne ne fut pas la dernière à prendre les armes (2).
Laforce s'y était retiré et y avait supplanté Boèce-Pardaillan. Celui-
ci refusa d'obéir à un chef étranger, et quoi que pût faire le duc de
Rohan, accouru pour étouffer ces divisions, il ne put vaincre son refus.
Rohan s'unit alors à Laforce. Tonneins , Clairac , Casteljaloux , Nérac
surtout se déclarèrent pour eux. Le duc de Mayenne, fils de l'ancien
chef de la Ligue, commandait dans la Guienne au nom du roi. Aussi
actif que brave, il sent qu'il faut arrêter la révolte avant qu'elle ait
achevé de se développer. Il convie aussitôt tous les seigneurs de la
Gascogne, et en particulier les deux maréchaux d'Aubeterre et de
Roquelaure, dont le premier habitait Condom, et dont le second se
trouvait dans son château , et, sans attendre leur arrivée , il accourt
avec sa maison et dix ou douze gentilshommes sous les murs de Nérac,
d'où Laforce et Rohan étaient partis, et où ils avaient laissé pour
capitaine le vicomte de Castets, fils de Favas. Vignoles, lieutenant de
d'Epernon, était à la tête de quelques troupes, dans le voisinage. Il
se dirige vers Nérac, prend sur sa route Lavardac et les tours de Barbaste, que Xaintrailles et Flamarens aidèrent à faire rentrer dans le
devoir, et arrive le premier près de Mayenne. Celui-ci se décide aussitôt
à investir la place et à ouvrir le siège. Nul danger ne l'arrêtait. Un
jour que seul et en pourpoint il visitait les lieux, il aperçut trois cavaliers ennemis. Entraîné par son ardeur, il courut à eux le pistolet
à la main. A son approche, deux des cavaliers tournèrent bride ; le
troisième l'attendit. D'Elbœuf lâcha son coup ; mais l'arme n'était ni
chargée, ni *bandée*, ni *morchée*. Le capitaine Castaing, ainsi se nommait son adversaire, guerrier assuré et hardi, ajusta à son tour son

(1) Laurentie, t. 6. p. 318.

(2) Voir , pour cette dernière lutte du protestantisme dans la Gascogne et la
Guienne, Gramond, liv. 8, p. 400 et suiv. Dupleix, p. 172 et suiv. Richelieu, liv. 11,
t. 2, p. 143 et suiv. Rocan, p. 186 et suiv. Fontenay-Mareuil, p. 513 et suiv. Bassompierre, p. 275 et suiv.

pistolet à *brûle-pourpoint :* puis, sans tirer, il lui dit : *Brave preux,* *je ne veux pas du vôtre,* et il passa outre en le priant de se retirer. Le gouverneur n'oublia pas ce trait de générosité, et témoigna depuis en toute occasion sa reconnaissance à Castaing.

Cependant, on apprend devant Nérac qu'Aymé, fils de Laforce, s'est saisi de Caumont, dont le château se défend encore. Mayenne confie le siège de Nérac au comte de Labaume, son neveu, et volant à Caumont, il chasse Aymé, débloque le château, et ramène à Nérac sa troupe victorieuse, grossie d'un renfort que lui avait amené Barrault, sénéchal du Bazadois. Les maréchaux de Roquelaure et d'Aubeterre étaient arrivés durant son absence. Le siège fut alors poussé avec vigueur. La ville craignit d'être emportée d'emblée ou d'être forcée à se rendre à discrétion. Elle accepta une capitulation honorable et ouvrit ses portes (9 juillet 1621). Le roi arrivait en personne pour prendre le commandement de l'expédition. Il entra, le 13 juillet, dans Bergerac, que Laforce n'osa pas défendre. Boèce-Pardaillan fit sa soumission, et remit Monheurt et Ste-Foi. Monségur, Tonneins, Tournon, Monflanquin, Puymirol, se rendirent volontairement, ou furent livrés, à prix d'argent, par leurs gouverneurs. Clairac seul osa résister à son roi. Il fallut l'assiéger dans les règles. Trois mille hommes de guerre s'y étaient renfermés. Ils furent vaillamment soutenus par les habitants. Tous se défendirent avec l'ardeur qu'inspire le fanatisme; mais si la résistance fut ardente et opiniâtre, l'attaque fut habilement conduite. Les deux partis en venaient aux armes presque tous les jours. Dans une mêlée très-vive, Thermes, frère du duc de Bellegarde, ayant aperçu Lesdiguières, qui, ne pouvant combattre, s'était fait apporter dans sa litière pour encourager par sa présence les combattants, lui cria: « Eh bien, mon père, que dites-vous de ceci ? Mon fils, lui répondit Lesdiguières, *c'est une chaleur française.* Ah, répondit Thermes, vous vous reprocherez seul de ne l'avoir pas sentie. Vous n'irez pas aux coups, mais moi j'irai exposer ma vie. » Et le brave gascon ne le fit que trop; car, après avoir repoussé les ennemis et les avoir forcés dans leurs retranchements, il reçut une blessure mortelle. Le roi arrivait au camp comme on l'emportait. Il s'arrêta près du brancard et témoigna hautement sa douleur. L'armée entière donna avec lui des larmes à cette mort et chercha à la venger. On pressa davantage les assiégés, et ils durent enfin implorer la clémence royale. Louis se laissa fléchir. Il se contenta de condamner à mort six des plus mutins : encore, après l'exécution des quatre premiers, fit-il grâce aux deux qui restaient. Ce siège lui coûta sept à huit officiers de marque, outre un assez grand nombre de soldats.

Tandis que le prince achevait de réduire Clairac, Mayenne, à la tête d'une petite armée, s'était avancé vers le Bas-Languedoc pour essayer de lui frayer la route jusqu'à Montauban. Il n'eut qu'à paraître : Layrac, le Mas de Verdun, Mauvezin (1), l'Isle-Jourdain, s'empressèrent de lui ouvrir leurs portes. La haute renommée d'habileté et de courage dont Mayenne jouissait, à juste titre, et le respect qu'imprimait la personne sacrée du roi, qu'on savait dans le voisinage, ne permettaient à aucune ville d'hésiter. Le vainqueur les faisait démanteler et passait outre. Il allait trouver plus de résistance à Montauban. Le roi parut sous ses remparts le 27 août. Mayenne, Lesdiguières, Bassompierre, Schombert, les ducs de Guise et d'Angoulême, les maréchaux de St-Gérant et de Thermes, Chevreuse, Praslin, Villars, presque tous les grands noms et les vaillants capitaines de la monarchie combattaient sous ses bannières ; néanmoins, rien ne put obliger la ville à se rendre. Le fanatisme l'emporta sur le courage, et après plus de trois mois de tranchée ouverte, le roi leva le camp et se retira à Toulouse.

Durant ce siège, Miranbeau et Théobon, l'un fils et l'autre gendre de Boèce, avaient fait révolter Ste-Foi et Monheurt. A cette nouvelle, Boèce accourut de Montauban et reprit Monheurt ; mais, comme il allait s'assurer aussi de Ste-Foi, il fut surpris dans son logis par Savignac d'Eynesse, à la tête de quarante mousquetaires transformés en assassins, et égorgé à côté d'un prêtre catholique, qui mêla son sang avec le sien. Les meurtriers coururent s'abriter près du fils et du gendre de leur victime, tandis que Monheurt relevait le drapeau de la révolte. Boèce-Pardaillan était un des plus hardis et des plus adroits cavaliers de France. Il s'était, dit-on, battu vingt-deux fois en duel, avait toujours été victorieux, et n'avait jamais voulu donner la vie à son adversaire. L'homme prodigue de sang périt d'une mort sanglante. Du reste, si son fils et son gendre trempèrent dans ce meurtre, ils ne jouirent pas longtemps du fruit de leur parricide. Théobon fut éconduit de Ste Foi, et Monheurt, investi presqu'aussitôt par le maréchal de Roquelaure et assiégé ensuite par le roi lui-même, fut pris, saccagé et presqu'entièrement détruit, le 12 décembre 1621. L'hiver força Louis XIII à borner là sa campagne. Il rentra à Bordeaux et reprit le chemin de Paris, après avoir donné le gouvernement de Béarn à Pardaillan-Gondrin. Le maréchal de Thermes, qui en avait été investi, eut la lieutenance générale de la Haute-Guienne à la place du maréchal de Roquelaure. Le roi dédommagea Roquelaure en lui

(1) Mayenne entra à Mauvezin, le 27 juillet 1621, et y fit enlever les armes et les munitions. D'Epernon acheva plus tard ce qu'avait commencé Mayenne. Une lettre de l'ancien favori d'Henri III, datée du 16 février 1629, ordonne de continuer la démolition du château et de combler les fossés. Enfin, dans un procès-verbal du 1er janvier 1633, il est relaté que « cette ville ayant rendu une obéissance volontaire à Sa Majesté, la démolition des murailles et bastions s'en serait suivie. »

accordant la capitainerie du château de Lectoure, avec cinquante mille écus. Blainville, capitaine de Lectoure, reçut en échange le commandement de Pontorson. Elbœuf eut le gouvernement de la Basse-Guienne. Le maréchal de Roquelaure alla prendre possession du château qui lui était confié, et il y mourut subitement le 9 juin 1625. Il était le troisième et dernier fils de Géraud, seigneur de Roquelaure, de Gaudous, de Monbert et du Longard, et de Catherine de Besoles. Les combats ayant moissonné ses deux frères aînés, il abandonna l'état ecclésiastique auquel il avait été destiné dès sa jeunesse, et embrassa la profession des armes. La reine Jeanne l'honora de son estime, et l'engagea dans le parti de son fils, qui le fit lieutenant de la compagnie de ses gardes. Ce prince, voyant fuir ses soldats à la journée de Fontaine-Française, ordonna à Roquelaure de courir après eux. Je m'en garderai bien, répondit le brave gascon : on croirait que je fuis comme eux. Je ne vous quitterai point, et je mourrai à vos côtés. Henri, devenu roi de France, récompensa son dévoûment et ses services. Il le fit maître de sa garde-robe, chevalier de ses Ordres, sénéchal et gouverneur du Rouergue, lieutenant-général de la Haute-Auvergne et capitaine du château de Fontainebleau. Louis XIII l'honora enfin du bâton de maréchal de France en 1615. Marié d'abord à Catherine d'Ornésan, fille du seigneur d'Auradé et de Noilhan, il en eut quatre filles et un seul fils, mort en 1610 sans alliance. Le malheureux père, ne voulant pas laisser éteindre son nom, contracta alors un second mariage avec Susanne de Bassabat, qui lui donna douze enfants (1). De tous les seigneurs de la Gascogne qu'Henri IV entraîna avec lui et qu'il combla de faveurs, Roquelaure seul est resté populaire, et ce renom il le doit moins à son courage et à sa haute fortune qu'à ses saillies vraiment gasconnes. Il avait la repartie prompte et facile. On raconte encore ses bons mots sous le chaume du laboureur et dans l'établi de l'artisan.

Les échecs que les protestants avaient essuyés dans la Basse-Guienne ne les rendirent pas plus sages. A peine le roi se fut-il éloigné, qu'ils reprirent les armes et se saisirent de la plupart des villes. Le duc d'El-

_____

(1) Gaston-Jean-Baptiste, le troisième de ses enfants, parvint comme son père à la dignité de maréchal de France. Il ne laissa qu'un fils, Antoine-Gaston-Jean-Baptiste, qui fut revêtu de la même dignité que son père et que son aïeul. Il s'intitulait duc de Roquelaure, seigneur et marquis de Biran, de Puyguilhem et de Lavardens, comte d'Astarac, de Montfort, de Pontgibaud et de Gaure, baron de Capendu, de Montesquiou, de St-Barthélemy, de Cancon, de Casseneuil, de Champchevrier, du Rocher, de Monteil-Gélat, de Pradmer et de Buzaudon, maréchal de France, chevalier des Ordres du roi, gouverneur des ville et citadelle de Lectoure. En lui s'éteignit la branche aînée des Roquelaure.

bœuf ne se laissa point abattre par cette défection presque générale.
Il s'assura d'abord du château de Duras, prit le château de Laforce,
qu'il eût rasé sans les prières du comte de Lauzun et de Bordeilles,
emporta d'assaut Montravel, et attaqua enfin la ville de Tonneins, qui
opposa une longue et vive résistance; mais elle ne fut pas moins obli-
gée de céder au nombre et au courage. Le siège coûta la vie au marquis d'Ambres, au vicomte de Montcla, son neveu, à Mouchan, frère
puîné de Besoles, lieutenant de la compagnie du maréchal de Roquelaure, à Casaux et à quelques autres seigneurs. Les vainqueurs, irri-
tés de ces pertes, mirent le feu à la ville et n'y laissèrent qu'un mon-
ceau de ruines.

Ces heureux exploits n'eussent pas dompté la rébellion sans le retour de Louis XIII. Sa présence et la terreur de ses armes achevèrent
ce qu'avait commencé le duc d'Elbeuf. Le comte de Curson soumit
Aymet et Monheurt. Mucidan et Gensac se rendirent volontairement.
Ste-Foi se défendit d'abord vaillamment; mais elle ouvrit ensuite ses
portes, ramenée par le duc de Laforce, à qui le roi accorda non seulement sa grâce, mais encore le bâton de maréchal de France. Monflanquin suivit cet exemple. Enfin, Clairac fut rendu par Luzignan,
qui reçut, à cette occasion, cinquante mille écus. La Guienne étant
ainsi rentrée dans le devoir, le prince passa dans le Languedoc et y
poursuivit ses triomphes; mais le protestantisme, abattu sur un point,
se relevait sur d'autres. Il fallait le bras puissant de Richelieu pour le
comprimer. Il est vrai que le célèbre cardinal ne tarda pas à prendre
en mains l'administration de l'Etat. La Gascogne n'avait point attendu
son élévation pour repousser les propositions des mécontents. Rien n'y
troubla la paix depuis la campagne de 1622, jusqu'après la mort de
Louis XIII.

Sous le règne suivant, elle embrassa avec presque toute la Guienne
la querelle (1) du grand Condé et du prince de Conti, que leur ressen-
timent contre le cardinal Mazarin, jeta dans la révolte. Le Béarn et
la ville de Bayonne restèrent cette fois fidèles à la royauté. Condé
chercha vainement à les attirer dans son parti. Le maréchal de Grammont, qui en était gouverneur, non seulement se montra sourd à toutes
les insinuations, mais il se joignit à Henri de Lorraine, comte d'Harcourt, que la cour de France avait opposé au prince. Tandis que
d'Harcourt chassait devant lui, à travers l'Angoumois et la Saintonge,

_____

(1) Voir, pour ces troubles de Guienne et cette campagne du prince de Condé,
Mémoires de Montglat, t. 2, Idem de Larochefoucault, p. 117 et suiv. Id. du maréchal de Gramond, p. 431. Vie du prince de Condé, t. 3, p. 167. Vœu de la ville
de Miradoux. Lettre d'un habitant de Condom. Histoire de la guerre de Guienne, par
Balthasar.

le vainqueur de Rocroi, Conti était aux prises sur les bords de la Garonne avec le marquis d'Epinai-St-Luc. Le marquis, ancien lieutenant de Condé, s'était séparé de son chef quand il l'avait vu céder à de coupables sentiments. Il soutenait la cause royale avec une poignée de troupes demeurées fidèles comme lui. Forcé de céder au nombre, il avait mis la rivière entre lui et le prince, et s'était retiré à Miradoux, où il essayait de se fortifier. Conti le suivit, et après avoir pris Caudecoste et quelques petits bourgs voisins, il s'empara d'Astafort. Deux lieues à peine le séparaient de St-Luc; mais, à la veille d'en venir aux mains avec lui, il se défia de ses forces et sollicita le secours de son frère. Condé accourut de Libourne et arriva à Astafort à l'entrée de la nuit. Sans prendre de repos et sans attendre son frère, à qui il ordonne de le suivre avec le reste de l'armée, il part quelques heures après, et malgré les ténèbres et la difficulté des chemins, que l'hiver avait rendu presqu'impraticables, il apparaît à la pointe du jour au milieu des quartiers de St-Luc. Celui-ci avait logé son infanterie à Miradoux et dispersé sa cavalerie dans les villages voisins. Il ignorait qu'on eût appelé Condé; mais, en général prudent, il n'avait négligé aucune des précautions que le voisinage des ennemis commandait. Ces précautions le sauvèrent d'une entière défaite. Condé attaque à l'improviste et enlève rapidement un nombreux corps-de-garde, qui défendait l'entrée du pont bâti sur l'Auloue; mais il est arrêté par quelques escadrons accourus au premier bruit de l'attaque. Ouvrir, enfoncer et mettre en déroute ces escadrons fut, pour le prince, l'affaire de quelques instants. Il lui fallut moins de temps encore pour dissiper les troupes que conduisait St-Luc et qui s'avançaient au secours des vaincus avec la confusion et le désordre inséparables d'une surprise. Un assez bon nombre d'officiers, plusieurs soldats et la plus grande partie des équipages de l'armée, restèrent entre ses mains.

St-Luc s'était sauvé à Miradoux, où il recueillait les débris de son armée. La ville n'occupait que la moitié de la hauteur sur laquelle elle est assise : le reste lui servait d'esplanade. Un fossé médiocre, maintenant en partie comblé, et un vieux mur auquel presque toutes les maisons étaient adossées, c'étaient là toutes ses fortifications. Il est vrai que pour y parvenir, il fallait, non seulement gravir une côte longue et étroite, mais encore traverser un terrain gras et fangeux, comme tous les territoires fertiles et entrecoupé de haies, comme tous les abords des petits bourgs. En attendant deux pièces de canon qu'il faisait venir d'Agen et le prince de Conti qui n'était pas encore arrivé avec le gros de l'armée, Condé s'empara de plusieurs petits postes. En même temps, il eut recours à un stratagème, qui ne sert qu'à un capitaine hautement renommé. Il donna la liberté à quelques prisonniers afin qu'ils semassent le bruit de son arrivée, persuadé que ce bruit déconcerte-

rait plus les ennemis que la défaite qu'ils venaient d'essayer. Ce moyen
lui réussit. Dès qu'on sut à Miradoux que le prince était devant la
ville, la frayeur s'empara de tous les esprits, vaincus au seul nom du
grand Condé. Les troupes de St-Luc attendirent à peine le jour pour
aller chercher un asile derrière les murailles et sous le canon de Lectoure.

Condé avait prévu cette prompte retraite, et dans cette prévision
il avait posté des corps-de-garde si près de la ville, qu'il était impossible que St-Luc lui échappât ; mais sa promptitude l'empêcha de tirer
de ces mesures tout l'avantage qu'il s'en promettait. En effet, au lieu
d'attendre que les troupes de St-Luc fussent descendues dans la plaine
où il en eût eu bon marché, il tomba sur les régiments de Champagne
et de Lorraine comme ils sortaient de la ville, et les culbuta dans les
fossés, où ils tombèrent en jetant leurs armes et en demandant quartier. Mais ils ne tardèrent pas à s'apercevoir qu'on ne pouvait pas venir
à eux à cheval. Embrassant alors la seule voie de salut que leur offrait
la providence, ils rentrèrent dans Miradoux, moins pour défendre la
place que pour sauver leur vie. Durant la mêlée, la cavalerie s'échappa
sous la conduite de St-Luc. Le prince, soutenu de son frère, de Larochefoucault et d'un faible corps, les poursuivit jusque sous les remparts de Lectoure, où il eut un cheval tué sous lui; et quand il vit
qu'ils s'étaient dérobés à ses coups, il retourna attaquer Miradoux. Il
comptait que deux régiments abandonnés de leur général, déjà battus
et dépourvus de munitions et de vivres, n'entreprendraient pas de
défendre une pauvre bicoque. En effet, à la première sommation, ils
offrirent de la rendre et d'aller rejoindre St-Luc; mais Condé, qui ne
voulait pas perdre l'occasion d'enlever à ses ennemis une infanterie
excellente, s'obstina à exiger qu'ils se rendissent prisonniers, ou du
moins qu'ils s'engageassent à ne pas porter les armes de six mois.

Les assiégés, commandés par le maréchal-de-camp Du Bouset-Marin
et par un autre brave officier, ne voulurent pas d'une pareille capitulation. Le pays était riche; la ville avait abondamment des vivres.
Ils comprenaient, d'ailleurs, que le prince serait hors d'état d'établir
de bonnes lignes de circonvallation, et qu'ils pourraient ainsi recevoir du dehors les provisions de guerre qui leur manquaient. Leur
attente ne fut point trompée, et dès la nuit suivante St-Luc y entrer des rafraîchissements et continua de les pourvoir tant que dura
le siège. Condé comprit bientôt qu'il aurait mieux fait de recevoir
Miradoux aux conditions qui lui étaient proposées, que de s'engager
dans les longueurs d'un siège, surtout manquant de tout, comme il
faisait, et n'étant pas encore assuré d'avoir du canon. Néanmoins,
comme on est souvent obligé de continuer de sang-froid ce qu'on a

commencé dans un premier entraînement, il soutint son entreprise, espérant étonner ses ennemis par sa ténacité, et surtout résolu de faire un exemple de ceux qui osaient résister à ses armes. Il tira donc d'Agen deux petites pièces, l'une de dix-huit et l'autre de douze, avec un petit nombre de boulets. Il crut que c'était assez pour faire brèche et emporter le bourg avant que le comte de d'Harcourt, qui marchait à lui, fût arrivé. Les deux pièces furent bien pointées; mais les projectiles manquèrent trop tôt, et le prince eût été obligé de lever le siège, si le prestige de son rang, l'autorité de sa renommée et l'appât des récompenses n'eussent déterminé quelques soldats hardis à aller, au péril de leurs jours, chercher dans les fossés les boulets qu'on avait déjà lancés. D'un autre côté, les assiégés se défendirent avec résolution et firent deux sorties aussi heureuses que meurtrières. Néanmoins, leur valeur les sauva moins que la fortune ; car, comme la brèche devenait praticable, une maison s'abattit dans les fossés, et ses débris devinrent un obstacle nouveau.

Il fallait ouvrir une autre brèche, ou tenter à travers les flammes et la fumée un assaut qui pouvait coûter la vie à une partie de l'armée et peut-être rebuter les assiégeants. Condé, devenu plus prudent, s'arrêta au premier parti et transporta ailleurs les deux pièces. Sa constance allait être couronnée du succès, et déjà il se disposait à donner enfin l'assaut, quand il eut avis que d'Harcourt était près d'Auvillars avec une armée de dix mille hommes. Condé n'en avait pas la moitié. Malgré cette inégalité de forces, Balthasar, un soldat de fortune, que son courage avait élevé au rang de capitaine et qui joua un rôle assez important dans cette expédition, lui conseilla de laisser quelques troupes devant Miradoux pour tenir les assiégés en respect et de marcher sur Auvillars pour attaquer d'Harcourt, ou du moins de se porter à Flamarens pour lui couper le passage. Son avis fut rejeté comme téméraire. Le prince jugea ses forces trop inégales pour hasarder un combat : il leva le siège (1) et se retira à Astafort. Comme la Garonne le séparait des ennemis, il crut pouvoir étendre ses quartiers et se contenta de placer quelques postes vers Auvillars en recommandant, toutefois, qu'on détachât continuellement des partis de ce côté.

Cette précaution, qui aurait suffi pour mettre un camp en sûreté, faillit à perdre le prince et l'exposa à la honte d'être surpris et défait : car, de tous les partis qui furent détachés, aucun ne suivit les instruc-

---

(1) Durant le siège, les habitants s'étaient voués à St. Joseph et s'étaient engagés, s'ils échappaient au prince, à faire célébrer tous les ans, le jour de la fête du saint, une messe solennelle où assisteraient leurs quatre consuls en livrées, et où ils offriraient chacun un cierge d'un quart de livre. Ce vœu s'est perpétué jusqu'à nos jours.

tions qu'il avait reçues, et au lieu de s'enquérir de l'ennemi, ils s'amu-
sèrent à piller les villages voisins. Aussi, d'Harcourt passa la rivière,
marcha au milieu des quartiers du prince et arriva à un quart d'heure
d'Astafort sans que personne en prit l'alarme. Enfin, des gens poussés
par l'avant-garde en ayant porté la nouvelle à la ville avec tout le
trouble ordinaire dans une pareille surprise, le prince monta aussitôt
à cheval, suivi du duc de Larochefoucault, du comte de St-Marsin
et du marquis de Montespan. A peine eut-il fait cinq cents pas, qu'il
aperçut les escadrons ennemis prêts à fondre sur tous ses quartiers à
la fois. Il prit aussitôt sa détermination. La ville d'Astafort n'était
pas mieux fortifiée que celle de Miradoux, et son site se prêtait bien
moins à une défense. Le prince n'osa pas y attendre le comte d'Harcourt. Il manda à sa cavalerie de venir le rejoindre sous les murs
d'Astafort, d'où il la fit partir avec les bagages pour le Port-Sainte-
Marie, tandis qu'il prenait la route du village de Boué avec son infanterie dans le dessein d'y traverser la Garonne et de se réfugier à
Agen. Il se contenta de laisser à Astafort ses mousquetaires pour
amuser l'ennemi. La retraite fut aussi périlleuse que hardie. Les troupes se croisaient les unes les autres et n'avaient ni postes ni rangs. La
confusion, le désordre, la précipitation étaient extrêmes. Pour comble
de malheur, il n'y avait à Boué que peu de bâteaux, et le passage de
la Garonne dura douze heures entières. Il ne tenait qu'au comte d'Harcourt de terminer ce jour-là la guerre civile. Le ciel lui présentait
des victimes à choisir plutôt que des soldats à vaincre; mais les circonstances avaient beau être favorables, son génie, étonné devant
celui de Condé, n'osait pas les saisir. Au lieu de poursuivre le prince,
de le charger sur les bords de la Garonne et de le précipiter dans les
flots, ou de l'obliger à poser les armes, il s'arrêta à attaquer le village
du Pergain, où Condé avait établi ses gardes. Ceux-ci firent une résistance incroyable; ils ne capitulèrent que le lendemain, après avoir
épuisé toutes leurs munitions et tué à l'ennemi plus de monde qu'ils
n'étaient de combattants. Condé, qui ne s'était embarqué que le dernier, vit de l'autre bord de la rivière le marquis de Montespan battre
et repousser les troupes du comte d'Harcourt, et avant d'entrer à Agen
il reçut la nouvelle que la cavalerie avait atteint le Port-Sainte-Marie
sans avoir perdu ni hommes ni bagages. La prise de trois ou quatre
cents gardes, abandonnés du reste de l'armée, fut le seul avantage que
d'Harcourt retira d'une conjoncture où la fortune et la négligence
de ses ennemis lui avaient offert la facilité de se couvrir d'une gloire
immortelle en battant complètement et peut-être en faisant prisonnier
un des plus grands hommes de guerre de nos temps modernes.

La ville d'Agen ferma d'abord ses portes au prince fugitif, et ne les
ouvrit ensuite qu'après avoir pris ses assurances. Tonneins, Mar-

mande, le Mas-d'Agenais ne se prêtèrent pas de meilleure grâce à recevoir des garnisons. Condé s'ennuya de jouer un rôle si peu digne de son rang, de sa naissance et de son courage. Il abandonna secrètement la Guienne, lui sixième, traversa le royaume à travers mille périls, et arriva à Paris, où sa présence, son activité et ses talents rechauffèrent le zèle attiédi de ses partisans, balancèrent pendant quelque temps toutes les forces de la royauté, et ne prolongèrent que trop les malheurs d'une guerre civile sans but et sans portée. Tout serait étroit et mesquin dans cette lutte, faible écho des luttes féodales que nous avons racontées, si sa figure et celle de Turenne ne prêtaient un peu d'éclat à ces scènes où les hommes et les choses paraissent également rapetissés. Le prince de Conti, à qui il laissa le commandement de ses troupes, ne put arrêter les défections; Agen, Clairac, Laplume, le Port Ste-Marie, Aiguillon, lui échappèrent presqu'à la fois. Il fut contraint de se retirer à Bordeaux, où le comte d'Harcourt le poursuivit et osa même lui présenter la bataille; mais le succès ne répondit pas à cette hardiesse. Après une longue escarmouche dont l'avantage resta au parti des princes, d'Harcourt s'éloigna de Bordeaux et vint dans le Condomois.

Il assit ses quartiers à Gondrin. Ce séjour acheva de ruiner un pays déjà trop accablé. Sous prétexte que la province s'était déclarée pour les rebelles, quoiqu'en réalité il n'y eut que Grenade et Beaumont qui eussent embrassé leur parti, l'armée libératrice promena partout le meurtre, le pillage et l'incendie. La désolation, s'il faut en croire un récit contemporain (1), fut si grande, que les gens se jetaient dans les bois et que les bestiaux erraient sans maîtres à travers les campagnes. Dans les villes, les villages, les châteaux, les maisons, partout où passaient les soldats, les rues, les caves, les viviers même étaient fouillés pour y chercher des vivres, de l'argent, des objets précieux. Après les promenades militaires, vinrent les exactions. Le comté d'Astarac fut taxé à soixante mille livres, le duché d'Albret en offrait cent cinquante mille, Auch en dut payer soixante mille, Gimont vingt mille, Mauvezin onze mille (2). Condom n'avait été condamné qu'à dix mille écus; mais ayant mis du retard dans le paiement, il dut compter soixante-quatre mille livres. On ne demandait à la ville de

---

(1) Lettre d'un bourgeois de Condom, imprimée à Paris, en 1652.

(2) Une délibération de la Communauté de Mauvezin, datée du 4 mars 1657, porte que la guerre civile ayant cessé, on ouvrira les portes de la ville qui avaient été murées. Une autre délibération du 7 janvier 1660, porte qu'on fera au comte d'Harcourt un présent de dix douzaines de poires de bon chrétien qui coûtèrent 33 livres, le port compris. Mauvezin eut longtemps 8 consuls : 4 catholiques et 4 protestants. Une

Mont-de-Marsan que vingt mille livres; mais comme elle voulut représenter sa misère, elle fut contrainte d'en ajouter cinq autres mille.
Prêtres, moines, religieuses, personne ne fut excepté. Barran, Ordan
et quelques lieux voisins n'ayant point eu l'argent prêt au jour qui
leur avait été assigné, furent livrés au pillage. Jegun et sa *collecte*
n'eurent pas un meilleur sort. Les courses des divers détachements et
le peu de sécurité des routes ajoutaient aux malheurs publics. Eauze
envoya une députation au commandant dans son quartier de Gondrin.
La députation tomba dans une embuscade, et, quoique composée de
dix à douze personnes, elle fut détroussée et renvoyée presque nue.
Aux plaintes générales qui s'élevaient, d'Harcourt se contenta de ré-
pondre *que ses soldats étaient, il est vrai, voleurs, mais qu'ils se
battaient bien.*

Après avoir laissé reposer ses troupes, il alla assiéger Villeneuve-
d'Agenais, défendue par Théaubon le fils; mais il y trouva plus de
résistance qu'il ne l'imaginait. Le siège traîna en longueur; le général n'en attendit pas la fin. Aigri par quelque mécontentement, il
laissa l'armée entre les mains de Marin, de Sauvebœuf et de Lisle-
bonne, tous les trois lieutenants-généraux, et se retira à Bussac, suivi
seulement de cinq de ses affidés.

Le départ subit du comte d'Harcourt entraîna le découragement
de l'armée royale et changea la face des affaires. Les trois lieutenants-
généraux n'osèrent pas continuer le siège, et gagnèrent Agen. Pendant
qu'ils délibéraient ensemble sur le plan de campagne qu'il convenait
d'adopter, Balthasar, sorti de Bazas où il s'était maintenu, surprit le
capitaine Lasserre, gouverneur de Casteljaloux, et força, après quatre
jours de tranchée, la ville de Castelnau à se rendre à composition. La
ville de Casteljaloux, qu'il attaqua ensuite, essaya de le repousser.
A son approche, les habitants se joignirent au régiment de Rouillac,
qui tenait garnison parmi eux, et sortirent à sa rencontre; mais il les
repoussa avec tant de vigueur, que peu s'en fallût qu'il n'entrât pêle-
mêle avec eux dans la place. La frayeur fut si vive, que les habitants
firent leur soumission une heure après. Le château, défendu par une
bonne garnison, résista plus longtemps. Balthasar laissa sous ses remparts le maréchal-de-camp Duplessis, et soutenu par le comte de
Marchin, il s'avança vers Condom où il avait des intelligences; mais

---

ordonnance du duc d'Epernon (17 janvier 1648) les réduisit à 4, et établit que les
trois premiers seraient catholiques et le quatrième protestant. Une mairie y fut établie
plus tard. Un arrêt du roi (5 juillet 1693) la déclara héréditaire, exempte de tailles,
de garde et de logement des gens de guerre, et l'assit aux gages de 80 francs. Docu-
ments communiqués et extraits de l'Hôtel-de-Ville.

à peine se fut-il mis en marche, qu'il apprit que Duplessis avait été tué devant le château de Casteljaloux, ce qui l'obligea à y envoyer Beauvais-Chantirac.

Lui, cependant, poursuivit sa marche vers Condom, à la tête de mille cinq cents chevaux. Le marquis d'Aubeterre, qui combattait dans ses rangs, ayant demandé à parler aux consuls, essaya vainement de séduire leur fidélité. Gohas et Montcassin étaient dans la ville; ils firent repousser toutes les propositions, et les deux chefs rebelles durent retourner au pied du château de Casteljaloux. Sauvebœuf fit mine de vouloir les en chasser, il les fit même défier au combat; mais aussitôt après ce défi, il s'éloigna sans attendre la réponse. La garnison du château, témoin de cette retraite honteuse, ouvrit le lendemain ses portes. Marchin et Balthasar coururent assiéger le Mas-d'Agenais et le prirent d'assaut le cinquième jour. Labarthe, lieutenant-colonel du régiment de Guienne qui y commandait, n'eut que le temps de se sauver dans l'église avec quelques officiers et quelques habitants; ils y tentèrent une courte résistance et se rendirent tous prisonniers de guerre. La prise de Gontaud et de Montaignan termina la campagne. Après ce dernier triomphe, Marchin et Balthasar songèrent à prendre leurs quartiers, et pour mieux rafraîchir leurs troupes ils se séparèrent. Marchin s'enfonça dans le Périgord et Balthasar se replia vers les bords de la Garonne avec son régiment et les régiments de Conti, de Guitaud et de Leyran, et le même jour il gagna Bazas. Le surlendemain il arriva à Roquefort dans les Landes, et sans s'y arrêter il poursuivit sa marche, se saisit du château de Pojalé, d'où il repartit le lendemain au point du jour. Il courait en toute hâte vers Mont-de-Marsan dont les habitants devaient le recevoir avec son train et une suite de dix ou douze de ses officiers; mais ayant appris que le duc de Candale, nommé pour remplacer le comte d'Harcourt, s'avançait contre lui au lieu de voler à la défense de Sarlat, il envoya Gaston, un de ses officiers, prendre le commandement de sa cavalerie, et lui ordonna de se renfermer avec elle dans Grenade où il avait déjà placé cent vingt hommes du régiment de Conti. Candale n'avait amené qu'un corps de cavalerie; il marchait jour et nuit, espérant trouver les ennemis dispersés dans les villages. Arrivé près de Grenade, il enleva sans peine les régiments de Guitaud et de Leyran, qui, se trouvant mieux dans les quartiers qu'ils avaient choisi, n'avaient pas voulu obtempérer aux ordres de Gaston. Il fit sommer ensuite les habitants de la ville de lui ouvrir leurs portes; et comme il s'arrêta quelques heures aux pieds des murailles pour voir si l'on obéirait à la sommation, il perdit l'occasion de surprendre Balthasar. Quand l'armée royale parut devant Mont-de-Marsan, celui-ci, toujours actif, venait d'en sortir et de se retirer à Tartas. Candale le poursuivit avec vigueur, il alla camper devant Tartas le jour de Noël; mais la rigueur excessive du froid ne lui permit pas d'en tenter le siège, et le contraignit à reprendre le chemin de Mont-de-Marsan, d'où il vola, mais trop tard, au secours de Sarlat.

Balthasar, resté maître de Tartas, n'oublia rien pour s'y fortifier: en même temps il envoya ordre à St-Micaut de prendre le reste du régiment de Conti qu'il avait laissé à Bazas, et de se porter en toute diligence à Roquefort. Le baron de Marsan, qui en était gouverneur, voulait rendre cette place au chevalier d'Aubeterre, aussi fidèle au roi que le marquis d'Aubeterre, son frère aîné, était dévoué à la cause des princes. Le chevalier, ayant aperçu St-Micaut, se mit à sa poursuite et le battit; mais il ne put pas l'empêcher de gagner Roquefort, dont il trouva les portes fermées et où il ne fut reçu que dans les faubourgs. Les troupes royales, de leur côté, prirent position sous les murs de la ville; mais quand la nuit fut venue, elles se retirèrent à Labastide et à St-Justin. Balthasar, instruit de ce qui s'était passé, partit la nuit même de Tartas, arriva vers neuf heures du matin à Roquefort et s'y introduisit, quoi que pût faire pour y mettre obstacle, le baron de Marsan. Il se saisit aussitôt du château et de l'église, et dès qu'il se fut assuré de ces deux postes, il fit entrer St-Micaut avec le régiment de Conti, et prenant avec lui vingt chevaux qu'il avait amenés et deux mille hommes de pied, il tenta une vigoureuse sortie contre les troupes royales, qui étaient venues reprendre la position qu'elles occupaient la veille.

Le chevalier d'Aubeterre, surpris de cette ardeur et ne sachant à qui il avait à faire, s'éloigna au plutôt et se retira vers Villeneuve et St-Sever, laissant seulement trente hommes dans le château de St-Justin. Balthasar les alla attaquer le lendemain et les força à se rendre sans condition. Poussant aussitôt ses avantages, il s'avança jusqu'à Labastide où il plaça soixante hommes, en leur recommandant de se bien barricader dans la ville et surtout dans l'église. Malgré toutes ces recommandations, il ne les eut pas plutôt quittés, que le chevalier d'Aubeterre s'étant montré, ils lui firent lâchement leur soumission. Balthasar revenait sur ses pas; mais voyant que tout était consommé, il se replia vers Roquefort où il laissa le maréchal-de-camp Baas et revint s'enfermer à Tartas. Derrière ses solides remparts, non seulement il bravait ses ennemis, mais il courait les Landes et insultait à la fois Dax, St-Sever et Mont-de-Marsan. Il prit le château de Cauna et y établit une garnison qui infestait tout le voisinage; il profita même de quelques troubles qui s'étaient élevés à St-Sever pour faire une tentative sur cette place. Cette tentative, d'abord assez heureuse, faillit tourner à sa ruine. Déjà il s'était emparé des bagages et avait fait prisonnière une partie de la garnison ; mais pendant qu'il parlementait avec le reste, le chevalier d'Aubeterre qu'il croyait éloigné, s'étant emparé de St-Justin (14 juin 1653), dont le commandant avait posé les armes sans avoir attendu le canon, tomba sur lui à l'improviste et le força à une prompte retraite. Coupé dans sa course, il ne put que se jeter avec Lartet dans l'Adour, qu'il traversa à la nage. Il gagna aussitôt de vitesse, rallia les siens au gué de Sauprosse, et prenant avec lui ses meilleurs cavaliers, il rentra à Tartas, toujours poursuivi par d'Aubeterre, qui ne s'arrêta qu'à une heure de la ville.

Désolé d'avoir manqué sa proie, d'Aubeterre espéra être plus heureux contre le château de Cauna. Il courut l'assiéger. Malgré son courage et la supériorité de ses forces, il eût échoué dans son entreprise si la trahison ne fût venue à son aide. Des Irlandais, dont se composait presqu'entièrement la garnison, craignirent l'issue du siège. Ils se saisirent de Lacroix, leur commandant, et le livrèrent aux ennemis avec le château qu'ils étaient chargés de défendre. Balthasar (1), lui-même, ne tarda pas à faire sa soumission avec la cour, et à remettre ses places au duc de Candale. La plupart des autres chefs (2), le prince de Conti à leur tête, firent leur paix particulière.

(1) Cette guerre avait amassé des maux sans nombre sur la Chalosse. Avant qu'elle s'ouvrît, la barrique de vin valait 12 livres, la mesure de froment 27 sols, id. de blé 20 sols, id. de millet ou panis 15. Durant la guerre, le vin valut 44 l., la mesure de froment 4 l. 10 sols, id. de blé 3 l. 8 sols, id. de millet 3 l. 2 sols. « Nous sommes à la grande faim et réduits à la grande misère, écrit un habitant du pays; il n'y a plus rien pour manger, car si un homme va au marché avec de l'argent, il est dangereux d'être volé, et s'il a un bon cheval ou un bon habit, on lui ôtera, et s'il fait porter du grain ou autres marchandises, on lui prend tout et encore est-il dangereux d'y perdre la vie. Celui qui a quelque chose en sa maison ne l'a pas assuré, et s'il y a une bonne maison, il y a toujours 90 pauvres devant la porte demandant du pain. Les pauvres viennent à toute heure à grandes troupes devant les portes......... Le peuple de ce pays a si grande peur aux gens de guerre qu'il n'ose tenir dedans les maisons aucune bonne chose à manger, ni linge, ni grains..... Ledit Balthasar, est si puissant et si cruel que tout le monde le craint. On dit qu'il est magicien; il ne parle que de tuer et de pendre....... Ceux qui sont sortis des prisons de Balthasar disent qu'ils ont été au purgatoire..... Les pauvres meurent tous les jours de peur et de faim. » (Man. laissé par Henri de Laborde-Péboué, de Doazit en Chalosse).

(2) En échange de la principauté de Sédan, la Régente donna au duc de Bouillon le duché d'Albret, plus la justice haute, moyenne et basse de la ville de Nogaro et des lieux de Barcelonne, Riscle, Plaisance et Aignan, avec tous les droits et revenus appartenant à Sa Majesté. Le duché et les cinq villes ayant été auparavant adjugés et délaissés à défunct monseigneur le prince de Condé, la cour s'engagea

Le prince de Condé seul se montra plus ferme ou plus obstiné. Pour
ne pas paraître plier devant Mazarin, il se jeta dans les bras de l'Espagne et quitta (1652) le royaume, où il ne rentra que sept ans plus
tard par le traité des Pyrénées.

Pendant que les conditions de ce traité, le plus glorieux peut-être
et le plus avantageux qu'ait signé l'ancienne monarchie, se débattaient
dans l'Ile des Faisans, la cour de France s'était rapprochée des frontières. Elle partit de Bordeaux le 6 octobre 1659 et alla coucher à
Cadillac, où le duc d'Epernon, frère du duc de Candale, mort peu
après la soumission de la Guienne et second fils du favori d'Henri III,
la reçut avec la plus grande magnificence. « Rien, dit une princesse
de l'époque (1), n'a jamais été égal à la bonne chère qu'il fit, et rien
n'approchait la somptuosité, la politesse et la grandeur qui parut en
tout lieu. Il était, ajoute-t-elle, un homme qui avait conservé l'air de
grand seigneur que personne n'a plus, soit par la quantité de gentilshommes, de pages, enfin de tout ce qui distingue les gens ; aussi avait-il
de quoi soutenir cela par la charge de colonel-général de l'infanterie
française, par le gouvernement de Guienne et par cent mille écus de
rente. » Ce duc mourut en 1661, ne laissant de ses deux femmes qu'une
fille qui renonça à toutes les espérances du monde pour entrer chez
les Carmélites du faubourg St-Jacques de Paris, sous le nom de sœur
Anne de Jésus. Un fils, qu'il avait eu de sa première femme, fille légi-
timée d'Henri IV et d'Henriette de Balsac d'Entraigues, était mort
avant lui sans être marié. La mort du fils et l'entrée en religion de
la fille laissaient à sa libre disposition une immense fortune. Il légua
le comté d'Astarac à Anne de Castelnau, dame de Maurens. Les comtes
de Fleix, la seule branche de la maison de Foix qui existât alors, y
élevaient des prétentions. Anne de Castelnau accepta une transaction
que lui fit offrir Jean-Baptiste Gaston de Foix, le chef de sa branche ;
mais celui-ci vendit, dix ans après, le comté au dernier maréchal de
Roquelaure, qui n'eut que deux filles, dont l'aînée épousa le duc de
Rohan-Chabot, auquel elle porta l'Astarac. Les Rohan-Chabot le possédaient encore en 1791.

Le roi Louis XIV fit son entrée à Bazas le 7 octobre (2), coucha le
8 à Casteljaloux, et arriva le 9 à Nérac, où il séjourna le 10. La cour

à indemniser le prince son fils. On donna encore au duc de Bouillon le duché de Châ-
teau-Thierry, ainsi que les comtés d'Auvergne, d'Evreux, et de Beaumont, et quelques
autres terres moins importantes.

(1) Mad. de Montpensier. Mém., t. 3, p. 429.

(2) Voir, pour ce voyage de Louis XIV et pour les cérémonies de son mariage,
Itinéraire des rois de France, p. 138. Mém. de Motteville, pag. 488 et suiv. Mém. de
Mᵐᵉ de Montpensier, pag. 484 et suiv. Montglat, t. 3, p. 83 et suiv.

y admira l'ancien château des rois de Navarre, et surtout les superbes jardins qui bordent la Baïse, déjà presque abandonnés, mais *encore
beaux des mille restes de leurs vieux ajustements.* Le lendemain,
elle arriva à Lectoure vers quatre heures du soir, et en repartit le lendemain après la messe, que le roi entendit à St-Gervais, et la reine-
mère chez les Carmélites. Ce jour on dîna dans une prairie et on alla
coucher à Mauvezin. Le 13, on arriva à l'Isle-Jourdain et le 14 à Toulouse, d'où on alla attendre en Provence que les difficultés qui retar-
daient la signature du traité fussent aplanies. Le traité fut enfin signé
le 17 novembre 1659. Un des articles portait que l'Infante Marie-Thérèse, fille aînée de Philippe IV, roi d'Espagne, épouserait le jeune
Louis XIV, sous la réserve, toutefois, que la princesse renoncerait à
la couronne d'Espagne; mais la célébration du mariage fut renvoyée
au printemps suivant. La cour repassa à l'Isle-Jourdain le 23 avril
1660, et vint coucher à Auch le 24. Nous n'avons pu trouver, ni dans
l'une ni dans l'autre de ces villes les procès-verbaux de ce passage :
nous avons été plus heureux pour Vic-Fezensac et pour Nogaro (1).
Le roi fit son entrée solennelle à Vic le 25, vers quatre heures du soir.
Les habitants s'étaient avancés pour le recevoir, sous la conduite de
Jean de Lambes, cadet de la maison de Marambat. Ils se rangèrent
en bataille dans un champ, au bas de la côte de la Justice, et saluèrent
le monarque d'une décharge générale de leurs mousquets et des cris
mille fois répétés de vive le Roi ! De Labaune, premier consul, s'ap-
procha du prince et le harangua. Le juge royal, de Gimat, le harangua une seconde fois à l'entrée de la ville, et Darquier, chanoine et
théologal du chapitre, une troisième, sous le porche de l'église (2).

Louis arriva à Nogaro le lendemain. Il était dans un carrosse traîné
par six chevaux, et avait avec lui la reine-mère, le duc d'Orléans, son
frère, et la duchesse de Montpensier, sa cousine. Les clefs de la ville lui
furent présentées à la porte de la ville par Jacques de Luzarey, juge
du Bas-Armagnac, accompagné de Bernard Bailin, lieutenant de la
jugerie et des consuls Jean Doat, Pierre Camel, Raymond-St-Marc et
Jean Ducom, de la plupart des notables et d'une foule de peuple.
Luzarey, avant de remettre les clefs, tomba à genoux, et dans cette
posture, il harangua le roi, qui l'écouta la tête couverte. Après la harangue, le cortège royal franchit la porte de la ville et s'arrêta à la mai-

(1) Procès-verbal gardé à Vic et à Nogaro.

(2) On montre encore près de l'église, la maison où le prince passa la nuit ; elle
appartenait à noble Descoms, et était située près d'une des quatre portes, qui ouvraient
dans le cœur de la ville.

son du chirurgien Casenave, disposée pour recevoir la reine-mère (1).
Le jeune Louis monta à cheval, et après s'être reposé un instant chez
Latour-Lebé, où son logement avait été assigné, il accepta une partie
de chasse qu'une pluie malencontreuse vint bientôt interrompre. Il
quitta Nogaro le lendemain, coucha successivement à Mont-de-Marsan,
à Tartas et à Dax, et arriva le 1er mai à Bayonne. Il y séjourna huit
jours et demeura plus d'un mois à St-Jean-de-Luz. Le roi d'Espagne
s'était avancé de son côté jusqu'à Fontarabie, amenant avec lui sa
fille, le gage de la nouvelle paix. Les deux monarques eurent une
entrevue le 6 juin, dans l'Isle des Faisans, et se jurèrent une amitié
inaltérable. Le lendemain, Louis XIV et sa mère retournèrent à la
même île pour y recevoir la jeune princesse des mains de son père.
Deux jours après, le roi ratifia son mariage, déjà célébré par procureur à Fontarabie, et épousa en personne dans l'église de St-Jean-de-
Luz. La rue, qui allait de son logis à l'église, était tendue de riches
tapisseries et bordée par les régiments des gardes françaises, par les
Suisses et par deux compagnies de gentilshommes au bec de corbin.
Le prince, vêtu d'un habit noir sur lequel reposait un manteau brodé
d'or, marchait entre deux huissiers de sa chambre tenant leurs masses
d'argent, et était précédé du prince de Conti et du cardinal Mazarin
en rochet et camail. La jeune reine venait après, conduite par le duc
d'Orléans. Elle avait une couronne d'or sur la tête, sa robe était de
satin blanc broché d'or, et elle portait un manteau royal de velours
violet, semé de fleurs de lys d'or, dont la queue était soutenue par
trois princesses du sang. La reine-mère suivait en mante noire. L'évêque de Bayonne, Jean d'Olce, en habits pontificaux, reçut les deux
époux à la porte de l'église et les conduisit sur une estrade de velours
violet, semée de fleurs de lys d'or et surmontée d'un dais pareil. La reine-
mère occupait une estrade séparée, tendue de velours noir. L'évêque,
avant de commencer le Saint-Sacrifice, porta au roi dans un plat de
vermeil l'anneau d'alliance et les douze pièces d'or, souvenir du Mor-

---

(1) Le duc d'Anjou logea chez M. de Montaubri; Mademoiselle alla loger à Arblade.
Le prince de Conti passa à Nogaro le 28. Il fut visité et harangué par le juge Luzarey
assisté des consuls, et logea comme le roi, chez M. de Latour-Lebé. Le nonce du
pape passa le 29 et logea dans la même maison ; il ne fut visité et harangué que par
le chapitre. Le doyen Luzarey porta la parole et s'exprima en français; le nonce répondit en latin, et fit à son tour diverses questions auxquelles répondit le chanoine
Dupuy qui occupait le second rang dans son corps. Le 30, l'illustre voyageur dit la
messe aux Capucins, donna trois fois la bénédiction et partit suivant le même itinéraire que la cour. A Vic-Fezensac, la reine-mère avait logé chez M. de Pellebène,
aujourd'hui rue des Arts, et le duc d'Anjou chez M. Lebé, au fond de la rue Troade.
Mademoiselle alla loger au château de Marambat.

ganeguiba des anciens Francks. Puis, il bénit de nouveau le mariage
et dit la messe. Le cardinal Mazarin fit les fonctions de grand-aumô-
nier, et porta l'instrument de paix à baiser au roi, à la reine et à la
reine-mère. Contre l'ordinaire, il n'y eut point de repas de cérémonie.
Les deux époux soupèrent en famille avec la reine-mère et le duc
d'Orléans. Six jours après, la cour quitta St-Jean-de-Luz et retourna
à Bayonne.

Le roi réserva à sa nouvelle épouse l'entrée de la première ville
qu'ils trouvaient sous leurs pas. Elle fut (1) reçue à la porte St-Léon,
superbement ornée d'arcs de triomphe, d'emblèmes et de devises. Les
habitants, commandés par Naguilles, Dusavet et Darjalet, l'y attendaient en armes au nombre de quatre mille. Le sénéchal la compli-
menta au nom du corps de ville. Le poêle, qui précédait son carrosse,
était porté par les échevins d'Olives, Etcheverry, Serraude et Duhalde.
A Mont-de-Marsan (2), les deux reines visitèrent le couvent de Ste-
Claire et y entendirent la messe. La ville fit au roi, à cette occasion,
un don de deux mille cent dix livres. De Mont-de-Marsan on se dirigea sur Bordeaux. La cour était nombreuse et brillante. Les petites
villes où l'on s'arrêtait se trouvaient quelquefois insuffisantes pour
offrir l'hospitalité à tant de personnages éminents. On se disséminait
alors dans les villages voisins. Le soir que le roi coucha à Capsius, la
duchesse de Montpensier alla loger à St-Justin (3); elle fut placée
dans une vieille maison qui tombait en ruines : le plancher de la
chambre était percé d'un grand trou qu'il fallut fermer avec des ais
mal unis. Néanmoins, la princesse s'endormit aussi paisiblement que
si elle avait été dans un magnifique et solide palais; mais voilà qu'au
milieu de la nuit un cri se fit entendre : Sauvez-vous, sauvez-vous : la
maison croule. La princesse, réveillée en sursaut, s'élance de la chambre hors d'elle-même, et ne s'aperçoit que quelques instants après
qu'elle s'était échappée en chemise. L'alarme était fausse ; c'était un
tremblement de terre qui se fit surtout sentir en Bigorre et en particulier à Bagnères, où il renversa plusieurs édifices. On arriva sans
aucun autre événement à Bordeaux.

(1) Man. de Bayonne. Le 16 dudit mois de juin 1660, le roy de France avec toute
son armée, partit de Bayonne et passa à Dax et y logea et estait à Tartas le dit jour,
là où je fus exprès et j'eus l'honneur moi-même de boir le roy et la reine sa femme et
aussi la reyne sa mère, et M. le frère du roy et toute la cour de France, et tout en ma
présence, et embirou le midi s'en partirent hers le Mont-de-Marsan. Je ne désire plus
sinon boir le roy des roys au ciel. Dieu m'en fasse la grâce ! Alors fesait grand chaud.
(Man. de Laborde-Péboué).

(2) Hôtel-de-Ville de Mont-de-Marsan.

(3) Mém. de la princesse, p. 516.

L'éventualité, que l'Europe avait prévue et contre laquelle elle avait cherché à se précautionner dans le traité des Pyrénées, se réalisa. Le frère de Marie-Thérèse n'eut point d'enfants, et le duc d'Anjou, le second des petits-fils de la princesse, fut appelé à la couronne d'Espagne. Les ducs de Bourgogne et de Berry l'accompagnèrent jusqu'à l'extrémité du royaume, sous la conduite du duc de Beauvilliers, leur gouverneur. Les trois jeunes princes arrivèrent à Bayonne le 13 janvier et y séjournèrent jusqu'au 19. Ils entendirent chaque jour la messe à la cathédrale, mais à des heures ou à des autels séparés. Entr'autres amusements, la ville leur donna le spectacle d'une course de taureaux. Le chapitre et le corps de ville y eurent une place marquée.

Après avoir quitté le jeune roi sur les bords de la Bidassoa, ses deux frères rentrèrent à Bayonne, d'où ils repartirent le lendemain. Ils arrivèrent à Nogaro le 25 février, un samedi soir. Le maire alla les saluer à la tête des consuls. Les deux princes firent séjour le dimanche, et furent harangués deux fois ; d'abord, par le théologal Luzarey, aux portes de l'église paroissiale, quand ils allèrent entendre la messe, et puis, à leur retour, dans leurs appartements, par le jugemage, assisté des autres officiers de justice (1). Ils se dirigèrent ensuite vers Auch et l'Isle-Jourdain, et traversèrent enfin la Garonne. Ce passage est le dernier événement tant soit peu important que nous offrent les annales de la Gascogne (2).

(1) Procès-verbal gardé à Nogaro. La ville fit présent aux Princes de quelques fruits et de quelques bouteilles de vin de Jurançon.

(2) Durant la guerre qui suivit les mariages espagnols, la ville de Monfort (Gers), n'ayant pas voulu recevoir une garnison protestante, Fontrailles alla l'assiéger ; il la tint bloquée durant neuf jours et ne s'éloigna « qu'après avoir brûlé et rasé les maisons des champs, arraché les arbres fruitiers, coupé les bourgeons des vignes et fait manger les blés en herbe. » Quand la paix vint forcer les protestants à poser les armes, Fontrailles voulut faire payer aux habitants les frais du siège qui les avait ruinés et en exiger neuf mille livres ; et comme on se refusa à une aussi étrange exigence, il courut de nouveau, mais avec aussi peu de succès, assiéger la ville et renouvela sous les murs toutes ses anciennes violences. (Man. de Monfort).

FIN DE L'ÉPILOGUE.

NOTICE

SUR LES ÉVÊQUES DE LA PROVINCE.

L'Eglise ne suit pas toujours les transformations politiques. Les siéges épiscopaux de la province d'Auch restèrent debout, quand les diverses seigneuries, qui se partageaient le territoire de la Gascogne, allèrent se perdre dans la monarchie française. Ainsi, notre histoire nous paraîtrait incomplète, si elle ne continuait de retracer la vie des prélats, qui remplirent ces siéges jusqu'à ce qu'une immense commotion sociale vint briser, dans notre patrie, toutes les institutions du passé et contraindre plus tard le vicaire de Jésus-Christ à établir une église nouvelle à côté d'un pouvoir nouveau. Nous séparerons désormais les diocèses; nos lecteurs suivront plus facilement la série des évêques.

ARCHEVÊQUES D'AUCH (1).

Léonard de Trappes, dont nous avons déjà parlé, passa la fin de sa vie dans l'exercice de la plus haute piété. La ville d'Auch lui doit une partie de ses établissements religieux. Ce prélat y attira les Capucins, les Ursulines et les Carmélites. Le seigneur des Vivès donna le local du couvent des Capucins, et les consuls, au nom de la ville, l'affranchirent de toute taille. La croix fut plantée solennellement le 6 mai 1607, et le dimanche suivant le prélat bénit et posa la première pierre, entouré de tout son clergé, de presque tous les habitants d'Auch, et d'une foule innombrable accourue des campagnes environnantes. Le P. Vincent d'Uzès, nommé supérieur, commença les travaux le 3 juillet, et les poursuivit avec tant d'activité, que dans l'espace d'un an le couvent fut en état de loger les religieux. Le fondateur consacra l'église sous le vocable de St-Antoine-de-Padoue. La cérémonie se fit le 16 août 1617, et, s'il faut en croire une ancienne tradition, quand la cérémonie fut terminée, le prélat prit en secret l'habit de l'Ordre et fit profession de la règle de Saint-François. Quoiqu'il

(1) Voir, pour les Prélats qui vont suivre, les sources où nous avons puisé pour leurs prédécesseurs, et les Biographies de Michaud et de Feller.

en soit de cette tradition, il est certain qu'il se réserva dans le couvent une chambre où il se retirait assez souvent et où il passait quelquefois des semaines entières. Les Ursulines du Chemin-Droit, appelées de la sorte de la rue qu'elles habitaient, datent de l'année 1623. La maison coûta deux mille écus ; l'archevêque en donna cinq cents ; la ville d'Auch et la maison de Toulouse, d'où venait la nouvelle colonie, en fournirent chacune autant. Les cinq cents écus restants furent assignés pour dot à une des filles de l'ancien propriétaire, qui entra dans l'institut. Catherine de Pins-Monbrun en devint la première supérieure. La Communauté, composée d'abord de six religieuses, grandit bientôt au point qu'il fallut envoyer une émigration au dehors. Ainsi naquit le couvent de St-Joseph ou de Camarade.

Celui des Carmélites dut son origine à la peste qui désola plusieurs fois le royaume, sous le règne des derniers Valois. Forcée de quitter la ville d'Agen, en proie à l'horrible fléau, la Mère Sainte-Trinité, une des principales colonnes de cet Ordre, se réfugia avec ses filles dans le château de Meilhan, presque aux portes d'Auch. Léonard de Trappes gouvernait alors le diocèse. Quand les religieuses lui demandèrent la permission d'avoir la messe dans le château, il la refusa avec obstination. Pieux et bon comme était le prélat, il ne voulait, sans doute, qu'attirer l'essaim errant dans sa ville métropolitaine. Ses vœux ne furent pas trompés. Les Carmélites se déterminèrent à venir chercher à Auch les secours de la religion, qui sont l'âme du cloître. Léonard songea aussitôt à les y fixer. Il obtint sans peine le consentement de la ville, et en attendant qu'une maison fût bâtie, il engagea la maréchale de Roquelaure à prêter son hôtel. Les habitants les accueillirent avec tant d'empressement, que Le Mazuyer, premier président du Parlement de Toulouse, qui pensait à fonder une maison de Carmélites, se détermina à faire cette fondation à Auch.

Les soins que Léonard de Trappes donnait aux diverses communautés religieuses de son diocèse ne lui fit pas perdre de vue l'église métropolitaine et le séminaire. La première était depuis longtemps négligée. Il fit reprendre les travaux et y consacra des sommes considérables, comme nous le verrons ailleurs. Après la métropole, le séminaire attira surtout son attention. Les cardinaux Hippolyte et Louis d'Est en avaient jeté les fondements. Entrant dans les vues du Concile de Trente, ils achetèrent une maison voisine du collège, où ils placèrent douze enfants qui recevaient une éducation gratuite. Ils dotèrent avec générosité ce premier établissement; mais ils laissèrent à la duchesse de Nemours, nièce du cardinal Hippolyte et sœur du cardinal Louis, et à un autre de leurs parents, la présentation des élèves. On appela cette maison le Petit-Séminaire-d'Est. Léonard trouvant cet espace trop étroit, acheta hors des murs de la ville, en face d'un ancien cimetière depuis longtemps abandonné, un grand emplacement, et y bâtit une maison nouvelle; mais, toujours humble, il voulut que ce second établissement portât comme le premier le nom de ses deux prédécesseurs.

Cependant ses forces épuisées par les travaux, plus encore que par les années, réclamaient un aide. Il demanda et obtint pour coadjuteur Dominique de Vic, qu'il sacra de ses mains, le 25 mai 1625, dans l'église d'Ermenonville, sous le titre d'archevêque de Corinthe. Plus tranquille désormais, il se prépara à ses derniers moments et mourut dans son palais après une courte maladie, le 29 novembre 1629. Les sentiments de foi et d'humilité, qui l'avaient animé toute sa vie, dictèrent ses dernières dispositions. Il avait d'abord élu sa sépulture chez les Capucins; mais son chapitre l'ayant fait changer de résolution, il voulut du moins être enterré avec l'habit du tiers-ordre de St-François, un crucifix et le livre de l'Imitation de J.-C. dans les mains. On plaça son corps dans la chapelle souterraine de St-Austinde, et sur sa dépouille mortelle, on grava, comme il l'avait commandé, pour toute épitaphe, ces simples et touchantes paroles : *Leonardus de Trappes, archiepiscopus Auxitanus, vermis et non homo, opprobrium hominum et abjectio plebis.* On a depuis relevé ses cendres et on les a transportées auprès du maître-autel, au lieu où l'on avait d'abord déposé son cœur. Elles reposent sous une dalle de marbre noir, où sont imprimées ses armes avec quelques paroles de juste reconaissance que lui consacra son neveu. Depuis St-Austinde, aucun archevêque n'avait montré autant de zèle et de piété. Pas une des fonctions du ministère pastoral ne lui fut étrangère. On le vit souvent porter le St-Viatique aux malades, même dans les plus humbles réduits. Il rehaussait ses autres vertus par une douceur et une aménité de caractère qui lui gagnèrent tous les cœurs. Ni ses nombreux établissements, ni ses réformes plus nombreuses encore, ne rencontrèrent jamais de résistance sérieuse. Tous les monuments nous attestent qu'aussitôt après sa mort, on se mit à l'invoquer comme un ami de Dieu. A défaut de jugement solennel, l'opinion publique le béatifia. Le temps n'a point détruit l'auréole de sainteté dont ses contemporains entourèrent son nom : on garde avec un respect religieux non seulement ses ossements, mais tout ce qui servit à son usage, sa croix, son chapelet surtout, qu'on fait toucher aux malades. Dans toute la province, on ne le nomme que le *vénérable Léonard* (1).

1) Ce prélat donna à perpétuité au diocèse, en vertu d'un indult qu'il avait obtenu du pape Paul V, la permission d'user du laitage durant le Carême.

Dominique de Vic, qu'il avait appelé à partager avec lui le fardeau pastoral, naquit en 1588 du garde des sceaux, Aymeric de Vic, comte de Fiennes. Il fut pourvu de l'abbaye du Bec dès l'âge de sept ans, à la recommandation du gouverneur d'Amiens, son oncle. Son père ayant été nommé ambassadeur en Suisse, l'amena dans sa légation et l'envoya commencer ses études à l'université d'Ingolstad. Quand l'habile négociateur rentra en France, il plaça son fils au collége de La Flèche, dirigé par les Jésuites. Au sortir de ce collége, Dominique alla suivre les cours de la Sorbonne. Partout il se distingua par son intelligence et son application; aussi, dès l'âge de trente-trois ans, il fut nommé secrétaire-d'état par Louis XIII, qu'il accompagna en cette qualité dans la Guienne et dans le Languedoc, la première fois que ce prince vint s'y montrer à ses peuples. Léonard de Trappes alla saluer la cour à Toulouse. Touché du mérite du jeune secrétaire-d'état, il le demanda avec instance pour coadjuteur et l'obtint sans peine. Cette nomination n'empêcha pas Dominique de Vic de suivre Louis XIII au siège de Montpellier, durant lequel le comte de Fiennes, son père, termina sa longue et honorable carrière; mais lorsque le roi reprit le chemin de Paris, le futur prélat se dirigea vers l'Italie pour aller raviver sa foi et son zèle près du tombeau du prince des Apôtres.

Grégoire XV, qui occupait alors le saint-Siège, l'accueillit avec une distinction toute particulière. Le Pontife étant mort sur ces entrefaites, les bulles furent retardées et de Vic ne put être sacré que le jour de la Trinité (25 mai 1525). Il fit son entrée à Auch, le 16 février suivant, et refusa à cette occasion les honneurs que la ville lui préparait; mais chez lui la fermeté s'alliait à la modération. Les consuls ayant voulu exiger le serment d'alligéance que les archevêques prêtent à la ville, Dominique de Vic le refusa ouvertement, se fondant sans doute sur ce qu'il n'était encore que coadjuteur. Ce refus souleva des murmures et des plaintes; toutefois ces nuages ne tardèrent pas à se dissiper. Le prélat se trouvait absent quand son pieux prédécesseur alla recevoir dans le ciel la récompense due à ses vertus. Une épidémie qui suivit de près cette mort et qui sévit cruellement à Auch et dans tout le diocèse, prolongea son absence; mais dès que le fléau eut cessé, il éprouva le besoin d'aller consoler ses ouailles et leur annonça son retour. A cette nouvelle, les consuls d'Auch s'assemblèrent, et Sancet, le premier d'entr'eux, lui écrivit au nom de ses collègues pour prendre ses ordres touchant sa réception. La circonstance n'avait pas de précédent dans les fastes consulaires; car on n'avait pas encore vu à Auch un prélat, déjà reçu comme coadjuteur, se présenter en sa qualité d'archevêque. Dominique de Vic répondit qu'il ne se pardonnerait pas de grever une ville, si maltraitée par l'épidémie : qu'ainsi il défendait toute dépense, et qu'il entrerait sans aucun cérémonial.

Malgré cette défense, les consuls avaient fait dresser quatre arcs de triomphe. Ils continuaient leurs préparatifs lorsqu'ils apprirent que l'archevêque, après s'être arrêté quelques instants à Demu, était arrivé au château de Mazères. Ce qu'on faisait à Auch l'obligea de mander de nouveau qu'il ne voulait aucune pompe et qu'il entrerait secrètement à l'archevêché. Il tint parole : il partit subitement de Mazères, franchit la porte de la ville vers huit heures du soir par une nuit obscure, porté dans une litière couverte, et gagna son palais sans être reconnu de personne. Le lendemain, les consuls allèrent lui présenter les clefs de la ville et lui prêter serment de fidélité. Après avoir ainsi accompli ce qu'ils devaient au prélat, ils lui demandèrent à leur tour le serment qu'il devait à la ville. L'archevêque se prêta de bonne grâce à leur demande. Le soir même, vers quatre heures, il se rendit à l'hôtel de la commune et y jura tout ce qu'avaient juré ses prédécesseurs. En se retirant, il invita les deux premiers consuls à venir s'asseoir à sa table. De part et d'autre on ne pouvait mieux sceller une entière réconciliation.

Dès ce moment, il tâcha de marcher sur les traces de son prédécesseur. Rien ne fut changé dans l'administration ; les visites pastorales se poursuivirent avec la même activité. Les synodes diocésains se tinrent avec la même exactitude : on crut voir revivre celui que l'on pleurait toujours. De Vic ajouta même à ce qu'avait fait le vénérable Léonard ; il rétablit l'usage des conférences ecclésiastiques et en augmenta le nombre. Dans l'assemblée des évêques de sa suffragance, en 1655, il fit décréter le rétablissement des Conciles provinciaux : on indiqua le premier dans la ville de Mirande et on en fixa l'ouverture au 1er septembre de l'année suivante ; mais des obstacles se mirent sans doute à la traverse. Rien du moins ne prouve que le Concile ait eu lieu. Ami des ordres religieux comme Léonard de Trappes, Dominique de Vic établit des Recollets à Gondrin et des Ursulines à Mirande et à Castelnau-Magnoac. Enfin, il ramena la régularité dans les abbayes de Gimont et de Saramon, d'où les malheurs du temps l'avaient bannie ; mais s'il eut le zèle et une partie des vertus de son saint prédécesseur, il n'en eut pas la douceur et la condescendance.

Deux de ses ordonnances lui aliénèrent le cœur de son chapitre, comme son refus de serment lui avait aliéné momentanément les consuls de la ville. Ici, le droit de l'archevêque paraît incontestable. La première ordonnance réduisait à trois mois les vacances des prébendiers, ainsi que le Concile de Trente l'avait prescrit pour les chanoines ; la seconde statuait que la messe canoniale et les offices qui la précédaient commenceraient à six heures et demie quand il y avait obit, et à neuf heures les autres jours. Les prébendiers et les chanoines se réunirent pour appeler de ses ordonnances au parlement de Toulouse. Le parlement condamna le prélat; mais celui-ci déféra l'affaire au conseil du roi qui jugea en sa faveur (1649). Les réglements furent ainsi maintenus. Cette querelle ridicule ne l'empêcha pas de s'occuper de sa métropole. Il fit faire l'année suivante les vitraux des chapelles de la nef. Les peintures qui les décorent sont l'ouvrage de François Deneits, dont les descendants vivent encore à Auch. Étant allé visiter sa famille en 1661, il tomba malade au château d'Ermenonville presqu'en arrivant, et y mourut peu après. Il avait gouverné seul le diocèse, plus de trente-deux ans.

Le siége vaqua plusieurs mois. Louis XIV y nomma enfin, le 1er juillet 1662, l'évêque de Rennes, Henri de Lamothe-Houdancour. Henri nâquit en 1615 de Philippe de Lamothe, seigneur de Houdancour, près de Beaumont-sur-Oise en Picardie, et de Louise du Plessis-Piquet, sa troisième femme. Deux de ses frères parvinrent comme lui à l'épiscopat. L'un fut évêque de Mende et l'autre évêque de St-Flour. Un troisième frère se distingua par ses talents militaires et se plaça à côté de cette foule de grands généraux que firent éclore les premières années du règne de Louis XIV. Ses services lui valurent le bâton de maréchal de France, la vice-royauté de Catalogne et le duché de Cardonne. Henri fit avec éclat ses premières études, prit à la Sorbonne le bonnet de docteur et fut élu bien jeune proviseur du collége de Navarre. Il devint bientôt après abbé de Souillac et plus tard de St-Martial-de-Limoges, de Froidmont dans le Beauvoisis et de Lescale-Dieu dans le Bigorre. Il était, en outre, théologal de l'église de Paris, lorsqu'en 1639 Louis XIII le nomma à l'évêché de Rennes. Son sacre fut retardé jusqu'à l'Epiphanie de l'année 1642. Victor Leboutiller, archevêque de Tours, lui donna l'onction sainte dans l'église de St-Germain-des-Prés, assisté des évêques de Saintes et d'Autun. Le cardinal Barberini, archevêque de Rheims, s'étant démis des fonctions de grand aumônier de la reine Anne d'Autriche, Henri de Lamothe-Houdancour fut appelé à le remplacer. Peu de mois après, le roi Louis XIV le décora du grand collier de ses Ordres (8 juin 1654).

Le Jansénisme commençait à agiter la France. Rome avait condamné les cinq propositions de l'évêque d'Ypres. Henri porta, par ordre de la cour, la bulle de condamnation à la Sorbonne, et l'y fit recevoir sans peine. Il paraît même qu'elle y fut enregistrée d'un consentement unanime. Ce succès, les talents du prélat, la gloire du maréchal, son frère, le crédit de sa famille, devaient le conduire sur un siége plus élevé que celui de Rennes. Louis XIV le nomma archevêque d'Auch le 13 juillet 1662.

Henri prit aussitôt possession de son nouveau siége par procureur : il ne se présenta lui-même à Auch qu'en 1664. Il entra dans
la ville sans aucune pompe et refusa de se soumettre aux formalités
qui accompagnaient l'intronisation de nos archevêques. Les membres du chapitre le firent envain supplier de se conformer aux exemples de ses prédécesseurs ; envain ils lui firent offrir de supprimer
une partie des exigences voulues par l'usage : toutes leurs démarches
furent inutiles ; ils recoururent alors aux formes légales et requirent
par acte le serment. Henri ne fit qu'une réponse évasive, et pour se
soustraire à toute nouvelle demande, il repartit le lendemain pour
Paris. Ses adversaires s'adressèrent alors au parlement de Toulouse,
qui condamna le prélat à se faire recevoir dans les formes ordinaires
et à prêter le serment accoutumé. Durant ces débats, le prélat ne
quitta point la cour où le retenait la longue et cruelle maladie, qui
précipita au tombeau la reine Anne d'Autriche. C'est lui qui annonça
à la princesse qu'elle devait se préparer au terrible passage de l'éternité, qui lui administra le St-Viatique et qui l'exhorta jusqu'à son
dernier soupir. Après la mort de la princesse, il conduisit son corps à
St-Denis et officia à ses obsèques. Il revint à Auch en 1667, et cette
fois cédant de bonne grâce à l'injonction qui lui fut faite, il jura
comme le voulait le chapitre, de garder les privilèges de l'église d'Auch.
Dès ce moment la paix se fit et rien ne la troubla depuis. Pour mieux
faire oublier les débats passés, le prélat s'occupa à orner la métropole. Il fit d'abord bâtir le jubé qui domine l'entrée du chœur, il
entreprit ensuite de construire le porche et les clochers de Ste-Marie.
Malheureusement dans cette œuvre, si belle d'ailleurs, il céda trop aux
goûts de son époque ; il négligea de mettre ses travaux en harmonie
ave le reste de l'édifice ; c'est la seule anomalie qui dépare notre splen-
dide métropole, dont la pureté des lignes et la correction du style sont
peut-être le premier mérite. En même temps il entourait de balus-
trades de marbre les diverses chapelles, et faisait des réglements
pour augmenter la régularité et la pompe des offices divins. Les études
ecclésiastiques attirèrent surtout son attention. Il acheta un vaste
enclos adjacent aux constructions déjà faites sous Léonard de Trappes ;
il éleva et prolongea ces constructions et y en ajouta de nouvelles,
entr'autres, la belle façade qui longe la promenade.

Profondément dévoué à la maison royale, dont lui et les siens avaient
reçu tant de bienfaits, il fonda douze chapellenies dont les titulaires
auraient pour mission spéciale de prier pour elle. Il attacha cette fondation à l'autel du saint Sépulcre, en souvenir de la dévotion que la
reine-mère avait pour les lieux saints, et surtout pour le tombeau du

Christ. Il dota à ses frais (1) six de ces chapellenies et leur affecta deux mille quatre cents francs de rente : les six autres devaient être assises sur la mense abbatiale de Lescale-Dieu. Le roi autorisa cette destination; mais l'archevêque étant mort avant que l'affaire eût été consommée, on abandonna ce projet. Il fallut que les douze chapelains se contentassent de la portion laissée par le prélat : encore cette dotation fut-elle réduite de quelques cents francs. C'est au milieu de ces occupations, si dignes d'un prélat, que Henri de Lamothe-Houdancour passa ses dernières années. Il quitta peu son diocèse, et résida souvent dans le château de Mazères, que son prédécesseur avait restauré, et qu'il se plut à embellir. Il y tomba malade et y mourut le 24 février 1684. Son corps fut porté à Auch et enterré sous le porche septentrional du clocher avec cette inscription qu'il avait dictée lui-même : Cy-gît, en attendant la résurrection des morts, Henri de Lamothe-Houdancour, indigne archevêque d'Auch. En face du tombeau on incrusta dans le mur un cartouche de marbre noir sur lequel le chapitre métropolitain, bien revenu de ses anciennes préventions, fit graver en lettres d'or cet éloge justement mérité : *Quod Henrici meritis detraxit humilitas, id reddit veritas, illum pietate, doctrinâ et nobilitate clarissimum venturis retro sæculis commendans* (1684). Rome elle-même s'associa à ces éloges. Innocent XI s'écria, en apprenant sa mort : La religion vient de perdre une de ses colonnes.

Cet archevêque eut de vifs démêlés avec les juges royaux au sujet de la justice de Vic-Fezensac et de Barran. Nous avons vu que ces deux villes appartenaient par indivis aux archevêques et aux comtes d'Armagnac; mais quand les rois de Navarre eurent succédé à la maison d'Armagnac, et surtout lorsqu'ils furent montés sur le trône de France, ils agrandirent leur part d'autorité. Du reste, ce qui se passait dans le diocèse d'Auch était à peu près général dans tout le royaume. Presque partout la royauté avait abattu cette multitude d'autorités rivales qui affaiblissaient son action. Avec la féodalité devaient disparaître les rouages, qui la faisaient mouvoir. L'archevêque d'Auch protesta contre cette usurpation : il cita le juge royal

(1) Cet archevêque augmenta aussi les fonds des chapellenies de St-Martial et de St-Jacques; il fonda un sacristain et un maître des cérémonies; il donna dix mille livres pour la construction d'un orgue; il laissa des missions. Enfin, à sa mort, il partagea entre l'hôpital-général et le séminaire les *arrérages des revenus de son archevêché ;* il fit des statuts synodaux pour tout le diocèse et des statuts particuliers pour le chœur de Ste-Marie. Il donna aux recollets la chapelle de Notre-Dame-de-Roses, près de Jegun (1677), et unit l'église de Ste-Marie-de-Consolation à l'archiprêtré de Lavardens.

devant le Parlement et obtint que la transaction passée en 1340 entre le comte d'Armagnac Jean II et Guillaume de Flavacourt fût maintenue. Une autre affaire litigieuse fut provoquée par deux religieux de l'ordre de Prémontré (Puntous et Gavarret) que l'abbé de Lacaze-Dieu avait pourvus de deux cures dans le diocèse, et qu'il voulut ensuite rappeler dans le monastère contre leur gré et malgré la défense de l'archevêque et la résistance de leurs paroissiens. L'affaire était délicate ; deux juridictions se trouvaient en présence. L'abbé, soutenu du général de l'Ordre, invoquait son autorité sur un membre de sa Communauté. L'archevêque revendiquait ses droits sur un curé de son diocèse. Le conseil d'État jugea, le 12 décembre 1678, en faveur du dernier. La lutte avait duré plus de deux ans.

A la mort d'Henri de Lamothe-Houdancour, le roi désigna pour le remplacer l'évêque de St-Omer. Armand-Anne-Tristan de Labaume-de-Suze, ainsi se nommait le prélat, était fils d'Anne de Labaume, comte de Roquefort en Dauphiné, et fut d'abord pourvu de l'abbaye de Quarante, dans le diocèse de Narbonne. Louis XIV le nomma à l'évêché de Tarbes en 1675, et le transféra, deux ans après, au siége de St-Omer. Il y remplissait avec zèle les devoirs de premier pasteur, lorsqu'en mai 1684 il fut élevé à l'archevêché d'Auch. Les démêlés de Louis XIV avec Innocent XI, l'empêchèrent longtemps de recevoir l'institution canonique. En attendant que les difficultés fussent aplanies, il se transporta à Auch et prit en main l'administration du diocèse, de l'agrément et avec les pouvoirs du chapitre, qui l'avait nommé vicaire-général. Ainsi l'avait exigé l'impérieux monarque, dont les hautaines prétentions faillirent à précipiter la France dans le schisme. Pendant cette administration capitulaire, assez peu conforme aux Canons, une terreur panique s'empara de tout le diocèse et des pays voisins. La veille de la St-Barthélemy, à l'entrée de la nuit, le bruit se répandit, partout à la même heure, que les protestants, réunis en corps d'armée, venaient venger leurs anciennes insultes et surtout l'exil dont les avait frappés la révocation de l'édit de Nantes (1). On sonna à Auch et dans plusieurs villes le tocsin ; les citoyens coururent aux armes, mais aucun ennemi ne se présenta. D'où était né simultanément en tant d'endroits cette alarme, et qui l'avait propagée ? on ne put pas le découvrir, et on l'ignore encore. Après la mort d'Innocent XI, les cours de France et de Rome se rapprochèrent. Les bulles furent données aux prélats nommés par Louis XIV, durant la querelle. Anne de Suze reçut les siennes le 22 janvier 1692. Néanmoins, il ne prit possession solennelle de l'archevêché que l'année sui-

_____

(1) Cet édit ordonna la destruction de presque tous les temples protestants. (Voir a la note 19).

vante. Il eut presqu'aussitôt un démêlé avec les chanoines au sujet du droit de correction qu'il revendiqua et qui lui fut adjugé comme un privilège inhérent à son siége, et avec l'archevêque de Bordeaux, qui prétendait à un droit de suprématie sur l'archevêché d'Auch. Cette affaire étant parvenue aux oreilles d'Innocent XII, ce pontife, par un bref du 18 juin 1697, commit les évêques de Montauban, de Condom et d'Aire pour la terminer (1).

L'année 1694 fut excessivement stérile : cette stérilité fut suivie de la famine, sa compagne ordinaire. Le fléau sévit avec tant de violence, que malgré les secours de la charité on trouva plus d'une fois le matin, dans les rues, des personnes mortes de faim durant la nuit. A la vue de cette détresse, l'archevêque ne balança pas à faire une brèche à la discipline ecclésiastique ; il permit l'usage de la viande dans le diocèse. Il exceptait, toutefois, le mercredi, le vendredi et le samedi de chaque semaine, et maintenait la collation du soir et le jeûne. En 1698, il tint un synode diocésain où il promulgua de nouveaux statuts pour le clergé. L'année suivante une affaire délicate le força de réunir, après une longue interruption, le Concile de la province.

Egaré par la bonté de son cœur, le célèbre Fénelon, archevêque de Cambrai, avait publié l'ouvrage si souvent nommé et si peu connu *des Maximes des Saints.* Bossuet, avec son regard d'aigle, en aperçut les erreurs et les dénonça au Saint-Siége. La sentence de Rome, après s'être fait attendre, parut enfin. Les maximes furent condamnées, et Fénelon, plus grand dans sa défaite qu'il ne l'eût été par le plus éclatant triomphe, joignit sa condamnation à la condamnation du Saint-Siége. Ses collégues de France furent appelés à se prononcer à la suite du souverain pontife. Des Conciles s'assemblèrent dans toutes les provinces. L'archevêque d'Auch convoqua le sien dans la chapelle de son château de Mazères, par ménagement, sans doute, pour le noble condamné, et sans doute aussi pour le même motif aucun de ses suffragants n'y parut en personne : ils s'y firent représenter par leurs vicaires-généraux. L'évêque d'Aire, absent de son diocèse, et l'évêque de Lescar, retenu dans son lit par une maladie, n'envoyèrent même ni excuse ni représentant. Le bref fut reçu avec le respect et

_____

(1) En 1737, Monseigneur de Maniban, archevêque de Bordeaux, ayant rencontré au château du Busca, chez son cousin, le premier président au parlement de Bordeaux, Etienne d'Aignan du Sendat, vicaire-général du cardinal de Polignac, convint avec lui qu'il ne recevrait aucun appel d'Auch, et le vicaire-général, au nom de son archevêque, promit qu'à Auch on n'en accueillerait aucun de Bordeaux. Ce qui fut exécuté dans la suite.

la soumission dûs à l'autorité dont il émanait, et on vota une lettre de remerciment à Louis XIV, dans laquèlle on exaltait son zèle pour la pureté de la foi. Anne de Suze, avant de terminer sa carrière, appela à son Grand-Séminaire les Jésuites et édita un rituel d'Auch, le premier que nous connaissions sous ce titre. Ce rituel fut, en très-grande partie, l'ouvrage de Paul de Chaulnes, son premier vicaire-général, qui ne tarda pas à être élevé sur le siége de Sarlat. L'archevêque survécut peu à cette promotion. Ayant été obligé d'aller à Paris, en 1700, il y tomba malade et ne se rétablit depuis jamais complétement. Son état ne lui permit pas de retourner au milieu de ses ouailles : il mourut là où la maladie l'avait atteint, et fut enterré dans l'église paroissiale de St-Paul (5 mars 1705).

Peu de jours après la mort d'Anne de Suze (11 juin 1705), Augustin de Maupou lui fut donné pour successeur. Il nâquit à Paris de René de Maupou, président au Parlement, et de Marie Doujat, l'un et l'autre d'anciennes familles de robe. Il fut d'abord docteur de Sorbonne et doyen de St-Quentin. Il entra ensuite dans la magistrature et fut reçu avocat au grand conseil à la place de Pierre, son frère aîné. Louis XIV le nomma évêque de Castres le 7 juillet 1682; mais les obstacles, qui avaient arrêté les bulles d'Anne de Suze, arrêtèrent les siennes. Il ne fut préconisé que le 27 septembre 1693. Il siégeait à Castres depuis douze ans, lorsque le roi le transféra à l'archevêché d'Auch, dont il prit possession le 22 juin 1706. Deux ans après, il commença la visite de son diocèse. La rigueur de l'hiver qui suivit le força à la suspendre : c'était le terrible hiver de 1709. Les années, qui vinrent après furent bien différentes. Leur hiver ressembla à un printemps ordinaire. Quand les plaies, causées par les froids excessifs, eurent été guéries, le prélat songea à restaurer le palais archiépiscopal. On sait qu'aucun siècle n'aima autant à retoucher à ce qui avait été fait au moyen-âge que le siècle de Louis XIV. En même temps, il fit bâtir la chapelle de son séminaire. C'est le seul monument de sa piété qu'il ait pu achever. La mort le surprit pendant qu'il songeait à doter la métropole d'un maître-autel, et surtout à élever un hôpital général. Il mourut le 12 juin 1712, d'une phthisie pulmonaire, dont son tempérament robuste semblait devoir le mettre à l'abri. On l'enterra avec la plus grande pompe, en face du maître-autel qu'il avait vainement eu l'intention de reconstruire. Sa mort dévoila l'étendue de ses aumônes, et apprit qu'il assistait une infinité de familles indigentes; mais son testament révélait encore mieux son cœur noble et bienfaisant. Il laissait près de deux cents mille livres de legs pieux. Sur cette somme, il donnait douze mille livres à son église, et il fondait à perpétuité dans le séminaire quatre places pour quatre élèves

mais les pauvres d'Auch eurent la plus large part dans ces libéralités :
Il leur légua soixante-douze mille livres. Lamoignon-Baville, le célèbre
intendant du Languedoc, un de ses exécuteurs testamentaires, en
employa seulement douze mille à des bâtiments. Le reste fut consacré
à acheter des biens-fonds et des rentes pour l'entretien des indigents.

Jacques Desmarets succéda à Augustin de Maupou. Il était né à
Soissons, où son père était alors intendant-général des finances.
Il eut pour mère Marie, sœur du grand Colbert, et pour frère Nicolas
Desmarets, qui, après avoir rempli tous les postes éminents de la hiérar-
chie, fut enfin contrôleur-général des finances en 1708, et secrétaire
d'Etat sept mois après. Voué à l'état ecclésiastique, ainsi qu'un de ses
frères, qui devint plus tard évêque de St-Malo, Jacques obtint, le 9
mai 1679, un canonicat à Notre-Dame de Paris. Il achevait alors ses
études à la Sorbonne, où il prit le bonnet de docteur, le 5 juillet
1681. La même année, il fut nommé agent général du clergé. L'agence
conduisait toujours à l'épiscopat. Quand elle eut expiré, on lui donna
l'évêché de Riez, qu'il échangea, 28 ans après, contre l'archevêché
d'Auch. Il reçut gratuitement, en sa qualité de frère d'un ministre,
ses bulles datées du 12 février 1714, et quitta Paris le 2 décembre
suivant. Il alla d'abord consoler ses anciennes ouailles. Après un séjour de deux mois à Riez, il fit enfin ses derniers adieux à un troupeau qu'il aimait autant qu'il en était aimé, et prit la route d'Auch,
accompagné de l'archidiacre d'Aignan du Sendat, qu'il avait appelé
près de lui. Il fut reçu à l'entrée du diocèse, dans la chapelle de Notre-
Dame de Cahusac, d'où il alla coucher au château du Sendat. Le lendemain, 14 mars 1715, il fit son entrée solennelle dans la ville d'Auch,
précédé de tous les Ordres de la ville. Le concours n'avait jamais été
plus grand. Tous voulaient faire honneur à leur premier pasteur, au
neveu de Colbert, au frère d'un ministre d'Etat. Le clergé le reçut à
la porte de l'église, où le nouvel archevêque prêta au chapitre le serment accoutumé. Desmarets avait été un des quarante prélats chargés
d'*examiner* la bulle qui condamnait les fameuses propositions du Père
Quesnel. Il voulut, dès son arrivée, s'assurer des sentiments de ses
prêtres, et les ayant trouvés unanimes pour repousser l'erreur, il publia avec plus de joie son ordonnance d'adhésion au décret de Rome.

L'église d'Oléron était alors troublée par un démêlé qui s'était élevé
entre l'évêque et le chapitre. Un nouvel office, composé en l'honneur
de St-Grat et imposé au diocèse sans avoir été soumis au chapitre,
avait donné naissance à cette querelle, et dans une cause toute de
piété, la piété avait reçu de graves et de nombreuses atteintes. Dix-
sept appels comme d'abus s'étaient succédé de part et d'autre auprès
du Parlement de Navarre, et après tant d'arrêts la cause était plus

obscure que jamais. Dans cette incertitude, le roi, de sa pleine autorité, chargea l'archevêque d'Auch et l'évêque d'Aire de vider les différends. Ils donnèrent leur décision et furent assez heureux pour
la faire accueillir avec joie par les deux parties. L'archevêque d'Auch
survécut peu à ce jugement. La province l'avait député à l'assemblée
générale du clergé ; mais l'état de sa santé l'avait déterminé à rester
à Auch, lorsqu'une lettre du Régent, qui réclamait sa présence au nom
des intérêts de l'Eglise, vint changer sa résolution. Il partit pour Paris
déjà souffrant ; son mal s'aggrava dans la route, et, à peine arrivé au
terme de son voyage, il succomba en peu de jours (27 novembre 1729).
On l'ensevelit dans le caveau de Notre-Dame. Sa mort fut déplorée à
Auch, où ses abondantes charités lui avaient gagné tous les cœurs.
Sa générosité alla quelquefois au-delà, si non des besoins, du moins
des demandes. Un gentilhomme dans la détresse lui empruntait un
jour cinq cents livres : le prélat, informé de sa position, doubla la
somme et ne voulut pas être remboursé.

Melchior de Polignac, son successeur, a laissé une réputation bien autrement éclatante dans le monde , mais des souvenirs moins précieux
dans son diocèse. Il vit le jour au Puy en Velay, le 11 octobre 1661,
d'une des plus anciennes familles du Languedoc. Conduit pour ses
études à Paris par son père, qui le destinait à l'état ecclésiastique, il
étonna ses condisciples par ses talents et sa facilité. Le cardinal de
Bouillon, enchanté des agréments de son esprit et de la noblesse de
ses manières, le prit avec lui lorsqu'il se rendit à Rome, après la mort
d'Innocent XI. Il l'employa non seulement à l'élection du nouveau
pape, mais encore dans l'accommodement qu'on traitait alors entre la
France et la cour de Rome. L'abbé de Polignac eut occasion de parler
souvent au souverain pontife, qui lui dit dans une des dernières conférences : Vous paraissez toujours être de mon avis, et à la fin c'est
le vôtre qui triomphe. Les difficultés ayant été aplanies, le jeune négociateur vint en porter la nouvelle à Louis XIV. C'est au sortir de cette
audience que le monarque dit à quelques courtisans : Je viens d'entre-
tenir un homme et un jeune homme, qui m'a toujours contredit et
qui m'a toujours plu. Le monarque, appréciant sa rare aptitude pour
la diplomatie, l'envoya bientôt en Pologne avec le titre d'ambassadeur.
Il s'agissait d'y faire élire un roi dévoué aux intérêts de la France.
L'abbé de Polignac présenta le prince de Conti et lui concilia la pluralité des suffrages ; mais le prince ayant trop tardé à se montrer à ses
nouveaux sujets, un autre concurrent lui fut préféré. Forcé de quitter
la Pologne, l'ambassadeur fut puni d'un événement qu'il n'avait pu
ni prévoir ni empêcher, et au lieu des récompenses qu'il méritait, il
reçut l'ordre de se retirer dans son abbaye de Bonport. Rappelé trois

ans après (1702), il reparut à la cour avec plus d'éclat que jamais. En 1707, il fut chargé avec le maréchal d'Uxelles de représenter la France aux conférences de Gertruidenbert ; mais son habileté échoua contre les prétentions exhorbitantes de la Hollande. Il fut plus heureux en 1712 au congrès d'Utrech, où il répondit aux plénipotentiaires hollandais qui déclaraient aux ministres français qu'ils pouvaient se préparer à quitter les terres de la république : Non, Messieurs, nous ne sortirons point d'ici ; nous traiterons chez vous, nous traiterons de vous, et nous traiterons sans vous. La paix, dont la France avait un impérieux besoin, fut signée. Le roi récompensa les succès du négociateur en obtenant pour lui le chapeau de cardinal et en lui donnant, l'année suivante, la charge de maître de sa chapelle.

La mort de Louis XIV vint arrêter le cours de sa faveur. Lié avec la duchesse du Maine, il se prononça pour les princes légitimés contre le Régent et fut exilé dans son abbaye de Corbeil, d'où il ne fut rappelé qu'en 1721. Il alla à Rome pour l'élection du pape Benoît XIII, et y demeura huit ans chargé des affaires de France. L'archevêché d'Auch étant devenu vacant pendant son ambassade, il y fut nommé deux jours après la mort de Desmarets. Benoît XIII voulut le sacrer de ses mains (1er mars 1726), et en lui envoyant le pallium, il lui fit remettre trois épingles d'or enrichies de diamants et de rubis, qui avaient servi à attacher son pallium durant la cérémonie du sacre. Cardinal, archevêque, ambassadeur, il ne lui manquait que le grand collier du Saint-Esprit, que le roi lui donna en 1732. Il repassa cette année en France, où il reçut l'accueil le plus distingué. Il y vécut entouré de l'estime et de la considération publique, et mourut à Paris, le 20 novembre 1741, dans sa quatrevingt-unième année. Il était membre de l'Académie française depuis 1704, de celle des sciences depuis 1715, de celle des belles-lettres depuis 1717. Les sciences et les arts, les savants et les artistes lui étaient chers. Sa conversation était douce, amusante et infiniment instructive. Le son de sa voix et la grâce avec laquelle il parlait achevait de mettre dans son entretien un espèce de charme qui allait presque jusqu'à la séduction. Sa mémoire n'hésita jamais sur un nom propre ou sur une date, sur un passage d'auteur ou sur un fait. Il laissa, à sa mort, l'*Anti-Lucrèce*, poëme latin, publié en 1747, où il foudroie en vers, dignes quelquefois de Virgile, les principes matérialistes de l'antiquité payenne que la philosophie du xviiie siècle commençait alors à ressusciter.

A part le cardinal de Tournon, un de ses grands oncles, l'église d'Auch n'avait pas compté de prélat plus illustre ; elle en compte peu d'aussi riches, car le cardinal, avec son archevêché, possédait les abbayes de Corbeil, d'Auchen, de Mouzon, de Bégard et de Bonport, ainsi que les prieurés de Montdidier, de La Voute-sur-Loire, et de Nogent-le-Rotrou. Malgré les richesses que lui donnaient tant de bénéfices, il ne fit rien pour son église métropolitaine, dans laquelle il ne parut jamais ; il ne la gratifia même pas du présent que lui offraient tous les prélats à leur prise de possession. Il fallut qu'un arrêt du grand conseil le condamnât, en 1740, à lui payer une chapelle complète d'une étoffe d'or. Il se fit représenter à Auch par trois prêtres de mérite, d'Aignan, d'Aspe et Simon, qu'il établit ses vicaires-généraux ; mais quels que soient les vertus, le zèle et les lumières d'une administration diocésaine, son action laisse toujours à désirer, lorsque le premier pasteur ne vient jamais la soutenir de sa présence. De graves abus s'étaient introduits parmi le clergé. Pour les extirper, il fallait une main ferme et habile. Le cardinal Fleury, qui tenait alors les rênes de l'État sous l'indolent Louis XV, le comprit, et nomma à l'archevêché Jean-François de Chatillard de Montillet, né dans le château de Champ-d'Or en Bugey, le 14 mars 1702, d'une ancienne famille du Dauphiné.

Joseph de Revol, évêque d'Oleron, dont Montillet était le neveu germain par sa mère, l'avait appelé jeune près de lui et avait déposé entre ses mains une partie de son autorité. Quand l'âge, les infirmités et sans doute aussi d'injustes et mesquines tracasseries, déterminèrent le vertueux évêque à se décharger entièrement du fardeau pastoral, il demanda et obtint (1735) son parent pour successeur. Le nouveau prélat ne comptait alors que trente-trois ans. Il fut sacré dans l'église de St-Sulpice, le 28 octobre, par les mains du cardinal de Polignac, assisté des évêques de Tarbes et de Couserans. Il n'occupa que sept ans le siège d'Oleron, mais il remplit pendant trente-trois celui d'Auch. Durant ce long épiscopat, il répondit complétement à l'attente qu'on avait conçue de son mérite. Malheureusement l'abbé d'Aignan, cet infatigable compilateur dont les travaux nous ont été si utiles, n'a pas dépassé la mort du cardinal de Polignac, et Dom Brugelles, le copiste de l'abbé d'Aignan, n'a conduit sa chronique qu'à l'année 1746. Ainsi, nous n'avons sur cet épiscopat que des notions générales. A la place de faits précis, il est une appréciation plus juste peut-être, qui a survécu au temps ; et dans les souvenirs non seulement de l'église métropolitaine, mais encore de toute la province ecclésiastique d'Auch, François de Montillet est resté comme un des grands prélats de son siècle. Il renouvela tous les livres liturgiques du diocèse, il édita un nouveau catéchisme, il mit en vigueur les conférences et les retraites ecclésiastiques, il dota la métropole de sa chaire et des grilles de fer qui l'ornèrent longtemps, il restaura un nombre considérable d'églises, il inscrivit son nom au frontispice du vestibule du séminaire, construit

en très-grande partie avec le fruit de ses libéralités ; enfin , il acheva
le palais archiépiscopal et répara le château de Mazères. Différent de
son prédécesseur, qui ne se montra jamais à Auch, il quitta peu son
troupeau et s'efforça de le prémunir contre les erreurs qu'enfanta
ou rajeunit le xviiie siècle, si raisonneur et si frivole. Ses nombreux
mandements attestent sa science autant que sa piété. Le temps n'af-
faiblit point son zèle. Malgré son âge avancé, il crut devoir accepter
le mandat d'aller représenter sa province à l'assemblée générale du
clergé. Son chapitre et une foule d'habitants voulurent l'accompagner
jusqu'à la belle avenue de Toulouse, alors récemment achevée. Là,
il bénit pour la dernière fois ses ouailles. Il tomba malade à Paris et
y mourut en 1775.

Pendant que la métropole se réjouissait de voir son siege occupé
par un prélat qui faisait revivre ses plus illustres prédécesseurs, la
généralité d'Auch avait à sa tête un intendant que ses services et ses
travaux rendront à jamais cher à la Gascogne. Antoine Mégret-d'Etigny (1), ainsi se nommait cet intendant, nâquit, en 1720, à Paris, d'un
riche fermier-général. D'abord conseiller du Parlement, puis, maître
des requêtes, il obtint, à l'âge de trente-un ans, l'intendance d'Auch
et de Pau, la plus importante du royaume et l'une des plus difficiles
à gérer. Il ne l'occupa guère que quinze ans, car il en passa deux
dans l'exil. Ce temps lui suffit pour donner à la province une face
nouvelle. Il y sema d'innombrables routes, dont quelques-unes rappellent les superbes voies romaines, y raviva l'agriculture et le com-
merce, et y créa diverses manufactures, Auch lui doit l'hôtel-de-ville,
l'hôtel de la Préfecture, les vieilles casernes, plusieurs promenades
et une partie de ses embellissements. Tant de travaux épuisèrent vite
sa vie ; il mourut à Auch, le 24 août 1667. Les améliorations dont il
dota le pays ne furent pas d'abord généralement comprises; elles rencontrèrent des résistances et soulevèrent des ressentiments. D'Etigny
eut le courage de les dédaigner, et en appela à la postérité. Les pères
me maudissent, disait-il quelquefois, mais les fils me béniront. L'ave-
nir n'a point failli à ses espérances. Sa mémoire est chaque jour plus
vénérée. Sa statue s'élève à l'entrée de la principale promenade
d'Auch, qui a pris son nom, ainsi que la rue adjacente; enfin ses cendres, reueillies au commencement de ce siècle, reposent dans la métropole , sous un mausolée que lui a érigé la reconnaissance de ses
anciens administrés.

Après la mort de Jean-François de Montillet, on alla demander
Claude-Marc-Antoine d'Apchon, son successeur, à l'église de Dijon,
dont il était le troisième titulaire. D'Apchon avait vu le jour à Mon-

(1) Voir l'éloge de M. d'Etigny, par M. l'abbé Sabathier, professeur de rhétorique
au Séminaire d'Auch.

brisson, en 1721. Il embrassa d'abord la carrière militaire et entra
dans la marine qu'il abandonna de bonne heure pour se consacrer
aux autels. Sa naissance et sa haute piété l'appelaient aux dignités
ecclésiastiques. Louis XV le nomma, en 1755, à l'évêché de Dijon, et
en 1775 à l'archevêché d'Auch. Sa province le députa avec l'abbé de
Galard, alors vicaire-général da Lectoure et bientôt après évêque du
Puy, à la dernière assemblée du clergé de France, qui s'ouvrit à Paris,
le 29 mai 1780, et se clôtura le 11 octobre suivant. Rentré peu après
dans son diocèse, il ne s'éloigna plus d'Auch, et termina, le 12 mai
1783, dans les exercices de la foi la plus vive, une vie pleine de bonnes
œuvres. Ami des pauvres, il voulut être enterré parmi eux. Ses vœux
furent remplis : on l'inhuma au pied de la croix du cimetière. Mais
après 1800, on retira ses cendres du lieu où elles reposaient et on les
transporta dans les cryptes de Ste-Marie, d'où on les a portées dans
la chapelle du Purgatoire, sous une pierre funèbre chargée d'une inscription trop longue pour être rapportée ici.

On raconte divers traits de sa charité; deux surtout sont connus.
On prétend qu'à la vue d'un incendie qui menaçait de dévorer un
enfant, il promit mille écus à celui qui sauverait la petite créature;
que personne n'osant braver le danger, il s'élança lui-même sur une
échelle et parvint à rapporter l'enfant; et enfin, qu'avant de le rendre
à sa mère, il déposa sur son berceau les mille écus promis à son sauveur. Cette action si honorable se lit dans presque tous les recueils
d'anecdotes; néanmoins, nous la croyons peu avérée. Ce qui est plus
certain, c'est que le prélat voulant épargner à deux personnes de qualité l'humiliation d'une aumône, feignit d'apprécier grandement une
mauvaise peinture qu'elles possédaient, et l'acheta à un prix très-
élevé. C'est être doublement charitable que de voiler ainsi sa bien-
faisance.

Louis-Apollinaire de Latour-Dupin-Montauban était digne de
monter sur un siège où venaient de s'asseoir deux prélats de glorieuse
et sainte mémoire. Il naquit à Paris, en 1743, et annonça dès sa plus
tendre jeunesse les vertus dont il donna dans la suite des preuves
si éclatantes. Fils puîné d'une des plus grandes et des plus anciennes
familles du royaume, il fut voué aux autels, et nommé en 1777, évêque
de Nancy, d'où Louis XVI le transféra à Auch, le 15 juin 1783. Le
nouvel archevêque venait d'atteindre sa quarantième année. Il arriva,
dit-on, à Auch avec quelque prévention contre le clergé de son diocèse.
Celui-ci, de son côté, ne vit pas d'un œil très-satisfait le nombreux
essaim de vicaires-généraux qu'amenait l'archevêque. Mais quand le
pasteur et le troupeau se furent mieux connus, tous les nuages se
dissipèrent. Le feu de la persécution allait les purifier l'un et l'autre.

« L'archevêque d'Auch prenait le titre de primat de la Novempopulanie et du royaume de Navarre; il était seigneur de la ville en paréage avec le roi et jouissait d'environ 300,000 livres de revenu. Le diocèse comptait 350 paroisses et 260 annexes. Le chapitre métropolitain se composait de quatorze dignitaires, de 20 chanoines et de 36 prébendiers; ce qui eût porté à 70 le nombre des bénéficiers, si quelques-unsn'eussent cumulélecanonicatavecunedignité. Ces dignités étaient : la prévôté de St-Justin, les abbayes de Faget, de Sère et d'Idrac, le prieuré de Montesquiou, la chapellenie de Notre-Dame-des-Neiges, dont les titulaires étaient depuis près de deux siècles qualifiés de prieurs, et enfin des archidiaconés de Sos, de Vic, de Pardaillan, d'Armagnac, de Sabanès, d'Anglès, de Magnoac et d'Astarac (1). Le nombre des archidiaconés s'était autrefois élevé jusqu'à 14; mais cinq, ceux du Pardiac, du St-Puy, du Corrensaguet, d'Eauze et des Affites avaient été supprimés, et l'Astarac, qui originairement en formait deux, n'en avait plus tard formé qu'un, et était devenu le lot du précenteur. On appelait de ce nom le président du chœur. La prévôté, les abbayes, les deux prieurés et les archidiaconés étaient à la libre collation de l'archevêque, qui ne pouvait en disposer qu'en faveur des chanoines actuellement prébendiers. Le sacristain ou curé, dont la nomination appartenait aussi au prélat, pouvait être pris indistinctement parmi les prébendiers ou parmi les chanoines. L'archevêque et les chanoines alternaient pour la nomination aux autres bénéfices.

Les dignitaires du chapitre et les chanoines portaient le camail violet comme les évêques. Ils occupaient les stalles supérieures placées sous la première travée du chœur et bornées par le premier couloir. Seulement, si quelqu'un d'eux n'était pas prêtre, il descendait aux stalles inférieures. Là venaient s'asseoir aussi les vicaires-généraux qui n'appartenaient pas au chapitre et qui n'entraient jamais au chœur qu'en manteau de cérémonie. Les chanoines étaient tous prêtres en 1789 (2).

(1) Nous ne connaissons que les noms des archidiacres; c'étaient, suivant ce que nous avons appris, MM. Dupetit, Campardon, Lartet, Fiart, Demont, de Laclaverie et Colas. Ce dernier nommé par Mgr d'Apchon, n'habitait pas le diocèse. M. l'abbé de Larroque, de sainte mémoire, venait de mourir, et la prévôté était possédée par un conseiller clerc du parlement de Caen, qui ne paraissait guère plus souvent au chœur que l'abbé Colas.

(1) Voici leur nom et le rang de leurs stalles. Du côté de l'épitre, c'étaient MM. Demont, d'Aspe ainé, Fiart, Carde ainé, Darret, de Méritens, venu de Couserans, Carde jeune, Borista, Lassus et David. De l'autre côté, c'étaient : MM. d'Aspe jeune, Dulac, Campardon, de Solles, depuis évêque de Digne, et enfin archevêque de Chambéry, Despiau, de Marignan, théologal, d'Aignan, de la Tour-du-Pin, de Nobili, noble et riche Lucquois, et Duprat.

Les prébendiers ne portaient que l'aumusse. Ils occupaient les stalles supérieures et inférieures, placées sous la seconde travée, jusqu'au second couloir. Le reste des stalles étaient remplies, *dans les grandes solennités*, par les consuls, les officiers du roi et les gens de justice (1). On chantait chaque jour l'office tout entier. Celui du matin commen·çait à six heures dans toutes les saisons. La messe terminée, l'officiant en habit d'autel, accompagné du diacre et du sous-diacre, sortait de l'église et entrait dans la maison voisine, où l'attendaient douze pèlerins, ou, à leur défaut, autant de pauvres de la ville. On leur avait préparé un repas, composé d'une soupe, d'un plat de viande et d'une ration de pain et de vin. Le prêtre bénissait la table, inspectait les mets, présidait à la distribution et se retirait. Cette aumône avait été laissée, en 1175, par un pieux chanoine appelé Gérard-du-Pin. Elle se nommait le mandat, par allusion, sans doute, à la première parole de l'antienne que l'on chante quand l'évêque ou le prêtre lave les pieds des pauvres le Jeudi-Saint. Si les voyageurs stationnaient à Auch, ils étaient hébergés à l'hôpital St-Jacques. »

ÉVÊQUES D'AIRE.

L'église d'Aire dut une partie de ses derniers malheurs à un évêque pour lequel l'histoire n'a que des louanges, et qui, à plusieurs titres, mérita ces éloges. François de Foix-Candale, frère de Christophe, vivait loin du faste et de l'éclat. Exempt d'ambition, il refusa constamment de paraître à la cour. Une seule passion, l'amour des sciences, des lettres et des langues anciennes, remplissait sa vie. Tandis que les feux de la guerre civile embrasaient tout autour de lui, il resta tranquilement enfermé avec ses livres; il est vrai qu'il se mit aussi peu en peine de la charge épiscopale qu'on lui imposa et du monastère de St-Mont dont il était prieur commandataire. Il poussa sa carrière jusqu'à quatre vingt-dix, ans et mourut, sans avoir été sacré, avec la ré-

_____

(1) Nous avons recueilli le nom des prébendiers suivants : A gauche siégeaient MM. Tapie, Barrère, frère de l'ancien maître de chant, Martin, Chauvin, Lamothe, Lubis, Thore, Bégué, Doat, Barrère, second frère du chantre, Lacroix, Pomé, Romégous, Corbin et Cisterne, un espagnol qui touchait l'orgue. A droite étaient MM. Peyrusse, Fourcade, les deux Ader, les deux Bourdens, Louit, Cournet, Pourquiès, Pomé, Bascans, Sarrabezolles, Laporte, Lapeyre de Barran, Tapie jeune, Boyer, Vivent et Verdier. Complétons cette nomenclature par les vicaires-généraux, c'étaient : MM. Duprat, Campardon, Darret, la Tour-du-Pin, Despiau, chanoines, et Massacré, Crétin, Fournier et de Villeneuve, morts l'un et l'autre évêques, l'un de Montpellier et l'autre de Verdun.

putation d'un des hommes les plus doctes de la France, et aussi devons-
nous ajouter avec l'insouciance et l'incurie d'un des plus déplorables
évêques de la chrétienté. Il avait traduit en français le pimandre de
Mercure-Trimegiste et fait paraître des commentaires sur Euclide.
Aux travaux d'un érudit, il joignait la générosité d'un Mécène. A sa
mort, le duc d'Epernon qui avait épousé sa nièce et qui fut son héritier, se fit adjuger les revenus de l'évêché par voie d'économat, et
les garda jusqu'en 1609.

Le roi nomma alors à ce siége Philippe Cospéan, né à Mons en
Haynaut, d'une famille obscure. Cospéan sut réparer par ses talents
l'injustice de la fortune; il parcourut avec gloire la carrière évangé-
lique, parut avec éclat à la cour et devint un des premiers prédicateurs de son époque. On lui donne la gloire d'avoir purgé la chaire de
ce vain étalage d'une érudition mal digérée et de ces comparaisons
empruntées à la philosophie et aux trois règnes de la nature, et enfin,
d'avoir substitué aux citations profanes la Bible et les Pères de l'église.
Ses succès devaient le conduire à l'épiscopat, dont sa piété, son désintéressement et ses vertus le rendaient encore plus digne. Le roi le
nomma, en 1607, à Aire, d'où il passa en 1622 à Nantes et en 1636 à
Lisieux (1). Après sa première translation, le siége d'Aire fut occupé
par Sébastien Leboutilhier, oncle du célèbre abbé de Rancé. Le cardinal de Richelieu, qui l'avait connu et estimé, lui donna d'abord le
doyenné de Luçon, et l'éleva ensuite à l'épiscopat. Abel de Ste-Marthe
fait le plus magnifique éloge de sa piété, de sa candeur, de sa charité
et de sa dextérité à manier les esprits; mais le ciel ne fit que le montrer à ses ouailles. Il mourut à Mont-de-Marsan, le 17 janvier 1625,
à l'âge d'environ quarante-quatre ans. Il y en avait à peine un qu'il
avait reçu l'onction sainte. Son frère Victor Leboutilhier fut nommé
à sa place; mais il refusa l'église d'Aire pour prendre celle de Boulogne, d'où il passa plus tard à l'archevêché de Tours. Sur son refus,
Aire fut donné à Gilles Boutaud, issu des seigneurs de Laubonnieu,
dans le diocèse de Luçon.

Gilles nâquit à Tours en 1594, et fut d'abord aumônier de Louis XIII,
chanoine et archidiacre dans l'église de Tours et abbé de St-Rémy-
de-Sens. Il eut à son arrivée à Aire un vif démêlé avec les chanoines,
au sujet du serment que ceux-ci lui prêtèrent et que le prélat prétendait être un serment de vasselage et de fidélité, tandis que les chanoines prétendaient avec raison n'avoir prêté qu'un serment d'obé-

(1) Il avait la vigueur de St-Ambroise et il conservait à la cour et auprès du roi
une liberté que le cardinal de Richelieu, qui avait été son écolier en théologie, crai-
gnait et révérait. (Mém. du cardinal de Retz, tome 1).

dience. Gilles eut aussi avec les jurats d'Aire et du Mas des différends,
qui se terminèrent par une transaction passée le 1er juin 1696, et dans
laquelle il ratifiait leurs tors ou privilèges. Les courses de taureaux,
jeu favori de ces contrées, que le zèle du prélat ne put tolérer, lui
suscitèrent encore de plus grandes traverses. Gilles ne recula pas devant les clameurs publiques, et non seulement il défendit les courses,
mais il frappa d'excommunication ceux qui y assisteraient. Les foudres
furent impuissantes, et ces jeux trop souvent ensanglantés continuè-
rent. Ils font encore l'ornement de presque toutes les fêtes locales du
diocèse, d'où ils ont passé dans les lieux circonvoisins. On rendit toujours justice aux motifs qui inspiraient le prélat et l'on ne cessa jamais
de vénérer sa haute vertu. C'est le sort et la récompense de la véritable piété ; elle se fait estimer de ceux même qui l'attaquent ou la
combattent. Gilles pardonna sans peine les aberrations de ses diocésains. Il ne fut pas aussi insensible à l'outrage et aux persécutions
qu'il essuya d'un grand du royaume. Il s'en plaignit au gouvernement, et n'ayant pas pu obtenir satisfaction, il abandonna un pays où
son caractère sacré avait été si publiquement méconnu, et obtint sa
translation au siége d'Evreux. L'église d'Aire déplora son départ.
Gilles avait établi les Ursulines dans les villes de St-Sever et de Mont-
de-Marsan, appelé les Capucins à Grenade, rebâti et embelli le palais
épiscopal, et enfin jeté les fondements d'un séminaire dans l'ancienne
abbaye du Mas. Son amour pour l'Ordre des Chartreux le porta à
réunir à la grande chartreuse de Bordeaux le prieuré de Labrit, qui
était à sa nomination.

Le roi, en le transférant à Evreux, confia le soin de l'église d'Aire
à Charles-François d'Anglure, conseiller d'état, abbé de St-Pierre-
aux-Monts et de la Creste et primicier de Metz. D'Anglure reçut
l'onction épiscopale, le 25 mars 1650, dans l'église des Chartreux de
Paris, des mains de Gaspard de Daillon de Lude, évêque d'Albi,
assisté des évêques d'Avranches et de Tarbes. Néanmoins il ne fit
son entrée à Aire que l'année suivante. Il ne resta sur ce premier
siége que six ans, et passa d'abord à Castres et puis à Toulouse. Bernard de Sariac, abbé de Lescale-Dieu, de St-Pont et de Lieu-Dieu
dans les diocèses de Tarbes, de Vannes et d'Amiens, et maître de
l'oratoire et chapelle du duc d'Orléans, fut appelé à le remplacer le
24 juin 1657 et sacré le 1er juin 1659 à l'institut de l'Oratoire, par.
Dominique de Vic, assisté de Gilbert de Choiseul, évêque de Comminges, et de Claude Auvry, ancien évêque de Coutances. Bernard
était né au château de Sariac, près de Castelnau-Magnoac, et appartenait à une des plus anciennes familles de la Gascogne. Il attaqua,
mais avec aussi peu de succès que son prédécesseur, les courses de

taureaux. C'est à-peu-près tout ce que nous savons de son épiscopat,
qui se poursuivit jusqu'en 1672. Le prélat mourut dans son château
de Sariac comme il revenait des États du Bigorre, où son titre d'abbé
de Lescale-Dieu lui donnait entrée. Son cœur fut porté à Aire, mais
son corps fut enseveli dans l'église de Sariac, à gauche de l'autel. On
vante sa libéralité. Elle fut grande en effet; car il dépensa toute la
fortune de la branche aînée de sa maison, qui était considérable : on
pourrait vanter encore son zèle pour la foi; car il fit abattre les temples protestants de Géaune et de Labastide-d'Armagnac, et transpor-
ter ailleurs celui de St-Justin.

Jean-Louis de Fromentières lui succéda. Né en 1632, à St-Denis de
Gatinois, dans le Bas-Maine, il montra dès sa première enfance une
grande assiduité à aller écouter les prédicateurs et surtout une aptitude étonnante à copier leurs gestes et à rappeler une partie de leurs
discours. Son père, profitant de ses heureuses dispositions, ne négligea
rien pour les cultiver. On le destina d'abord à l'Ordre de Malte,
auquel sa naissance lui donnait droit de prétendre; mais une piété affec-
tueuse, des mœurs douces, le goût de l'étude et de la retraite déterminèrent sa vocation à l'état ecclésiastique. Il entra, en 1648, au séminaire des Oratoriens, sous les auspices du Père Sénault. Il n'avait
que dix-huit ans lorsqu'il prononça son premier sermon. Le succès
qu'il obtint ensuite dans les principales chaires de la capitale le firent
appeler à la cour, où il prêcha l'Avent de 1672. Louis XIV fut si content de l'avoir entendu, qu'il le nomma évêque d'Aire l'année suivante. Sans égaler les grands maîtres de l'éloquence, il se plaça près
d'eux et se fit remarquer surtout par la solidité de ses principes et
la pureté de sa morale. Une action noble et des gestes expressifs rele-
vaient le mérite de ses compositions. Il fut sacré dans l'église du Val-
de-Grâce, le 1er octobre 1673, par l'archevêque de Paris. Bossuet
voulut être un des deux prélats assistans. Rendu dans son diocèse, le
nouvel évêque y gagna bientôt tous les cœurs par le charme irrésis-
tible de sa douceur et le ton paternel de ses exhortations. Souvent il
interrompait l'office divin pour adresser au peuple des exhortations
familières. L'ascendant de ses vertus ranima la foi et épura les mœurs;
il ramena plusieurs calvinistes au sein de l'Église catholique. Plus
heureux que ses prédécesseurs, il vint à bout d'abolir pour quelque
temps les courses de taureaux. Sentant sa fin approcher, avant d'avoir
eu le temps de revoir ses œuvres, il défendit qu'on les imprimât quand
il ne serait plus; mais les vœux d'un mourant ne sont pas toujours
respectés. Ses œuvres parurent l'année même de sa mort (décembre
1684). On y trouve des sermons, des panégyriques et des oraisons funèbres, parmi lesquelles on remarque celles de la reine Anne d'Autriche,

de la princesse de Conti et surtout celle du Père Senault, son chef-
d'œuvre, ce qui fait autant d'honneur à son cœur qu'à son génie ; car
elle lui fut inspirée par la reconnaissance. Ses sermons prouvent qu'il
possédait à fond les livres saints et les Pères ; mais on y voudrait un
style plus pur, plus élégant et plus harmonieux. C'est à lui que l'église
d'Aire doit les boiseries du chœur.

Armand Bazin de Bezons, frère du maréchal de ce nom, succéda
à Fromentières ; mais il n'obtint ses bulles qu'en 1693. Cinq ans après
il fut transféré à Bordeaux, d'où il alla mourir sur le siége de Rouen.
Louis Gaston de Fleuriau d'Armenonville, docteur de Sorbonne, chanoine de Chartres, abbé de Moreilles et trésorier de la sainte chapelle
de Paris, le remplaça. Il fut sacré le 18 janvier 1699, dans la chapelle
du séminaire de St-Sulpice, par Paul des Godets, évêque de Chartres.
Prélat pieux, zélé et éminemment charitable, Louis Gaston rehaussa
ses vertus par une grande simplicité de mœurs et une modestie dans
ses habits encore plus grande. Il agrandit ou plutôt il bâtit le séminaire d'Aire, auquel il réunit la mense des religieux de l'ancienne
abbaye du Mas, qui demeurèrent supprimés. Il acquit de l'Etat la
partie du domaine d'Aire, que le roi possédait en sa qualité de duc
de Guienne et de vicomte de Marsan. Il voulait agrandir le chœur
de la cathédrale et rendre l'église plus vaste et plus belle ; mais sa translation au siége d'Orléans l'empêcha de mettre ses desseins à exécution.
François-Gaspard de Lamez de Matha, abbé de St-Cyran, qui vint
après, n'occupa le siége que trois ou quatre ans et mourut dans son
diocèse le 30 juin 1710. Il eut pour successeur Joseph-Gaspard de
Montmorin, grand-vicaire de Vienne.

Entré jeune au service, Montmorin commanda longtemps une compagnie de cavalerie ; mais il conserva toujours sous les armes des mœurs
pures. Il s'unit, le 10 février 1684, à une épouse digne de lui, et en
eut neuf enfants. La mort de sa femme, arrivée dans le mois de septembre 1700, lui ayant fait sentir le néant des choses du monde, il
embrassa l'état ecclésiastique. Armand de Montmorin, archevêque de
Vienne, l'appela près de lui et le nomma vicaire-général. Il le sacra
évêque d'Aire, le 4 janvier 1711. La rectitude d'esprit suppléa chez
le nouveau prélat à ce qui lui manquait du côté des études ecclésiastiques. Sa piété était exemplaire. Doux et bon, il accueillait les ecclésiastiques comme autant de membres de sa famille. Il excellait surtout
à dénouer, par sa douceur, les affaires les plus épineuses. Il termina,
aidé de l'archevêque d'Auch, le long procès de l'évêque et du chapitre
d'Oleron. Lui-même vécut toujours dans la plus parfaite harmonie
avec les chanoines de sa cathédrale. Ses derniers moments furent
affligés par des douleurs de tout genre. Pendant qu'il était dans son

palais en proie aux horreurs d'une longue maladie, qui devait le conduire au tombeau, son quatrième fils, Thomas, abbé de Bonnevaux, jeune prêtre de la plus belle espérance, lui était enlevé rapidement à Paris, où la province d'Auch l'avait député à l'assemblée du clergé, et le malheureux père ne fut averti de son malheur que par les larmes et les sanglots de sa maison, qui lui apprenaient que la perte était consommée. Lui-même cédant presque malgré lui aux ordres réitérés de ses médecins, s'achemina vers la capitale où on se flattait qu'il trouverait sa guérison ; mais Dieu en avait ordonné autrement. Son troisième fils Gilbert, qui lui avait été donné pour coadjuteur, le suivit dans ce voyage. Il crut pouvoir profiter d'un moment de répit que donnait la maladie de son père pour aller se faire sacrer. Il partit après avoir entendu sa confession et avoir reçu sa bénédiction ; mais ses prévisions furent trompées, et le surlendemain, pendant qu'on lui imposait les mains, l'auguste vieillard termina (7 novembre 1725) sa vénérable carrière avec un calme, une paix, une patience qui ne s'étaient pas un instant démentis.

Gilbert était supérieur du séminaire de St-Sulpice, lorsque son père l'appela près de lui. Il fallut qu'on fît violence à son humilité pour le déterminer à accepter l'épiscopat. Ami de la discipline et des études, il fit revivre quelques sages ordonnances de ses prédécesseurs, et établit l'usage des conférences déjà en vigueur dans plusieurs diocèses de la province. Le séminaire appela surtout ses soins. Il y introduisit la règle de St-Sulpice et le mit sous la conduite de l'abbé Lalanne, dont il fit depuis un chanoine et un de ses vicaires-généraux, et qui devait être remplacé par un neveu digne d'un pareil oncle. Gilbert de Montmorin siégea onze ans. En 1736, il fut transféré à Langres, et en s'éloignant il fit donner son ancien évêché à François de Sarret de Gaujac. Celui-ci était né à Béziers, en 1691, d'une noble famille dans laquelle la vertu semblait depuis longtemps héréditaire. Après avoir porté les armes quelques années, il renonça à la carrière militaire pour se vouer aux autels. Mais, aussi humble que pieux, il dédaigna les avantages que son nom et ses vertus semblaient lui assurer dans l'Église, se consacra aux missions diocésaines et se fit agréger parmi les chapelains de Garaison. Il évangélisa avec eux une partie de la province. Gilbert de Montmorin, qui connaissait les besoins du troupeau qu'il quittait, le demanda pour successeur au cardinal de Fleury. Le ministre, ravi du bien qu'on lui disait d'un prêtre que les liens du sang unissaient à sa famille, acquiesça sans peine à cette demande.

Le nouveau prélat fut sacré à Paris, dans l'église du noviciat St-Dominique, faubourg St-Germain, le 29 mars 1736, par le cardinal de Polignac, assisté des évêques de Lectoure et de Condom. Son élé-

vation ne changea rien à sa vie. On le vit, toujours aussi affable et
aussi zélé, parcourir les campagnes, se mêler aux populations et continuer à donner des missions que ses pieux exemples, tombant maintenant de plus haut, rendaient plus fructueuses. Il termina, à la fin
de novembre 1757, une vie sainte par une mort précieuse devant Dieu.
Le souvenir de ses vertus a survécu au naufrage du temps, et son nom
est encore béni par ses anciennes ouailles. Il fut remplacé par Plai-
cart de Raygecourt, né à Nancy, en 1708, d'une ancienne famille de
Lorraine, chanoine tréfoncier de Liége et aumônier du roi. On prétend que la cour, offensée de quelques vérités qu'il fit monter jusqu'au trône, obtint son éloignement; qu'on l'envoya, pour ce motif,
à l'extrémité du royaume, et qu'on lui donna l'évêché d'Aire, en lui
défendant d'en sortir. Ce qui paraît certain, c'est que durant un long
pontificat le nouvel évêque ne s'éloigna jamais de son troupeau. Parvenu à un âge avancé, il demanda et obtint (4 juin 1780) pour coadjuteur, Sébastien-Charles-Philibert Roger de Cahusac de Caux, qu'il
sacra de ses mains le 8 octobre, sous le titre d'évêque d'Assur. Ce
sacre fut un des derniers actes de sa vie. Il mourut à Aire, en 1783.
Roger de Caux, à qui il laissait son siége, était né dans le château de
Caux (Aude), vers la fin de l'année 1745. A une piété sincère et
éclairée, à une bonté inépuisable, à une douceur et à une égalité de
caractère que les événements les plus tragiques et les plus imprévus
n'altérèrent jamais, il joignait une fermeté digne des temps apostoliques. »

« L'église d'Aire est sous l'invocation de St-Jean-Baptiste; d'autres
disent de la Ste-Vierge. Le chapitre était composé de dix chanoines,
des archidiacres du Mont-de-Marsan et de Chalosse, d'un sacriste et
d'un ouvrier. Six prébendiers et deux stipendiers formaient le bas-
chœur. L'évêque conférait les deux dignités et les deux offices. Il
avait aussi la collation des canonicats vacans au mois de février. Le
chapitre en corps conférait les canonicats vacants au mois de janvier.
Les chanoines disposaient de ceux qui vaquaient dans les mois qui
leur étaient affectés. Il y avait dans le diocèse trois collégiales, savoir : St-Girons, St-Loubouer et Pimbo : quatre abbayes et cent vingt-
huit paroisses environ avec quatre vingt-trois annexes divisées en six
archiprêtrés. La mense abbatiale du Mas-d'Aire avait été unie à l'évêché par Grégoire IX, et la mense conventuelle au séminaire, en 1704.
L'église de cette abbaye avait joui des honneurs de concathédrale. Le
séminaire était gouverné par cinq prêtres séculiers, dont quatre direc-
teurs et un supérieur. L'évêque et le chapitre étaient seigneurs de la
ville. Les revenus des fabriques des paroisses du diocèse appartenaient
à l'évêque dans l'année bissextile. L'évêché valait 45,000 livres. »

ÉVÊQUES DE DAX.

Jean-Jacques du Sault, que nous avons laissé sur le siège de Dax, assista, en 1614, aux États du royaume. Il appela cette même année les Capucins à Dax, préférant ces religieux aux Jésuites dont l'établissement était presque arrêté. L'année suivante, il harangua le roi au nom du clergé et lui exposa avec force le malheureux état de la religion dans le Béarn. Il se fit rendre, en 1620, l'église d'Orthez et empêcha les protestants d'avoir un cimetière dans la ville épiscopale. On dit que le roi le désigna pour le cardinalat ; mais si le fait est vrai, sa mort prévint la bonne volonté du prince. Du Sault expira le 25 mai 1623, après avoir transigé avec son chapitre sur la collation des canonicats et de quelques autres bénéfices, et fut enterré devant le maître-autel de sa cathédrale. Il eut pour successeur Philibert de Sault, son neveu, qu'il avait obtenu pour coadjuteur sous le titre d'évêque d'Aure, et qu'il avait sacré de ses mains dans l'église de Dax, assisté des évêques de Bayonne et de Tarbes. Philibert hérita des préventions de son oncle contre les Jésuites, il refusa de leur confier le collège de Dax et aima mieux le donner aux Barnabites. Sous son épiscopat, la noble et belle basilique qu'avaient élevée et embellie ses prédécesseurs, commença à menacer ruine. Le prélat chercha à prévenir sa chute et consacra à cette œuvre des sommes considérables (1) : mais il se montra surtout généreux envers les pauvres et les malheureux, qui pleurèrent vivement sa mort, arrivée le 11 novembre 1623 : il repose à côté de son oncle.

Le siège fut alors donné à Jacques Desclaux, né à Mugron, d'une famille ordinaire, et simple curé d'Igos, lorsqu'il fut promu à l'épiscopat. Il dut son élévation au cardinal de Richelieu, dont son frère Pierre Desclaux, chanoine de Bordeaux, était le confesseur. L'humilité de sa naissance et celle des fonctions, qu'il avait exercées, ne purent le contenir dans la modération. Il eut, presqu'en arrivant à Dax, des démêlés avec son chapitre auquel il disputait ses droits. Le temps ne fit qu'accroître la querelle ; mais enfin les évêques d'Aire et de Bazas interposèrent leur autorité et firent accepter une transaction où les

(1) Il donna à son église, outre plusieurs riches ornements, une croix et une lampe d'argent artistement travaillées, et lui légua plus tard sa chapelle d'argent. Il établit une rente de mille écus pour augmenter les revenus des chanoines qui assistaient à matines, et détermina son chapitre à affecter à cette œuvre une rente pareille.

droits des deux parties étaient clairement définis. Durant ce déplora-
ble procès, la cathédrale croula. Ce désastre hâta la réconciliation ;
l'évêque et le chapitre éprouvèrent le besoin d'unir leurs efforts pour
la relever. Ils mirent aussitôt la main à l'œuvre et poussèrent les travaux avec activité. Desclaux n'en vit point la fin ; il mourut à Paris,
le 4 août 1658, âgé de soixante-cinq ans ; d'autres le font mourir à
Dax, le 4 avril de cette année. Ce qui est constant, c'est que Guillaume Le Boux fut appelé à le remplacer le 5 octobre et sacré le 5 avril
suivant. Le Boux était né en 1621, près de Saumur, dans une condition plus humble encore que Desclaux , car il eut pour père un
batelier ; mais il rehaussa sa naissance par ses talents et ses vertus.
D'abord balayeur dans un collége, il entra ensuite chez les Capucins,
qu'il quitta pour les Pères de l'Oratoire , parmi lesquels il ne put se
fixer. Il obtint alors une cure qu'il abandonna aussi pour une chaire
de rhétorique. Ses talents étaient plus solides et plus mûrs que ne le
laisserait soupçonner tant d'inconstance. Il se livra à la prédication
et se fit entendre dans presque toutes les églises de Paris. Il y défendit, durant les guerres de la Fronde, l'autorité royale.

La cour le récompensa en lui donnant l'évêché de Dax, qu'il permuta en 1667 contre celui de Périgueux. A propos de cette permutation, ses amis disaient que Le Boux était né gueux, qu'il avait vécu
gueux et qu'il voulait Périgueux (périr gueux). Il fut plus constant
sur son dernier siége ; il l'occupa trente-sept ans. Ajoutons qu'il
honora partout son ministère par son désintéressement, et qu'il employa la plus grande partie de ses revenus à des fondations de charité.
Ses sermons ont été imprimés en 1766, et se lisent encore avec plaisir.
Lorsqu'il passa à Périgueux, le roi plaça à Dax , Hugues de Bar, fils
de Guy de Bar, gouverneur de la ville d'Amiens et grand bailli de
Picardie. Hugues fut sacré dans l'église des Pères de la Doctrine, par
Daniel de Cosnac, évêque de Valence, assisté de Bernard de Sariac,
évêque d'Aire, et de Matthieu Thoreau, évêque de Dole ; il ne garda
son siége que cinq ans, et fut transféré à Lectoure, le 8 janvier 1671.
Paul-Philippe de Chaumont lui fut donné pour successeur, à Dax.
Frère puîné de Jean de Chaumont , seigneur de Boisgarnier, garde
ordinaire du cabinet du roi, il succéda à son frère dans sa charge, et
fut reçu, en 1650, à l'Académie française. Louis XIV, dont il était
lecteur, lui donna l'évêché de Dax, en 1671. L'amour de l'étude lui
fit bientôt regretter sa vie libre et indépendante. Des gens inquiets,
lui ayant suscité une injuste querelle, achevèrent de le dégoûter de
l'épiscopat. Il se démit, en 1684, sous la réserve d'une pension de six
mille livres, et mourut, le 4 mai 1697. Il publia quatre ans auparavant
un ouvrage aussi solide que bien écrit, intitulé : *Réflexions sur le*

Christianisme. Après lui, ses deux premiers successeurs s'arrêtèrent
à peine sur le siège de Dax.

Léon de Lalanne, né à Bordeaux, fils et frère d'un président au
parlement de cette ville, fut nommé en 1684 et transféré à Bayonne,
le 15 août 1688, avant d'avoir été sacré ou même d'avoir été préconisé. Jean-Marie de Prugues, vicaire-général d'Aire, que le roi appela
à Dax le même jour, ne reçut point l'onction épiscopale. Il mourut
dans le mois de juin 1690, à Paris, où il était allé attendre ses bulles
et prendre part à l'assemblée du clergé. Bernard d'Abbadie-d'Arboucave devait enfin consoler l'église de Dax de son long veuvage. Il
appartenait à une ancienne famille du Béarn et exerçait le ministère
pastoral dans l'église de Marcillac (peut-être Marsolan), diocèse de
Lectoure, qu'il gouvernait depuis quelque temps, lorsque le 15 août
1690, le roi le nomma à Dax. Il fut sacré le 26 octobre 1692, et siégea
près de quarante ans. C'est le plus long épiscopat qu'ait vu ce siége.
Il mourut en 1733, étant aussi abbé de St-Vincent-de-Luc. François
d'Andigné, vicaire-général de Lectoure, son successeur, parut à peine
dans son diocèse. Sacré le 22 novembre 1733, il mourut à Dax dans
le mois de juin 1736. Le roi nomma alors Louis-Marie de Suarès-
d'Aulan, né à Avignon en 1699. Le nouveau prélat fut sacré le 2 juin
1737. Son épiscopat fut presqu'aussi long que celui de Bernard d'Arboucave, et le diocèse ne put que s'en applaudir ; car il n'avait jamais eu à sa tête un pasteur plus pénétré de la sainteté de ses devoirs
et plus occupé à les remplir ; mais enfin les infirmités de l'âge et le
désir de se préparer, dans le calme de la retraite, à ses derniers moments, l'engagèrent à se démettre, en 1771, sous la réserve d'une pension de quinze mille livres. En s'éloignant, il eut soin de se choisir
un successeur qui continuât ses œuvres, et jeta les yeux sur Charles-
Auguste Lequien de la Neufville.

Charles-Auguste était né à Bordeaux, en 1726; d'autres disent, le
27 juillet 1728, d'une ancienne et honorable famille. Après avoir
achevé ses études et reçu le sacerdoce au séminaire de St-Sulpice, il
revint dans sa patrie, où Louis-Jacques de Lussan, qui occupait alors
le siège métropolitain de Bordeaux, se l'attacha bientôt en qualité de
vicaire-général, et lui conféra peu après un canonicat dans son église.
Le prince Ferdinand de Rohan, qui succéda à Jacques de Lussan,
l'honora de la même confiance et voulut le sacrer de ses mains. La
cérémonie se fit le 1er mars 1772, dans l'église des Carmélites de St-
Denis. L'abbé de la Neufville était depuis longtemps visiteur général
de cet Ordre, et on le força même à conserver ce titre après son sacre.
Un saint remplaçait un saint ; c'était le même zèle, la même piété,
la même charité pour les pauvres. Lequien de la Neufville s'occupa

surtout de l'hôpital de Dax; il le répara, l'agrandit, le dota et le confia aux soins des filles de St-Vincent. La révolution vint le surprendre au milieu de ces occupations si dignes d'un pasteur. Sans s'effrayer des dangers qui le menaçaient, il refusa d'abandonner son troupeau; mais à la fin il dut céder à la force.

« La cathédrale est sous l'invocation de la Ste-Vierge. Le chapitre, qu'on croit avec raison être de fondation royale, était composé de dix chanoines sans dignitaires. Le plus ancien présidait aux délibérations en l'absence de l'évêque, qui avait un double suffrage. Les canonicats étaient à la collation du chapitre. La collégiale du Bourg du St-Esprit, fondée par Louis XI, était composée du doyenné, de la sacristie et de douze canonicats, dont le chapitre était collateur. Il y avait aussi à Bidache un chapitre dont les canonicats étaient à la nomination du duc de Grammont. Le diocèse renfermait deux cents paroisses environ. Il y avait à Dax des Capucins, des Carmes et des Barnabites, qui gouvernaient le collége. L'évêque de Dax présidait aux États de la Basse-Navarre, lorsqu'ils se tenaient dans son diocèse. L'évêché valait 30,000 livres environ. »

ÉVÊQUES DE BAYONNE.

En 1622, le roi Louis XIII transféra Bertrand Detchaux à l'archevêché de Tours, et choisit l'archidiacre de cette métropole pour le placer sur le siége de Bayonne. Claude de Reuil, ainsi se nommait cet archidiacre, avait été aumônier d'Henri IV, et il l'était aussi du roi régnant. Il parut à l'assemblée du clergé en 1625 et à l'assemblée des notables en 1626. Il passa cette même année, d'autres disent en 1628, à l'évêché d'Angers, et laissa le siége de Bayonne à Pierre de Bethune-Charost, qui fut transféré à la Meilleraye avant d'avoir été sacré. Claude essaya d'attirer à Bayonne les Ursulines; mais quelques obstacles s'étant opposés à ce qu'elles y fussent reçues, elles allèrent s'établir au St-Esprit, d'où elles envoyèrent des colonies à Oleron (1633), à St-Jean-de-Luz (1639) et à Dax (1651). Après la translation de Pierre de Bethune, le roi appela à Bayonne Raymond de Montagne St-Genez, d'une ancienne famille bordelaise, que l'auteur du livre des *Essais* a rendu célèbre. Raymond fut préconisé à Rome, le 13 juin 1631. Il avait exercé la charge de président au présidial de Saintes avant d'entrer dans les Ordres sacrés. Son épiscopat, qui dura six où sept ans, fut marqué par une tentative infructueuse que les Espagnols firent contre le Labourt. Ils surprirent Endaye, St-Jean-de-Luz et Siboure, et attaquèrent ensuite le fort du Socoa, dont la garnison, qui comptait à peine deux cents soldats, leur arracha une composition honorable. Ils ne purent pénétrer plus loin; et, de dix-huit mille soldats qui étaient descendus sur les côtes de France, mille à peine rentrèrent en Espagne. Tout le reste avait péri par la faim, par les maladies ou par les combats. Raymond mourut à Saintes, l'année où ils purgèrent le sol français (10 mars 1657).

François-Fouquet, frère du malheureux surintendant de ce nom, lui succéda aussitôt; mais la mésintelligence qui régnait entre Louis XIII et Urbain VIII retarda son sacre jusqu'au 15 mars 1639. François fit son entrée solennelle à Bayonne le 11 novembre suivant. Le chapitre, accompagné des religieux des cinq couvents et de toutes les autorités de la ville, le reçut à la porte du St-Esprit. Là, il fut harangué d'abord par le lieutenant-général et puis par le corps de ville, qui lui offrit un cheval *couvert d'un harnais de taffetas blanc, dont les franges de fil d'or lui descendaient jusqu'aux pieds*. Le prélat, en mitre et en chappe blanche, y monta dessus et alla se placer sous un poêle de même étoffe que le harnais et que soutenaient quatre magistrats, deux jurats et deux échevins. Il entra ainsi dans la ville, précédé de sa crosse. Arrivé sur le seuil de l'église, il descendit de cheval et fut harangué pour la troisième fois par un chanoine en chappe blanche. Le poêle l'accompagna jusqu'à l'entrée du chœur. Un prie-Dieu avait été préparé un peu plus loin. Le prélat s'y agenouilla, pria quelque temps, et monta ensuite à l'autel qu'il baisa : on lui ôta alors la mitre et la chappe, et on le mena à son trône, où il s'assit. Tous les chanoines vinrent aussitôt lui baiser l'anneau; après quoi ils le conduisirent à l'évêché, suivis des gens du roi, du corps de ville et d'une immense multitude de peuple. Ce prélat attira à Bayonne les Visitandines et rappela les Claristes, qui avaient été longtemps reléguées à Porrohitte. Il s'aidait de deux vicaires-généraux dont le nom fut longtemps en vénération dans le diocèse. L'un d'eux, Abelli, parvint à l'épiscopat et est connu par ses écrits autant que par sa piété, Fouquet, après dix-sept ans de pontificat, permuta son siége contre l'évêché d'Agde. Jusqu'à lui un usage immémorial introduit, sans doute, dans le Labour, à la faveur des troubles religieux, autorisait les jeunes fiancés à habiter ensemble avant d'avoir reçu la bénédiction nuptiale. L'évêque frappa d'excommunication une conduite aussi peu chrétienne, et soumit, en outre, les coupables à une pénitence publique. Sa fermeté triompha de l'abus, et depuis ce temps, le Labour n'a plus connu que la pratique de la discipline générale.

Jean d'Olce, avec lequel François Fouquet permuta, était né au château d'Hioldi, d'une des familles les plus anciennes du diocèse. D'abord évêque de Boulogne, il fut nommé à Agde par le roi Louis XIII, à son lit de mort; mais l'amour de la patrie lui fit opter pour celui de Bayonne, quoique les revenus en fussent moins considérables de moitié. Nous a vous vu que c'était lui qui bénit le mariage de Louis XIV et de l'infante d'Espagne Marie-Thérèse. Il voulut être assisté dans cette cérémonie par deux de ses chanoines, malgré les prétentions des aumôniers du roi, qui réclamèrent envain cet honneur. D'Olce prolongea encore longtemps son épiscopat, et mourut à Orthez le 8 février 1681. Le chapitre, précédé de tout le clergé de la ville et des communautés religieuses, alla chercher son corps jusqu'à l'entrée de la ville et le conduisit à l'évêché, où il resta exposé deux jours en habits pontificaux. Le troisième jour, suivi du même cortége et du corps de ville en robes rouges, il revint prendre à l'évêché le corps, et le promena, porté par six prébendiers, par toute la ville. Il l'introduisit ensuite dans l'église, où l'on chanta la messe et où le père Garro, capucin, prononça l'oraison funèbre. Quand les offices eurent été terminés, on promena encore le cadavre autour des cloîtres et on le descendit enfin dans le caveau réservé aux évêques (1). Avec l'évêché de Bayonne, d'Olce possédait les abbayes de Luc et de Laboissière, la première dans le diocèse d'Oleron, et la seconde dans le diocèse d'Angers.

Gaspard de Laroche-Priélé, qui le remplaça, arriva à Bayonne le 18 novembre 1682. Né d'une bonne famille de l'Armagnac et longtemps attaché à l'archevêque Dominique de Vic, il dut sa nomination au seigneur de La Hillère, à qui il avait rendu un service éminent, et au duc de Gèvres, sous lequel servait son frère. C'était un prélat pieux et zélé; mais ses nombreuses infirmités le retinrent presque constamment dans son palais. Il mourut au château de Peyrehorade, le 17 juin 1688, comme il allait visiter sa famille, et fut rapporté à Bayonne, où il fut enterré, près du grand pilier de la cathédrale. Léon de Lalanne fut alors transféré de Dax à Bayonne. A l'exemple d'un de ses oncles, qui lui avait légué un riche héritage, il aima à bâtir; et continuant l'œuvre de Jean d'Olce, il agrandit et embellit le palais épiscopal. Ses longues et nombreuses infirmités le forcèrent à suspendre ses travaux. Il se retira près de son frère et succomba à des attaques réitérées d'apoplexie le 6 août 1700. Il légua son cœur à l'église de Bayonne, où il fut porté. Le corps fut inhumé dans l'abbaye de St-Firmin, diocèse de Bazas, que Léon de Lalanne possédait en commande. René-François de Beauveau, d'une des plus illustres maisons de France, fut appelé à le remplacer. Formé aux vertus et aux travaux de l'épiscopat, sous les yeux et par les soins de Pierre-François

(1) La famille d'Olce doit à cet évêque le beau château d'Yholdi, et ses successeurs la plus grande partie des bâtiments de l'ancien évêché. Sous son pontificat, en 1680, l'on commença à construire la citadelle de Bayonne sur les dessins de Vauban.

de Beauveau, son oncle, il devint un des plus grands prélats de l'église de France ; mais il ne siégea que sept ans à Bayonne. Les pauvres, les églises et le palais archiépiscopal se ressentirent de ses libéralités. Il changea la disposition intérieure de sa cathédrale ; mais nous craignons que les changements qu'il y opéra n'aient nui au magnifique édifice qu'il voulait embellir. Le siècle de Louis XIV porta presque toujours une main malheureuse sur les édifices religieux des âges précédents : il parut surtout méconnaître le mérite et la beauté du style ogival. René de Beauveau fut enlevé à son troupeau qui l'aimait, et alla s'asseoir successivement sur les siéges de Tournay, de Toulouse et de Narbonne.

André Druillet, fils de Jacques Druillet, président aux requêtes du Parlement de Toulouse, le remplaça à Bayonne, le 23 avril 1707. Il était alors archidiacre et vicaire-général de Meaux. Le cardinal de Noailles, assisté des évêques de Tournay et de Blois, le sacra dans la chapelle de son palais, le 8 janvier 1708. Le nouveau prélat siégea près de vingt ans, et mourut dans son diocèse vers la fin de l'an 1725. Avec l'évêché de Bayonne, il possédait l'abbaye de St-Jean-d'Angély. Pierre-Guillaume de Lavieuville, doyen de Nantes, qui vint après, fut sacré dans la cathédrale de Meaux, le 22 août 1728, et mourut à Paris, le 4 juin 1737, âgé de cinquante-deux ans. Jacques Bonne-Gigault de Bellefont et Christophe de Beaumont, les deux successeurs immédiats de Pierre-Guillaume de Lavieuville, devaient s'asseoir l'un et l'autre sur le siége de Paris, où le second a laissé un nom immortel. Ils siégèrent à Bayonne, le premier de 1736, époque de son sacre, jusqu'en 1741, et le second de 1741 à 1744. Christophe de Beaumont céda la place à Guillaume d'Arche, doyen et vicaire-général de Bordeaux, où il était né, en 1702. D'Arche fut sacré le 15 septembre 1745, et fit son entrée à Bayonne le 14 décembre. Ses abondantes aumônes le firent surnommer le père des pauvres; il versait dans leur sein presque tous ses revenus; il se réduisit même pour eux à la pauvreté, et, quand après sa mort on vendit ce qui lui avait appartenu, l'ameublement de sa chambre ne fut acheté que trente livres. Cette mort, précieuse devant Dieu, arriva le 13 octobre 1774. Jules-Basile Ferron de La Ferronaie lui fut donné pour successeur. Il était né en 1733, au château de Ste-Marie-des-Anges, dans la Loire-Inférieure, d'une noble et ancienne famille de Bretagne. Nommé évêque de Rieux en 1770, il fut transféré à Bayonne en 1775, passa à Lizieux en 1783, et alla mourir, en 1802, près de Louis XVIII, dont il partagea l'exil. C'est à ce prélat que Bayonne doit l'avenue de Mousserole, où il fit planter les beaux arbres qu'on y voit. Etienne Pavée de Ville-Vieille, qui succéda à Jules de La Ferronaie, naquit au château de Vieille, le 31 décembre 1739, et fut sacré évêque de Bayonne le 11 janvier 1784. Forcé de quitter la France, il se réfugia en Espagne et mourut au couvent de l'Oliva, dans le mois de mars 1793.

« L'évêque Arsius a laissé une description du diocèse, qui en étendait les limites jusqu'à St-Sébastien dans le Guipuscoa. En 1790 il ne comprenait que soixante-sept paroisses environ et cinq annexes, dont les unes, situées dans le Labour, dépendaient du parlement de Bordeaux, et les autres, situées dans la Basse-Navarre, ressortissaient au parlement de Pau. L'église cathédrale est dédiée sous l'invocation de la Ste-Vierge. Elle était desservie par douze chanoines élus par le chapitre et confirmés par l'évêque. Il y avait dans la ville des Dominicains, des Cordeliers, des Carmes, des Augustins, des Capucins, des Claristes, et des Filles de la Visitation. L'évêché valait 30,000 liv. »

ÉVÊQUES DE LESCAR.

Jean de Salettes, né d'une ancienne famille de Béarn et chanoine d'Evreux, dût son élévation au cardinal Duperron, dont il possédait la confiance et l'amitié. L'illustre cardinal, connaissant ses lumières et son érudition, l'avait employé dans sa fameuse conférence avec Duplessis-Mornai, et il avoua depuis que son secours lui avait été très utile. Jean de Salettes s'était ainsi fait connaître à Henri IV, qui le nomma au siége de Lescar en 1609, immédiatement après la mort de Jean-Pierre d'Abadie. Il s'employa aussitôt, de concert avec Arnaud de Maytie, évêque d'Oleron, au rétablissement du catholicisme dans le Béarn, et il eut le bonheur de le voir accompli avant sa mort. Jean composa un excellent catéchisme qu'il dédia au cardinal Duperron. Il s'était fait donner pour coadjuteur Jean-Henri de Salettes, son neveu, qui fut sacré à Lescar le 4 octobre 1632. Henri se montra digne de son oncle par son zèle et par sa science. Il composa contre les Calvinistes plusieurs petits ouvrages dont voici les titres : *Appendix des Calvinistes*; Démonstration contre les Sept Articles de la Confession Calviniste; Réfutation de la Réponse à cette Démonstration; Examen des Raisons contenues dans la Réponse ; Dispute Familière entre un Catholique et un Calviniste au sujet de l'admirable Transubstantiation dans le Sacrement d'Eucharistie; De l'Accord de l'Eglise Romaine avec l'Eglise des Temps Apostoliques. Ces dissertations amenèrent de nombreuses conversions, non seulement parmi les laïques, mais encore parmi les ministres. Les États du Béarn députèrent ce prélat à la cour, en 1634, pour défendre auprès de Richelieu les anciennes coutumes de la province. Il fit à cette occasion un discours dont on admira l'érudition

V.   35

et l'éloquence, mais qui ne prévint pas le malheur qu'il voulait éloigner. Les franchises étaient condamnées d'avance; la royauté s'ennuyait de tout contrôle. Henri de Salettes ne put rien obtenir. En 1643, les États lui donnèrent encore la flatteuse mission d'aller complimenter Louis XIV à son avènement au trône. Nous ne savons plus rien de sa vie, qui se termina en 1638.

Jean du Haut-de-Salies, abbé de La Honce, frère du procureur-général du parlement de Pau, lui succéda. Ses bulles ne se firent pas attendre. Il fut sacré par Nicolas de Sevin, évêque de Sarlat, assisté de François Faure, évêque d'Amiens, et de Jean de Montpezat, évêque de Saint-Papoul. Il mourut le 15 avril 1681, à l'âge de quatre-vingt-sept ans. Humble et pieux, il défendit qu'on gravât aucun éloge sur sa tombe : on obéit à ses désirs et on se contenta d'y inscrire son nom, son titre, son âge et le jour de sa mort. Dominique Desclaux de Mesplex, ancien conseiller au parlement de Pau, occupa ensuite ce siége. Il avait été longtemps marié ; mais ayant perdu sa femme dont il avait eu plusieurs enfants, il embrassa l'état ecclésiastique et fut nommé à l'évêché de Lescar, le 31 mai 1681. Il mourut en 1719, dans un âge très-avancé. Jusqu'à lui tous les évêques de Lescar étaient nés dans le Béarn ou la Navarre. Martin de Lacassagne, qui vint après, était vraisemblablement originaire de la Gascogne, où l'on compta longtemps deux ou trois familles de ce nom. Il fut d'abord curé dans le pays des Basques, ensuite prieur de Morlas, et enfin chanoine de Lescar et abbé de La Réole. Quoique déjà presque octogénaire lorsqu'il monta sur le siége, il l'occupa dix ans, et mourut le 13 janvier 1729. Hardouin de Châlons, né dans le diocèse de Bazas, d'une noble et ancienne famille, et vicaire-général de Sens, lui succéda. Il prit en main dans la force et la vigueur de l'âge la houlette pastorale, depuis longtemps déposée dans des mains affaiblies par la vieillesse, visita plusieurs fois le diocèse et corrigea les abus qui s'étaient glissés sous les administrations précédentes. Ses travaux usèrent sa constitution naturellement robuste. Il mourut à Bazas, le 28 octobre 1762, à l'âge de soixante-sept ans.

Marc-Antoine de Noé, qui le remplaça, devait clore la liste des évêques de Lescar. Il était fils de Louis, vicomte de Noé, et de Madeleine de Cohorn de Lapalu, et appartenait à la branche aînée de Noé, l'une des quatre familles baronniales du Fezensac. Il naquit en 1724, au château de Grimaudière, près de La Rochelle. Amené jeune à Paris, il se lia avec le savant abbé Augé, qu'il attira depuis près de lui. Au sortir de sa licence, il devint grand-vicaire d'Albi. Il passa ensuite avec le même titre à Rouen, et obtint, en 1756, l'abbaye de Simorre. La province l'ayant élu député à l'assemblée du clergé de 1762, il y fit admirer ses connaissances et son esprit conciliant. Le roi

le nomma presqu'aussitôt à l'évéché de Lescar. Il fut sacré le 23 juin
1763. Des manières nobles et, engageantes, une figure heureuse, un
caractère aimable, un cœur bon et sensible, une élocution brillante
et facile, des talents supérieurs soutenus par un travail journalier,
tout contribua à lui gagner promptement le cœur de ses ouailles; il
les gouverna moins en maître qu'en père. Aussi, à l'époque de la révolution, fut-il député aux États généraux ; mais il n'y siégea pas. Il
protesta contre la réunion des trois Ordres, et, fidèle à son mandat,
il se retira dans son diocèse. En 1790, l'évéché de Lescar fut supprimé,
et l'on créa pour tout le département des Basses-Pyrénées un seul
siége, qui fut placé à Oleron et donné au Père Sanadon, religieux
bénédictin, professeur de rhétorique à Pau. Mgr. de Noé protesta, dans
un mandement, contre ces innovations, et se retira en Espagne.

« L'église de Lescar est sous l'invocation de la Ste-Vierge, dont elle
célèbre la fête le 15 août. Le chapitre avait été sous la règle de St-
Augustin jusqu'en 1537; il était composé de seize chanoines sans dignitaires ni personnats. Le plus ancien présidait en l'absence de l'évêque,
qui était le premier des seize chanoines; huit prébendes formaient le
bas chœur. Le chapitre s'est toujours cru exempt des expectatives, du
brevet de serment de fidélité, et de celui de joyeux avénement, ainsi
que de l'indult du parlement de Paris. Pour être habile à posséder un
canonicat dans l'église de Lescar, il fallait être noble ou gradué ; le
roi avait la nomination d'un canonicat, en vertu d'une bulle de 1532.
La théologale était à la nomination de l'évêque et du chapitre en
corps *indivisim*. Les autres canonicats étaient à la nomination alternative de l'évêque et du chanoine en semaine. Le premier nommait
deux tours de suite. La nomination, faite en mois de grade par l'évêque ou par le chanoine hebdomadier, n'était pas comptée; en sorte
que l'un et l'autre n'étaient censés avoir exercé leur droit que dans
les mois libres. Le prélat nommait encore à quatre des prébendes,
dont deux étaient affectées aux vicaires perpétuels de la cathédrale et
de St-Julien; les quatre autres étaient à la présentation du chanoine
hebdomadier. Les revenus des prébendes consistaient en quelques
distributions manuelles. Les Barnabites avaient la direction du collége, et les Lazaristes celle du séminaire de Pau. Le diocèse contenait
deux cents paroisses environ, sans compter les annexes. L'évêque
était seigneur de la ville, président des États de Béarn, conseiller
d'honneur né au parlement de Pau, et premier baron de la Province. Il jouissait de 35,000 livres de revenu. »

ÉVÊQUES D'OLERON.

Le glorieux Arnaud de Maytie survécut peu au voyage de Louis XIII dans le Béarn. Après le départ du prince, il s'éleva de nouveaux troubles dans le pays. Les rebelles surprirent Navarreins et méditèrent la mort des principaux catholiques, à la tête desquels figurait Maytie. Ce complot ayant été découvert, ils furent arrêtés. L'évêque d'Oleron, oubliant leurs mauvais desseins, se transporta à la cour. Il représenta au monarque qu'un acte de clémence ne pourrait que contribuer au maintien de la paix et à l'affermissement du catholicisme dans le Béarn et obtint enfin la grâce des coupables. Cet acte, si digne de son noble passé, couronna sa vie. Il mourut comblé d'honneurs et de mérite, laissant l'église de Béarn plus florissante et plus belle qu'elle n'avait jamais été. Il fut enterré dans sa cathédrale. Arnaud II de Maytie, son neveu et son successeur, fit ériger sur sa tombe un magnifique mausolée qui disparut en 1790. Le nouveau prélat marcha sur les traces de son oncle. Il s'occupa surtout à relever les églises qu'avaient abattues l'hérésie et à rassurer son clergé contre l'agitation fébrile qui succède toujours aux guerres religieuses. Il rappela les Cordeliers, les Capucins et les Ursulines à Ste-Marie d'Oleron, et les Carmes à Sauveterre. C'est tout ce que nous savons d'un épiscopat qui se prolongea jusqu'en 1646. Après sa mort, le roi nomma Louis de Bassompierre, aumônier de Philippe, duc d'Orléans, et fils du maréchal de Bassompierre ; mais Louis renonça à cette nomination pour accepter l'évêché de Saintes, devenu vacant par la translation de Jacques Raoult à celui de Mailherais. A son défaut, Louis XIV désigna Pierre de Gassion.

Pierre était le fils puîné de ce Gassion, que nous avons vu établi second président du parlement de Pau et de Navarre, et avait pour frère le maréchal de Gassion, un des plus grands capitaines de son siècle. Il servit lui-même longtemps avec distinction ; mais ayant reconnu l'erreur du calvinisme dans lequel il était engagé ainsi que toute sa famille, il fit vœu non seulement de suivre la vérité, mais de la défendre et de la propager. Il renonça aux armes, alla à Paris commencer, malgré son âge déjà mûr, ses études théologiques, et se fit recevoir docteur en Sorbonne. D'abord chanoine de Lescar et prieur de St-Loup, il obtint bientôt après l'évêché d'Oleron. Il fut sacré à Paris, dans l'église des Feuillans, le 7 mars 1648, par Dominique de Vic, son métropolitain, assisté de Gilles Boutaut, évêque d'Aire, et de Pierre Bertier, coadjuteur de Montauban. Il ne siégea que quatre ans.

et mourut à Pau le 14 avril 1652. On transporta son corps à Oleron
et on l'enterra près des cendres de ses prédécesseurs. Jean de Miossens, fils de Bernard de Miossens, seigneur de Sansan, et de Jeanne
de Montesquiou-Sédirac, succéda à Pierre de Gassion, dont il était
parent ou allié. Il dut son élévation au maréchal Cœsar Phébus-
d'Albret, un autre de ses parents ; mais s'il s'aida de quelque moyen
peu canonique pour s'élever, il ne jouit pas longtemps du fruit de son
ambition ; car il mourut dans son palais le 8 février 1658.

Le pontificat d'Arnaud-François de Maytie se prolongea plus longtemps. Les vertus et le souvenir de ses deux oncles le firent préférer
à plusieurs concurrents proposés au choix de Louis XIV. Sacré à St-
Lazare, près de Paris, le 25 avril 1659, il prit aussitôt le chemin des
Pyrénées. Son arrivée à Oleron fut marquée par les signes de la joie
la plus vive. Toute la noblesse du pays se réunit pour lui faire honneur. Elle alla à sa rencontre avec le corps de ville et le conduisit en
triomphe à la cathédrale et puis à l'évêché. Le nom du grand Maytie
était toujours populaire dans le diocèse. Huit jours s'étaient à peine
écoulés depuis cette intronisation, qu'une insurrection éclata parmi
les paysans de la Soule. Elle nâquit de quelques exactions dont ils se
prétendaient victimes, et eut pour chef Goyhénéche, dit Matelas, curé
de Moncayole. Au premier bruit de ce qui se passait, le nouvel évêque
accourut sur le théâtre du soulèvement. Comme il approchait de Mauléon, le prêtre s'avança à sa rencontre, escorté de quinze à dix-huit
satellites, et lui déclara qu'il n'avait fait prendre les armes, au pays,
que pour les délivrer des harpies de Mauléon et de la tyrannie des
nobles. L'évêque Maytie lui parla avec douceur ; il l'engagea à user
de son influence sur les populations pour les faire rentrer dans le
devoir, et s'obligea à leur obtenir une pleine et entière satisfaction pour
tous leurs griefs. Quand il crut avoir gagné le chef, il continua sa
route vers Mauléon, où il fut reçu comme un sauveur.

Cependant Matelas, foulant aux pieds les représentations de son
évêque, donna rendez-vous aux séditieux dans le village de Cheraute
avec le dessein de partir de là pour aller brûler Mauléon. Dès que la
nouvelle en parvint à ses oreilles, Maytie monta à cheval, suivi seulement de son aumônier, Pierre de Couget, chanoine de la cathédrale.
En apercevant le prélat, les séditieux se troublent d'abord ; mais bientôt
reprenant leur audace, ils poussent leur cri de ralliement : *Herria !
herria !* paix, paix ; et le couchent en joue. Cependant, la foi vivait
encore au fond de ces cœurs mutinés. Ils rentrèrent presqu'aussitôt en
eux-mêmes, et honteux du crime dont ils allaient se souiller, ils demandèrent pardon à leur premier pasteur. Ils consentirent, à sa per-
suasion, à envoyer huit députés à Licharre, où tous les griefs seraient

examinés ; mais au jour convenu, au lieu de dix-huit députés, on vit paraître une foule immense, composée de trois mille hommes armés, qui tous protestèrent qu'ils étaient résolus à livrer Mauléon aux flammes et à exterminer les habitants, si on ne leur donnait satisfaction. L'évêque essaya de calmer cette fureur : il pria, il conjura, il invoqua la religion et la patrie, et pour achever de gagner ses ouailles, il se jeta au cou d'Apesséche, un de leurs chefs, et le pressant tendrement contre son cœur, il le supplia, les larmes aux yeux, d'empêcher que les factieux n'exécutassent leur dessein.

Apesséche le promit ; mais, joignant la fourberie à la cruauté, il parcourut les rangs en attisant tout bas la haine et la discorde. Un de ses compagnons ne put soutenir ce spectacle : il alla droit au chef, lui asséna de toutes ses forces un coup de hallebarde et l'étendit à ses pieds. Cet acte de violente justice échauffa davantage les esprits. L'évêque eut à peine le temps de s'échapper par une porte dérobée. Sa fuite ramena un peu de calme. On rougit de tant de violence et on envoya après le prélat pour le conjurer de revenir; ce qu'il fit avec joie. Les cœurs étaient disposés. Il obtint, sans peine, que tout rentrât dans l'ordre ; mais, huit jours après, sous prétexte que tous les articles de leurs anciens privilèges n'étaient pas observés, les paysans s'assemblèrent de nouveau dans le bois de Libarrens, près de Mauléon, menaçant toujours de livrer la ville aux flammes. L'évêque s'y transporta encore escorté d'Arnaud Hegoburu, chanoine de la cathédrale, qui ayant par hasard foulé avec son cheval un factieux, reçut un coup de hallebarde, dont heureusement sa soutane seule fut percée. L'évêque, cette fois encore, appaisa les esprits. Les mutins exigèrent seulement qu'il se mît à leur tête et qu'il fît avec eux le tour de la ville, qu'ils voulurent parcourir en portant dans leurs mains un rameau de laurier, comme marque de leur triomphe. Ce calme dura peu ; il fallut recourir au roi, qui envoya Calvo avec quelques troupes. Calvo n'eut pas de peine à réprimer tous les mouvements ; mais comme il voulait mettre au pillage les villages qui s'étaient révoltés, l'évêque interposa sa médiation et empêcha les vengeances. Matelas paya de sa tête sa rebellion. Il fut pris, et après avoir été solennellement dégradé par l'évêque, il fut décapité dans les plaines de Licharre, avec deux de ses principaux complices.

La mission de paix et de charité qu'Arnaud-François de Maytie remplit, au péril de sa vie, dès sa prise de possession, il la continua durant tout son pontificat. Il parcourut son diocèse, étouffant les haines et rapprochant les familles. Aussi, jamais prélat ne fut plus aimé. Prêtres et fidèles, tous donnèrent des regrets sincères à sa mort, qui arriva le 2 juillet 1681. Maytie avait toujours nourri une grande piété

envers la Sainte-Vierge; aussi désirait-il mourir le jour d'une de ses
fêtes. Le ciel lui accorda cette faveur. Son corps fut enterré dans la
cathédrale; mais son cœur fut porté à Notre-Dame de Sarrance, à laquelle il légua sa crosse et sa mitre. Il fut remplacé par François-
Charles de Salettes, d'une famille qui avait donné un évêque à l'église
de Lescar. François-Charles était déjà avancé en âge, lorsqu'on lui imposa la charge épiscopale. Néanmoins, il la porta dignement pendant
vingt-deux ans. Il mourut presque nonagénaire, dans le mois d'août
1704. Nous ne connaissons de lui qu'un recueil d'ordonnances qu'il
publia dans le synode diocésain de 1686. Peu de jours après sa mort,
Antoine-Simon de Meguy, doyen de St-Martin de Tours, fut appelé
à lui succéder; mais il tomba malade presqu'aussitôt, et mourut le 26
février suivant, sans avoir été sacré.

Le roi nomma alors Joseph de Revol, fils de Pierre, vicomte de
Revol, procureur-général près de la cour générale des aides, en Dauphiné, et de Françoise-Charlotte de St-Chamant. Aîné de sa famille,
Joseph renonça à tous les avantages que sa naissance lui assurait dans
le monde, pour embrasser l'état ecclésiastique. Après de brillantes
études, il alla visiter le tombeau des Apôtres. A son retour, il se distingua à la Sorbonne, et parut avec éclat dans les chaires de la capitale; mais il déserta bientôt ce théâtre, trop retentissant pour sa
modestie, et se voua aux missions et aux retraites. Les diocèses de
Belley, de Vienne, de Lyon, de Genève et de Poitiers ressentirent les
effets de son zèle. L'évêque de Belley voulut le retenir, et le nomma
official diocésain. Charles de Lapoype l'enleva à Belley et l'attira à
Poitiers, où il réunit cette troupe de vicaires-généraux, tous plus distingués par leur piété et leurs talents que par leur haute naissance, et
qui devaient s'asseoir sur les siéges d'Oléron, d'Aleth, de Noyon, de
Mende et de Lyon. De ce pieux essaim, l'abbé de Revol fut le premier
élevé à l'épiscopat. Quand il arriva à Oléron, ne trouvant pas de maison
établie pour former les élèves du sanctuaire, il les reçut dans son
palais, où il les garda durant quatorze ans. Pendant ce temps, il leur
bâtit à grands frais un magnifique séminaire qu'un incendie dévora
presqu'entièrement en 1810, et sur les ruines duquel s'élève maintenant le collége d'Oléron. Il réunit à son nouvel établissement le bénéfice de Ste-Gratte, ou, comme on l'appelait dans le pays, Ste-Engrasse.

Un bras de cette pieuse vierge, qui scella sa foi de son sang, ayant
été porté de Saragosse, où elle est honorée d'un culte particulier, et
déposé dans les Pyrénées, au milieu d'un affreux désert, il se forma
dans le XIIe siècle, autour de la chapelle, une abbaye transformée plus
tard en collégiale. On y accourut longtemps de la France, de la Navarre et de l'Aragon; mais, sous la reine Jeanne, un chanoine qui

embrassa le calvinisme, enleva la relique et profana le sanctuaire. Le grand Maytie rétablit la dévotion en 1569; mais la collégiale ne fut plus habitée, et les canonicats furent donnés à des curés du pays de Soule, qui n'allaient célébrer les offices à Ste-Engrasse que trois ou quatre fois par an. C'était là un abus, et la réunion semblait aussi naturelle que canonique. Néanmoins, elle souleva contre le prélat une longue tempête. Tandis que les passions se déchaînaient contre lui, Revol ne s'occupait qu'à mieux remplir les devoirs de l'épiscopat. Il rétablissait les conférences ecclésiastiques, éditait un nouveau catéchisme, faisait donner à ses dépens jusqu'à cinquante missions. Plein d'affabilité et de douceur, il accueillait avec bonté les ecclésiastiques qui venaient à lui et en recevait tous les jours quelqu'un à sa table. Pieux et charitable surtout, il consacrait aux pauvres et à l'église tout ce qui n'était pas absolument nécessaire à son entretien. Tant de vertus semblaient devoir lui concilier non seulement l'estime et le respect de ses ouailles, mais encore leur vénération et leur amour. Néanmoins, son épiscopat fut vivement agité. Après le procès de Ste-Engrasse, vint le différend qu'il eut avec son chapitre et qu'occasionna l'office de Saint-Grat. Ces injustices, jointes à son âge et à ses infirmités, le déterminèrent à se démettre de son siége vers la fin de 1734. Il eut le bonheur d'y voir placer Jean-François de Montillet, son neveu, dont il connaissait les talents et les vertus. Dès ce moment, il se retira complètement de l'administration, et ne s'occupa plus qu'à se préparer au passage de l'éternité. Il mourut saintement, le 21 mars 1739, à l'âge de soixante-seize ans, et fut enterré dans la chapelle du séminaire.

Jean-François de Montillet continua l'œuvre de son vénérable prédécesseur; mais il fut ravi trop tôt à son église. Louis XV, en l'appelant à l'archevêché d'Auch, lui donna pour successeur, à Oleron, François de Revol, son cousin. François était l'aîné de sa famille, comme Joseph de Revol, son grand-oncle, et comme lui, il était doué de tous les avantages qui rendent un jeune homme accompli; mais, comme lui encore, il renonça à toutes les espérances du siècle et embrassa l'état ecclésiastique. Joseph de Revol le pourvut d'un canonicat dans sa cathédrale. Le roi, en nommant à Oleron François de Montillet, assigna à son jeune parent une pension de deux mille livres sur la mense épiscopale; enfin, quand le monarque transféra Montillet à Auch, il donna l'évêché à François de Revol. Le nouveau prélat n'avait que vingt-cinq ans; il habitait encore le séminaire de St-Sulpice, où il étudiait depuis douze ou quatorze ans, et où il se distinguait par sa régularité, son application à l'étude et son savoir. Il fut sacré le 5 août 1742 et fit son entrée solennelle à Oleron, dans le mois d'octobre sui-

vant. Concentré dans les devoirs de son état, il visita plusieurs fois
son diocèse, donna des retraites et même des missions, prolongea les
deux ailes du séminaire, bâti par son grand oncle, termina la chapelle,
jeta les fondements d'un édifice contigu dont il forma un petit-Sémi-
naire, ce qui fut achevé en 1780, agrandit le couvent des Ursulines, et
fonda (14 février 1782) à Ste-Marie la maison dite des Angèles, pour
y renfermer jusqu'à cent petites filles, qu'il y faisait nourrir à ses
dépens et auxquelles il faisait enseigner un métier.

Après un épiscopat d'environ quarante-un ans, consacré tout entier
à la gloire de la religion et au salut des ames, Dieu l'appela à lui
pour le récompenser de ses travaux. Il mourut dans la nuit du 26 au
27 avril 1783, et fut enterré dans le cimetière de Ste-Marie, sous une
belle croix qu'il y avait fait ériger. Il institua pour son héritier l'hôpital d'Oleron, qui recueillit de cette succession près de quatre-vingt
mille livres. Jean-Baptiste-Auguste Villautreys de Faye, chanoine et
grand-vicaire de Toulouse, et chancelier de l'université de cette ville,
fut nommé peu après la mort de François de Revol et sacré le 17 août.
Sa mémoire est encore en bénédiction dans son ancien diocèse. Le
pays de Soule le choisit pour son représentant aux États-généraux. Il
parut à cette assemblée et y refusa, comme presque tous ses collègues,
le serment à la constitution civile du clergé. Il survécut peu à ce refus
et mourut à Paris. C'était le cinquante-cinquième successeur de St
Grat, le premier prélat connu, qui ait occupé le siège d'Oleron.

« L'église d'Oleron est dédiée sous l'invocation de Notre-Dame. Le
chapitre était composé de douze canonicats sans dignités, dont la nomination appartenait à l'évêque et au chapitre ; huit officiers, sans
titre, formaient le bas-chœur. Il y avait dans la ville un couvent de
Cordeliers, des Capucins et des Claristes. Le séminaire était gouverné
par les Barnabites. Le diocèse contenait environ deux cents paroisses,
dont quelques-unes ressortissaient au parlement de Toulouse. L'évêque prétendait à la qualité de premier baron du Béarn. Il était, con-
jointement avec le chapitre, seigneur de la partie de la ville qu'on
appelait autrefois le Bourg-Ste-Marie, et qui formait, en quelque
sorte, une seconde ville séparée de la première par le Gave. Il jouissait de 20,000 livres de revenu. »

ÉVÊQUES DE TARBES.

Gratien d'Amboise, après s'être caché quelque temps dans le Lavedan, s'était retiré à Toulouse ; mais de ces deux retraites, il n'avait
pas cessé de diriger son troupeau, et il avait eu le bonheur de le voir
résister aux menaces et aux violences, aussi bien qu'aux sollicitations

et à l'entraînement, et forcer la cour de Navarre à respecter son orthodoxie. Le prélat mourut en 1575, et fut enterré dans le chœur de la
basilique de St-Sernin. Dès que son décès fut connu, le comte de
Grammont obtint d'Henri III une ordonnance royale qui nommait à
Tarbes Jean de Larismundi ; mais celui-ci ne pouvant pas payer ses
bulles, sa nomination éprouva des difficultés. Grammont, son protecteur, mourut dans ces entrefaites. Alors Henri III revint sur son choix,
et donna l'évêché à Salvat d'Hyarse (19 juin 1577). Salvat était né à
Labastide-de-Clarence et possédait déjà l'abbaye d'Artous, dans le
diocèse de Dax. Il siégea trente-trois ou trente-quatre ans, et se démit
de ses deux bénéfices en faveur de deux de ses neveux ; l'un, appelé
Salvat comme lui, eut l'évêché, et l'autre, nommé Gratien, eut l'abbaye et devint en même temps vicaire-général du diocèse.

Salvat II, d'Hyarse, siégea encore plus longtemps que son oncle,
et son épiscopat ne nous est guère mieux connu. Nous savons seulement qu'en 1612 il reçut au nom du roi de France les hommages des
seigneurs et des villes de Bigorre, qu'il assista aux États du royaume,
en 1614, et en 1615 à l'assemblée du clergé, où il souscrivit à la réception du Concile de Trente ; enfin, qu'il approuva, en 1645, le traité
de la fréquente communion d'Arnaud. Son diocèse lui doit un petit
rituel dont se servit longtemps la ville de Tarbes. Après sa mort, le
roi lui donna pour successeur Claude Mallier de Houssay, fils d'un
intendant des finances et frère de l'évêque de Troyes. Claude se livra
d'abord à l'étude de la jurisprudence ; il fut successivement maître des
requêtes, intendant des finances et conseiller d'état. Le roi l'envoya
ensuite en ambassade à Venise. Claude, ayant alors perdu sa femme,
renonça au monde et s'engagea dans les ordres sacrés. Ses services
passés et le rang qu'il avait occupé dans la société le désignèrent au
choix de la cour ; il fut placé sur le siège de Tarbes. L'évêque de
Troyes, son frère, lui donna l'onction sainte dans l'église de la Visitation de Paris, assisté de Jean de Lingendes, évêque de Sarlat et de
Gilbert de Choiseul, évêque de Comminges. Dès que le nouveau prélat
eut pris possession de son évêché, il s'attacha à y faire fleurir l'étude des
lettres, et appela à Tarbes les Pères de la doctrine chrétienne pour y
enseigner la philosophie et la théologie. Ses forces épuisées réclamèrent bientôt un aide. Il demanda et obtint pour coadjuteur Marc, son
fils, qu'il sacra de ses mains, et auquel il abandonna entièrement
l'évêché en 1658. Marc, formé à l'école d'un tel père, poussa aux
études par ses exemples et par ses exhortations ; il aida ainsi à la construction du séminaire que le clergé diocésain fit élever à ses frais. Le
couvent des Capucins de Tarbes fut aussi bâti sous son épiscopat par
N. de Pujo, seigneur de Caixon.

Marc ne gouverna que sept ans le diocèse. Il mourut le 3 mai 1693, à Auch, d'où son corps fut rapporté à Tarbes. Son père vivait encore; il se repentit d'avoir donné sa démission et fit tous ses efforts pour recouvrer l'évêché. Les États du Bigorre écrivirent à Louis XIV en sa faveur; mais le prince repoussa toutes leurs sollicitations, et il nomma Armand-Anne-Tristan de Labaume de Suze. Claude de Lahoussay vécut six ans encore et mourut à Paris le 21 septembre 1681, âgé de quatre-vingt-un ans. Il avait été, ainsi que son fils, premier aumônier de la duchesse d'Orléans. De Suze fut sacré en 1675; mais ayant été transféré presqu'aussitôt à St-Omer, il ne vint point à Tarbes. Son premier siége fut donné à François de Poudenx, fils d'Etienne, vicomte de Poudenx et de Gabrielle de Monluc de Lagarde-Castillon. Après de brillantes et fortes études, François parut à la Sorbonne et y fit admirer son savoir. Sa réputation s'étendit jusqu'à la cour, et Louis XIV qui aimait à élever le mérite le présenta à Rome pour l'épiscopat; mais ses bulles ne lui furent remises qu'en 1692. Habile théologien, versé dans la connaissance du droit-canon, le nouvel évêque fut la lumière aussi bien que l'exemple de son troupeau, pour lequel il refusa l'archevêché de Bordeaux. Chéri du clergé, de la noblesse et du peuple durant sa vie, il fut vivement regretté à sa mort, qui arriva le 14 juin 1716. Il laissait pour ses héritiers le séminaire et l'hôpital.

Anne-François-Guillaume de Cambout, abbé de St-Mesmin-de-Châlons, sous-doyen d'Orléans et agent général du clergé, qui vint ensuite, était digne de lui succéder. C'était la même science, la même douceur et le même désintéressement; mais le ciel le ravit trop tôt à l'amour de ses ouailles (juillet 1724). Il comptait à peine quarante-trois ans. Charles-Antoine de Laroche-Aymon lui succéda. Sa haute naissance le désignait aux faveurs de la cour : il posséda successivement l'évêché de Tarbes et les archevêchés de Toulouse et de Narbonne; il fut encore revêtu de la pourpre, et eut enfin la feuille des bénéfices. Quand il quitta Tarbes, le roi nomma (octobre 1741) à cet évêché, Pierre de Beaupoil de St-Aulaire, chanoine, archidiacre et grand vicaire de Périgueux. Aux vertus qui font les dignes ecclésiastiques, Pierre de Beaupoil joignait les connaissances qui font les savants. Il possédait surtout l'histoire et les Saintes-Écritures. Pierre de St-Aulaire ne siégea pas tout-à-fait onze ans, car il mourut d'apoplexie dans le mois de janvier 1751. Le souvenir de sa piété ne périt pas avec lui; son épiscopat est encore béni dans son ancien diocèse. Pierre de La Romagère de Ronsécy, qui le remplaça, laissa à Tarbes des souvenirs non moins précieux. Il naquit dans le diocèse de Périgueux, en 1712, et devint vicaire général et archidiacre du Mans.

C'est là que la bienveillance royale alla le chercher. Son sacre eut lieu le 18 août 1751, et durant les dix-huit années qu'il siégea, il se montra le modèle de son clergé et le père plus encore que le pasteur de son troupeau. Il mourut le 29 août 1769. Peu après cette mort, l'évêque de Vence, Michel-François Couet du Vivier de Lorry, né à Metz, en 1728, ancien prieur de Sorbonne et ancien vicaire-général de Rouen, fut transféré à Tarbes, d'où il passa à Angers, en 1782. Le siége de Tarbes fut alors donné à François de Gain de Montagnac, né au château de Montagnac, en Limousin, le 6 janvier 1744. François promettait de faire revivre les St-Aulaire et les Laromagère; mais la révolution vint l'arracher violemment de son église et le jeter sur la terre d'exil.

« L'église de Tarbes est dédiée sous l'invocation de Notre-Dame; elle était desservie par quatorze chanoines, huit archidiacres, un chantre, un infirmier, un Camérier et un sacristain. Le chapitre avait été sous la règle de St-Augustin jusqu'en 1524; douze sémi-prébendés, dont un avait le titre d'archiprêtre, vingt-cinq chapelains, un diacre et un sous-diacre d'office formaient le bas-chœur. Les dignités et les sept canonicats du côté droit étaient à la nomination de l'évêque. Les canonicats du côté gauche à celle du chanoine en semaine. Le pays appelé le Montanerès était de la généralité de Bayonne et du ressort du parlement de Pau. Il y avait dans la ville de Tarbes des Cordeliers, des Carmes, des Capucins et des Ursulines. Les Pères de la doctrine chrétienne avaient la direction du collége et du séminaire. Le diocèse renfermait deux cent quatre vingt-seize paroisses environ et cent-une annexes divisées en archiprêtrés. L'évêque présidait aux États de Bigorre et jouissait de 40,000 livres de rente. »

ÉVÊQUES DE BAZAS.

L'église de Bazas fut gouvernée, vers la fin quinzième siècle, par deux prélats éminents. François de Balaguier, le premier de ces prélats, fit son entrée solennelle à Bazas le 29 août 1565. D'abord religieux bénédictin, puis prieur de La Ramière et ensuite abbé d'Essey, il avait vieilli dans l'exercice des vertus monastiques lorsqu'il fut appelé sur le siége de Bazas par la renonciation de Jean son frère transféré à Cahors, sa patrie. L'âge n'avait rien ôté à son zèle. Il poursuivit les hérétiques avec vigueur; mais il sut tempérer par sa charité les mesures de rigueur que les circonstances rendaient nécessaires. Il avait vécu entouré de l'estime et de l'affection de ses ouailles et de son clergé. Il mourut au milieu du deuil général (1571). Arnaud de Pontac ne tarda pas à dissiper ces regrets. Né au château de Jauberthe d'une famille ancienne qui avait donné plusieurs présidents au parlement de Bordeaux, Arnaud se voua aux autels dès son enfance; et pour mieux servir la religion dont il allait être le ministre, il cultiva avec un soin particulier les lettres sacrées qu'il voulut connaître dans leur langue naturelle. Le grec et l'hébreu devinrent ses études favorites, et c'est à cette source pure et profonde qu'il puisa ses vastes et solides connaissances qui le placèrent parmi les prélats les plus éminents de son siècle. Ses collègues lui donnèrent une preuve de leur estime durant les premiers États de Blois. Ils le choisirent pour porter au pied du trône les remontrances du clergé et lui réitérèrent le même honneur à l'assemblée de Melun. Quoique la mission fût délicate, il la remplit dignement. Il venait d'être nommé lorsqu'il parut aux États. L'assemblée terminée, il se dirigea vers Rome où il reçut l'onction sainte des mains du cardinal de Pellegrue, le 18 novembre 1572, et fit son entrée à Bazas le jour de l'Ascension de l'année suivante. Les guerres et la famine désolèrent son troupeau; mais sa charité était encore plus vaste que ses connaissances. Elle multiplia les ressources et acheva le triomphe qu'avaient commencé ses prédications, car s'il faut en croire un auteur de nos jours, il eut avant de mourir le bonheur de voir tous les sectaires de son diocèse rentrer dans le bercail. Les soins de son ministère, les conquêtes même de sa charité, ne lui firent pas oublier les lettres. Il composa durant son épiscopat un commentaire sur le prophète Abdias et des *notes* plus connues sur la chronique d'Eusèbe. Enfin, épuisé de travaux bien plus que d'années, il mourut le 4 février 1605, dans le château où il avait reçu le jour. Dans son testament qui nous a été conservé, il chargeait sa famille de prendre douze mille écus sur sa succession pour les employer à la restauration de son église. Une inscription, gravée au-dessus du maître-autel, nous apprend que Godefroy et Arnaud de Pontac, l'un et l'autre présidents au parlement de Bordeaux, exécutèrent religieusement les intentions du prélat.

Après la mort d'Arnaud de Pontac, le siége de Bazas vaqua quelque temps. Henri IV nomma à ce siége l'abbé de Solignac, Jean de Jaubert, fils d'Aimeric de Jaubert, comte de Barrault et baron de Blagnac, qui fut plus tard ambassadeur de France à la cour d'Espagne; mais les bulles furent retardées quelque temps. Le prélat fut sacré enfin à Rome par le cardinal de Larochefoucault. Il fit son entrée solennelle à Bazas le 28 février 1612, assista aux états tenus à Blois en 1614 et 1620, et eut l'honneur de haranguer le roi Louis XIII à son retour de Béarn. Dix ans après, il passa au siége d'Arles. Presqu'aussi savant que son prédécesseur et non moins zélé, il composa plusieurs traités contre les calvinistes et en particulier le *Bouclier de la Foi*. Il avait été désigné pour aller accompagner la reine

Henriette en Angleterre en qualité de son grand aumônier; mais les hérétiques redoßtèrent l'ascendant de sa science et le firent exclure. Il eut pour successeur, à Bazas, Nicolas de Grillet ou Grillié, doyen de Provins, un des plus célèbres prédicateurs de son temps. Anne d'Autriche, qui se plaisait à l'entendre, lui obtint l'évêché de Bazas, d'où il passa à Arles en 1634. Ce prélat avait, dit-on, une mémoire si prodigieuse, qu'à la première lecture il retenait un sermon quelque long qu'il fût. Henri Listolfi-Maroni, abbé de St-Nicolas de Nemours et aumônier du roi, fut mis à sa place et reçut l'onction sainte dans l'église des Dominicains de Poitiers, le 8 juin 1634. Néanmoins, il ne fit son entrée solennelle à Bazas que le 12 février de l'année suivante. Pasteur plein de foi, de zèle et de piété, il acheva le séminaire dont Arnaud de Pontac avait jeté les fondements, et appela les Ursulines dans sa ville épiscopale. Il mourut à Toulouse, le 18 mai 1645; mais son corps fut rapporté à Bazas et enterré dans la cathédrale. Godeau, évêque de Vence, prononça son oraison funèbre dans l'église des Augustins de Paris en présence de l'assemblée générale du clergé. Il nous apprend que Listolfi appartenait à une famille originaire de Mantoue. Il ajoute, avec la véracité d'un panégyriste sans doute, que le prélat devait le nom de Maroni au poète Virgile dont cette famille descendait.

Au prétendu descendant de Virgile succéda Samuel Martinau, fils d'un conseiller au parlement de Paris, qui fut sacré le 17 juin 1646, dans l'église des religieux du Calvaire dont il était supérieur. Le nouvel évêque recouvra la seigneurie de Lerme, aliénée par l'évêque Balaguier, introduisit les Capucins à Casteljaloux et reçut Louis XIV à Bazas. Il mourut au château de Gans et fut enterré dans la cathédrale à côté de son prédécesseur. Guillaume de Boissonnade, successeur de Martinau, naquit d'Antoine de Boissonnade, seigneur d'Orty et de Madelaine de Beaumanoir. Il était précenteur dans l'église d'Agen, lorsque le roi l'appela à l'épiscopat (1668). Il signala son zèle contre les calvinistes et fit détruire le temple qu'ils avaient à Bazas en 1682. Il assista à la célèbre assemblée du clergé, où fut formulé ce qu'on a longtemps appelé les libertés de l'église Gallicane. Il tomba malade durant cette assemblée et mourut le 22 septembre âgé de soixante-dix ans. On l'enterra dans l'église de St-Sulpice. Jacques-Joseph de Gourgues, membre du second ordre de la même assemblée, fut appelé aussitôt à monter sur le siége, que cette mort rendait vacant; mais les brouilleries d'Innocent XI et de Louis XIV retardèrent son sacre jusqu'au 15 novembre 1693. Jacques était issu d'une famille qui a donné plusieurs présidents au parlement de Bordeaux. Il fit réparer le palais épiscopal qui était devenu la proie des flammes, peu après la mort de Martineau, termina le séminaire qu'il confia aux Barnabites, agrandit l'hôpital et en augmenta les revenus. Il établit les Bénédictins à Casteljaloux, les Capucins et les Cordeliers à la Réole et des religieuses à Monsegur. Son épiscopat, que tant de monuments devaient rendre immortel, se prolongea jusqu'au 2 septembre 1724. C'est un des plus longs qu'eût vus l'église de Bazas.

Edme Mongin, qui occupa après lui le siége, était digne de lui succéder. Né de parents obscurs à Baroville dans le diocèse de Langres, il releva l'humilité de sa naissance par ses talents et ses vertus. Il se livra de bonne heure à la chaire chrétienne et dut à ses succès oratoires l'emploi de précepteur du duc de Bourbon et du comte de Charolais, et une place à l'académie française qui l'admit dans son sein, le 1er mars 1708. Louis XIV, dont il prêcha plus tard l'oraison funèbre dans la chapelle de la cour, lui donna l'abbaye de St-Martin d'Autun, et Louis XV y ajouta, en 1724, l'évêché de Bazas. Il fut sacré le 11 mars 1725, et mourut dans son diocèse le 5 mai 1746, âgé de quatre-vingts ans. C'était un homme d'esprit et de goût. Ces deux qualités brillent par-dessus les autres dans le recueil de ses œuvres, qui renferme ses sermons, ses panégyriques, ses oraisons funèbres et ses pièces académiques. La ville de Bazas lui doit le pont de St-Martin, son Église, des réparations assez considérables, que l'œil reconnaît sans peine, et le diocèse la construction du château de Gand, que toutefois il ne put terminer et qu'acheva son successeur. Jean-Baptiste-Amédée de Grégoire de St-Sauveur, ainsi se nommait le dernier évêque de Bazas, vit le jour au mois de juin 1709, dans le diocèse de Mende, dont il était prévôt et vicaire-général, lorsqu'il fut appelé à l'épiscopat. Il joignait encore à ces titres celui d'aumônier du roi. Sa préconisation n'éprouva pas de retard, car il fut sacré le 16 octobre 1746. Député aux États-généraux, il y apporta cet esprit de paix, de conciliation et de douceur qui lui avait gagné le cœur de ses ouailles; mais son âge ne pouvait s'accommoder longtemps du tumulte d'une grande assemblée. Rentré à Bazas avant que son mandat eût expiré, il n'y traîna plus qu'une vie languissante, et y mourut le 16 janvier 1792, chargé d'années et de mérites. A ses derniers moments, il demanda qu'on l'inhumât au milieu des pauvres dans le petit cimetière de l'hospice : c'était avoir noblement compris comment doivent tomber les derniers successeurs des apôtres. Les vœux du mourant furent remplis, et l'on voit encore dans le cimetière sa modeste tombe.

« Le portail de l'église est magnifique ; l'église elle-même est assez belle : elle a pour patron St-Jean-Baptiste. Le chapitre était composé de trois archidiacres, d'un chantre, d'un sacriste, d'un ouvrier et de

dix-huit chanoines. Les dignités étaient à la collation de l'évêque; les
canonicats à la nomination alternative de l'évêque et des chanoines
en corps. Huit grands prébendiers, huit chapelains et huit musiciens
formaient le bas-chœur. Les Barnabites avaient la direction du séminaire. Il y avait dans la ville des Cordeliers, des Capucins, des Ursulines et des Sœurs de la charité. On comptait dans le diocèse deux
cent vingt-une paroisses environ et quarante-cinq annexes. L'évêque
était seigneur de la ville et avait plus de 30,000 livres de revenu. »

ÉVÊQUES DE COUSERANS.

A Pierre d'Ossun avait succédé (vers 1581) sur le siége de Couserans, François Bonnau, religieux Franciscain et prédicateur célèbre, né à Montréal dans le Piémont. Il gouverna le diocèse près de
quinze ans et fut remplacé en 1595, par Jérôme de Lingua, fils de
sa sœur, né comme lui à Montréal, et comme lui enfant de St-François, mais de la congrégation de la grande observance. Jérôme attira
en France Bernardin, un de ses frères, et le maria à une riche héri-
tière du pays. C'est ainsi que la famille de Lingua de St-Blancat fut
transportée du pied des Alpes au pied des Pyrénées. L'évêque de Couserans mourut en 1612, et fut enterré dans l'église cathédrale de
Ste-Marie, près des cendres de son oncle. Octave de Bellegarde s'assit
alors sur ce siége. Il était né posthume (février 1587) de Cæsar de
St-Lary, fils du premier maréchal de Bellegarde et de Jeanne du
Lyon. Quoiqu'il n'y eût qu'une promesse de mariage entre les auteurs de ses jours, il fut déclaré légitime par arrêt du parlement de
Bordeaux; mais Roger de Bellegarde, cousin de son père, s'empara
de tous les biens de sa maison, et voua son jeune parent à l'église.
Henri IV protégea le malheureux orphelin, et le pourvut de plusieurs
riches bénéfices, et entr'autres des abbayes de St-Germain-d'Autun
et de St-Michel-de-Tonnerre, et de la domerie d'Aubrac dans le
Rouergue. L'année même de la mort de son protecteur, Octave obtint
l'évêché de Couserans, qu'il échangea, en 1621, contre l'archevêché
de Sens. C'était un prélat savant, ferme et zélé, qui se mêla aux que-
relles religieuses de son époque. Sur la fin de ses jours, il inclina
vers le Jansénisme; il approuva le livre de la fréquente communion
de l'abbé Arnaud, et écrivit en sa faveur au pape Alexandre VIII.
Néanmoins, on l'avait vu hautement protéger les Jésuites et condamner le *Traité des Droits et des Libertés de l'église Gallicane*, mais
si ses opinions ne furent pas bien établies, sa charité ne fut jamais
douteuse. A sa mort, il partagea ses biens entre les pauvres et l'église
de Sens. Durant son passage sur le siége de Couserans, les Capucins

se fixèrent dans la ville épiscopale. Octave de Bellegarde eut pour successeur dans sa première église, un Chartreux, Bruno Ruade, qu'il sacra de ses mains le 10 mars 1624.

Ruade n'avait quitté sa solitude que malgré lui, à la sollicitation de Louis XIII et sur le commandement formel du général de son ordre. Malheureusement pour son repos, il porta dans le monde l'austère rigidité du cloître. Les bénéficiers de son chapitre ne voulurent pas se plier aux lois de la discipline ecclésiastique à laquelle il s'efforçait de les ramener, et lui suscitèrent de longs et de graves embarras. L'évêque aima mieux fuir le champ de bataille; il se retira à la commune de Tillouse dont il était seigneur et où il fit bâtir un palais. Là, il retrouva enfin le calme et la solitude qu'il avait laissés dans sa cellule, et qui semblent avoir été le premier besoin de son cœur. On ignore l'année de sa mort; on sait seulement qu'il légua ses joyaux aux Chartreux de Toulouse, chez lesquels il fut enterré dans une chapelle qu'il avait fait construire. A un ancien religieux allait succéder un ancien magistrat, le célèbre Pierre de Marca, le savant auteur de l'histoire de Béarn, dont nous avons si souvent invoqué le témoignage.

Pierre naquit à Gan, près de Pau, le 15 janvier 1594, d'une famille ancienne, originaire d'Espagne. Son père, catholique fervent et intrépide, voulut que le nouveau-né fût baptisé dans une église catholique; et comme l'exercice du catholicisme était interdit en Béarn, il fit porter son fils à l'abbaye de St-Pé-de-Generez. On prétend que le prêtre, en lui imposant le nom de Pierre, ajouta les paroles de l'Évangile, *tu es pierre, et sur cette pierre je bâtirai mon église*. Quoiqu'il en soit de cette anecdote, assez suspecte, le jeune Marca puisa dans sa famille l'amour de l'orthodoxie et le courage de la professer. Il fit éclater de bonne heure ses sentiments et montra en même temps une grande application à l'étude, et une rare aptitude pour les lettres. Ces qualités le rendirent singulièrement propre à travailler au rétablissement de l'ancien culte. Il s'y employa avec ardeur et eut le bonheur de voir ses efforts couronnés de succès. Pour le récompenser, le roi Louis XIII lui confia la charge de président au parlement de Pau, en 1621, et celle de conseiller d'état en 1639. Pierre ayant à cette époque perdu son épouse, entra dans les ordres sacrés et fut nommé, en 1642, à l'évêché de Couserans. Mais la cour de Rome, justement offensée des principes renfermé dans le livre de la Concorde du Sacerdoce et de l'Empire, lui refusa long temps ses bulles. Il ne les obtint qu'en 1647, après avoir expliqué ses sentiments et promis les corrections nécessaires. Il fut sacré

a Narbonne, dans le mois d'octobre de l'année suivante, par l'archevêque de cette ville, assisté des évêques de Beziers et d'Aleth.
La cour de France l'envoya aussitôt en Catalogne. A son retour, il
repassa à St-Lizier où les habitants le reçurent avec toutes les dé-
monstrations de la joie la plus vive (3 août 1650); mais ces fêtes se
changèrent presqu'aussitôt en deuil. Pierre fut transféré quelques
mois après à l'archevêché de Toulouse, d'où il fut appelé ensuite sur
le siége de Paris. Il est vrai qu'il n'en prit pas possession; car il mourut le jour même que ses bulles arrivèrent (1). Ce prélat réunissait
plusieurs talents qui se trouvent rarement ensemble, l'érudition, la
critique et l'art d'écrire; sa pensée se développe sans affectation et
sans embarras: son style est presque toujours pur et ferme. Persuadé
qu'il importe à la religion d'étouffer dans son berceau les sectes nais-
santes, il s'appliqua à arrêter les progrès du jansénisme; aussi a-t-il
été maltraité par les écrivains du parti. Outre l'histoire du Béarn et
le livre du Sacerdoce et de l'Empire, nous devons à Pierre de Marca,
le *Marca hispanica*, description savante et curieuse de la Catalogne,
du Rousillon et des pays adjacents, et un grand nombre d'opuscules
qui roulent presque tous sur des sujets religieux.

Marca fut remplacé à Couserans par Bernard de Marmiesse, chanoine de Toulouse et agent général du clergé. Bernard appartenait à
une ancienne famille de la province et avait pour frère, Jacques, baron de Lussan, président à mortier au parlement de Toulouse. Nommé
en 1653, il fut sacré à Pontoise en 1653, durant l'Assemblée du clergé,
et mourut le 22 janvier 1680. Il avait ainsi siégé vingt-sept ans.
Durant ce long épiscopat, il remplit tous les devoirs d'un pasteur
pieux et vigilant, mais il s'occupa surtout des pauvres. Afin de leur
procurer d'abord du travail et plus tard un asile plus vaste que celui
qu'ils possédaient, il fit agrandir l'hôpital, fondé par Hector d'Ossun.
Cet amour pour les pauvres l'accompagna jusqu'au tombeau. A ses
derniers moments il les établit ses héritiers, et afin de ne pas les
quitter après sa mort, il élut sa sépulture dans le cimetière de l'hospice d'où son avant-dernier successeur retira ses cendres, qu'il plaça
derrière l'autel de la chapelle. Gabriel de St-Estève, d'une famille
noble de la Navarre, successivement abbé de Plain-pied et de Combe-
longue, fut appelé à lui succéder, et siégea vingt-sept ans comme lui.
Isaac Jacques de Vertamont, qui vint ensuite, occupa le siége de

1) Colletet lui fit l'épitaphe suivante :

*Cy-gît l'illustre de Marca, que le plus grand des rois marqua pour être le prélat
de son église ; mais la mort qui le remarqua et qui se plaît à la surprise, tout
aussitôt le démarca.*

1708 à 1723. Il entra jeune dans la congrégation de l'Oratoire, et s'appliqua à l'étude des lettres et surtout des saintes écritures. Un de ses oncles, évêque de Pamiers, l'appela ensuite auprès de lui et l'établit son vicaire-général. C'est lui qui le sacra, assisté des évêques de Lectoure et d'Aire. Jean-François de Macheco de Premeaux succéda à Vertamont. La famille de Macheco, une des plus considérables de Lyon, compta à la fois trois de ses membres dans les dignités ecclésiastiques, l'évêque de Couserans, l'évêque de Périgueux, frère puîné de celui-ci, et l'archevêque de Narbonne leur oncle. Jean-François avait été agent général du clergé. Il possédait l'abbaye de St-Paul de Narbonne, lorsqu'il fut promu à l'épiscopat. Son frère vint présider à ses funérailles, le 1er mai 1751.

Joseph de St-André-Marnays de Versel, que le roi nomma ensuite, était né à Paris, en 1703, d'une famille originaire du Dauphiné, également connue dans la robe et dans l'épée. Il se sentit d'abord incliné vers le cloître, et commença son noviciat chez les Chartreux ; mais la faiblesse de sa santé trahit sa dévotion et força ses parents à l'arracher de la solitude. L'évêque d'Angers ayant connu son mérite, se l'attacha en qualité de vicaire-général et d'official diocésain. Le roi lui donna d'abord l'abbaye de St-Romain de Blaye, et ensuite l'évêché de Couserans. Sacré le 22 octobre 1752, il se rendit aussitôt dans son diocèse, dont il ne s'éloigna que deux fois, l'une pour aller partager les travaux de l'Assemblée du clergé, à laquelle sa province l'avait député, et l'autre pour aller terminer quelques affaires de famille. Pieux et charitable, il fonda une maison d'éducation à St-Girons et la plaça sous la discipline des Dames de Nevers. Il bâtit en même temps sur les ruines de l'ancien cloître des chanoines un vaste et bel hôpital, auquel il légua plus tard tous ses biens. Prévoyant, comme par inspiration, que son dernier moment n'était pas éloigné, il s'y prépara par une retraite de huit jours qu'il alla faire chez les Capucins, et mourut presque subitement le 24 septembre 1779. Il fut enseveli dans le tombeau qu'il s'y était fait construire, à la chapelle de l'hôpital, près des cendres de Bernard de Marmiesse. Dominique de Lastic termina la série des prélats de Couserans. Il naquit à Senchellé, dans le Gevaudan, et fut prieur du Pont-St-Esprit, archidiacre du Grand-Co et vicaire général de Pontoise, avant de parvenir à l'épiscopat. Son clergé le députa à la Constituante; il s'échappa de Paris pour se soustraire aux massacres, et se retira en Allemagne où il mourut vers l'an 1798.

« Il y a eu autrefois dans ce diocèse deux églises concathédrales l'une sous l'invocation de St-Lizier, dont la ville porte le nom; et l'autre sous celle de Notre-Dame. Toutes deux étaient desservies par un pareil nombre de chanoines. Bernard de Marmiesse les réunit en un seul chapitre dans l'église de Notre-Dame-du-Siége, située sur le terrain le plus élevé de la ville, où était aussi le palais épiscopal. Ce chapitre était composé d'un archidiacre, de deux précenteurs, deux sacristes et deux ouvriers, d'un aumônier et de douze chanoines : deux vicaires perpétuels et vingt-quatre prébendés formaient le bas-chœur. Depuis la réunion, trois dignités étaient doubles. La date de la réception des titulaires fixait la préséance de l'une sur l'autre : l'évêque était seul collateur des dignités et des canonicats. Les chanoines avaient chacun le patronage de deux prébendes. L'église collégiale de Massat était composée d'un curé et de huit canonicats à la collation alternative de l'évêque et du chapitre. Le diocèse renfermait soixante-trois paroisses environ, plusieurs communautés religieuses et une abbaye. L'évêché valait 30,000 livres. »

ÉVÊQUES DE COMMINGES.

Gilles de Souvré, évêque de Comminges, que nous avons vu aux États de Paris, permuta son siége, en 1629, avec François de Donadieu, évêque d'Auxerre. Celui-ci n'avait accepté sa translation que pour se rapprocher de l'évêque de Saint-Papoul, son frère ; mais pendant que ses bulles s'expédiaient de Rome, il tomba malade à Paris, et désespérant de recouvrer jamais assez de santé pour pouvoir administrer un diocèse, il se démit en faveur de Barthélemy de Donadieu, son neveu. Les cours de France et de Rome prêtèrent les mains à cette disposition du malade, et Barthélemy fut sacré le 8 décembre 1625, dans l'église des Carmélites, par les mains de son oncle. Le nouvel évêque ne comptait que trente-deux ans ; mais la maturité de sa raison, la gravité de ses mœurs et la solidité de sa piété remplaçaient ce qui lui manquait du côté des années. Il était né en 1572, à Montesquieu, dans le diocèse de Riez, d'une ancienne famille qui avait donné de nombreux soutiens à l'Église et à l'État. Au sortir des langes de l'enfance, on le confia aux soins d'un de ses oncles, abbé de St-Hilaire, qui s'appliqua à jeter dans son jeune cœur la semence des vertus. Après ses premières études, il visita d'abord Rome, Naples et Venise, et parcourut ensuite toute la Hollande. Les voyages étaient alors le complément obligé de l'éducation des jeunes gentilshommes. Barthélemy atteignit ainsi sa vingt-troisième année. Renonçant alors généreusement au monde, il se voua à l'étude des lettres et s'attacha encore plus à former son cœur qu'à orner son esprit. Il se prépara de la sorte aux hautes et saintes fonctions que le ciel lui destinait. Il voulut ouvrir sa carrière épiscopale par un pèlerinage. Avant d'entrer dans son diocèse, il alla se placer sous la protection de Notre-Dame-de-Garaison. C'est dans ce pieux asile que les députés de son chapitre vinrent le saluer, la veille de Pentecôte 1625. Le lendemain, il fit son entrée solennelle à St-Bertrand, au milieu d'un immense concours. Il commença aussitôt la visite de son diocèse, qu'il parcourut plusieurs fois dans tous les sens. Partout il fit briller sa piété, sa science, son zèle, sa prudence et surtout son inaltérable douceur et son inépuisable charité. Tant de travaux épuisèrent vite sa vie; il mourut en odeur de sainteté, dans le château d'Alan, le 12 novembre 1637. Ses entrailles furent inhumées dans la chapelle du château; son cœur fut porté à l'église de St-Gaudens, et son corps déposé devant le grand autel de St-Bertrand.

Hugues de Labatut, chanoine et archidiacre de St-Bertrand, le remplaça. Barthélemy de Donadieu, dont il avait partagé les travaux comme official et comme vicaire-général, l'avait désigné au choix du roi. Le pieux prélat ne s'était point trompé dans son appréciation. Hugues se montra son digne successeur. Il mourut le jour des Cendres, 10 février 1544. Après avoir marché sur les traces de son prédécesseur durant sa vie, il ne voulut pas en être séparé après sa mort. Il ordonna que ses entrailles, son cœur et son corps fussent partagés entre la chapelle d'Alan, l'église de St-Gaudens et la cathédrale. Il reposa ainsi tout entier près des restes vénérés de son maître, de son bienfaiteur et de son modèle.

Gilbert de Choiseul parut avec éclat sur le siége de Comminges, même à côté de ces deux glorieux prélats. Il était frère du comte Duplessis-Praslin, depuis maréchal de France. Voué à l'Eglise presque dès le berceau, il fit de brillantes études et prit le bonnet de docteur. La renommée de ses vertus et de ses talents avait déterminé Hugues de Labatut, affaissé sous le poids du fardeau pastoral et accablé par les infirmités, à lui transmettre son évêché; mais la mort l'empêcha d'exécuter son dessein. Anne d'Autriche, instruite de ce qui se préparait, ne lui chercha pas un autre successeur. Gilbert fut nommé le 23 mai 1644; toutefois il ne reçut la consécration que le 8 avril 1646. La cérémonie se fit dans l'Eglise des Minimes, en présence du cardinal Barberini, légat du Saint-Siége, et de l'assemblée entière du clergé, alors réunie à Paris. L'archevêque d'Auch, assisté des évêques de Troyes et d'Aire, fut le prélat consécrateur. Le nouvel évêque renonça aux abbayes de Boulancourt, de Chante-Merle et de Basse-Fontaine, et ne garda que celle de Saint-Martin de Troyes, où il introduisit la Réforme. Ami des études, il ne put voir sans douleur que le diocèse n'avait point encore de séminaire : il affecta aussitôt à cet usage une de ses maisons. Bientôt une peste affreuse vint décimer son troupeau.

Le digne pasteur sembla se multiplier pour lui prodiguer tous les secours d'une charité vraiment apostolique : on le vit aussi attentif à administrer de ses mains les sacrements aux malades, qu'à leur procurer les remèdes et les aliments dont ils avaient besoin. Son exemple porta quelques lâches curés, que la crainte du danger avait fait fuir, à retourner auprès de leurs ouailles. Il assemblait régulièrement chaque année son synode diocésain, et aimait à préparer avec son clergé, sans faste et sans domination, les réformes à introduire dans le diocèse. Son amour pour la paix et sa dextérité à manier les esprits, le firent souvent choisir pour médiateur. Ce fut lui qui soumit au pape Alexandre VII les cinq fameuses propositions de Jansénius. Il refusa l'archevêché de Narbonne, et n'accepta l'évêché de Tournay que malgré lui et sur les ordres réitérés du roi, qui lui écrivit que le bien de l'État demandait de lui ce sacrifice. Ce prélat écrivait également bien en vers et en prose. On a de lui plusieurs ouvrages, dont le principal et le plus estimé est intitulé : *Mémoires touchant la Religion.*

Louis de Rechigne-Voisin de Guron, son successeur, est moins connu ; on sait seulement qu'il fut nommé le 5 janvier 1671, et qu'il mourut à St-Bertrand le 20 mai 1673, à l'âge de 77 ans. Jean-François de Brisai de Denonville, archidiacre, vicaire-général et official de Chartres, abbé de La Bussière et de Cannes, qui remplaça Louis de Guron, fonda un séminaire à St-Gaudens et en confia la direction aux Jésuites. Il mourut le 12 avril 1710. Gabriel Olivier de Lubières de Bouchet, grand chantre de Rhodez, le remplaça le 22 juillet de la même année, et gouverna trente ans le diocèse. Il fut remplacé, à son tour, par Antoine de Lastic, vicaire-général de Tarbes et abbé de St-Guillaume-du-Désert. Antoine, né en 1709, dans le diocèse de Clermont, reçut la consécration épiscopale le 9 décembre 1740. Il venait d'être transféré à Châlons-sur-Marne, lorsque la mort le surprit à Paris, le 23 décembre 1763. Charles-Antoine-Gabriel d'Osmond de Médavi, comte de Lyon, vicaire-général et official d'Auxerre, lui succéda sur le siége de Comminges, et fut sacré le 1er août 1754. Son pontificat fut encore plus long que celui de son avant-dernier prédécesseur. Parvenu à une extrême vieillesse, il se démit en faveur d'Antoine-Eustache d'Osmond, son neveu. Celui-ci naquit à Saint-Domingue, le 6 février 1754. Il se voua aux autels et s'attacha à l'archevêque de Toulouse, Lomenie de Brienne, qui en fit un de ses vicaires-généraux. Son oncle le rappela ensuite près de lui et lui céda enfin son siége. Député aux États généraux, le nouveau prélat refusa le serment, et quitta le royaume.

« L'église cathédrale a pour patrons la Ste-Vierge et St-Bertrand, évêque. Le chapitre était composé de douze chanoines, de cinq archi-

diacres, d'un sacristain, d'un grand ouvrier et d'un prébendier. La
nomination des dignités appartenait à l'évêque, et celle des canonicats
aux chanoines chacun dans leur mois. Le bas-chœur était composé
de quarante-un bénéficiers, dont quatre hebdomadiers et un succen-
teur. L'évêque faisait sa résidence ordinaire à Alan; il était admis
aux États de Languedoc; plusieurs paroisses de son diocèse étaient du
gouvernement de cette province, et formaient les petits États de Ne-
bouzan. On comptait dans ce diocèse deux cents paroisses environ,
dont vingt-deux au moins étaient en Espagne : le séminaire était à
St-Gaudens. Il y avait dans la même ville un chapitre, des religieuses
de Notre-Dame, des Dominicains et des Trinitaires; des Augustins à
Montrejeau, des Dominicains à l'Ile-en-Dodon, des religieuses de
Fontevrault à St-Laurent, et plusieurs autres Communautés religieuses. L'évêché valait 70,000 livres. »

ÉVÊQUES DE LECTOURE.

Guillaume II de Barton, que quelques-uns donnent pour coadjuteur à Jean de Barton, son oncle, occupa le siége de Lectoure en
1544. Néanmoins, il ne fit son entrée solennelle dans sa ville épiscopale que le 17 mai 1551. Il assista au Concile de Trente, où il fut
atteint de la peste, qui força de suspendre quelque temps cette célèbre
assemblée. Il échappa au terrible fléau, mais il ne traîna plus qu'une
santé languissante jusqu'à sa mort, qu'on place vers 1571. On croit
même qu'il s'était démis de son siége deux ans auparavant. Ce prélat
aimait à s'entourer d'hommes instruits et vertueux. « Il n'était jour
du monde qu'il n'eût à sa table aucuns professant la théologie, philosophie, bonnes lettres et histoire, et s'il y avait quelque docte
passant, il recevait de lui commodité. » Les goûts de son successeur
furent différents. « Il avait une très belle écurie, une meute nombreuse, et il se montrait assez libéral à la noblesse qui le venait voir,
lui faisant chère. » De l'évêque on ne trouvait en lui qu'une qualité,
un grand amour pour les pauvres. Ce prélat, si peu digne du poste
éminent qui lui avait été confié, appartenait à la maison de Bourbon
et s'appelait Charles. Il était fils du roi Antoine et de la célèbre Louise
de La Beraudière. Jeté dans l'église sans aucune vocation, il fut
d'abord pourvu de l'évêché de Comminges, et passa à Lectoure vers
1560(1). Mais, sur l'un et l'autre siége, il se contenta d'avoir obtenu

(1) Sous son pontificat, Pithou et Du Thou se rendirent à Lectoure : comme ils
n'arrivèrent que la nuit et qu'ils tournaient autour des fossés, les sentinelles qui
étaient sur les remparts tirèrent sur eux quelques coups de mousquet. « Les Romains
y avaient autrefois institué des sacrifices de taureaux en l'honneur de la mère des

de Rome l'institution canonique. Il ne se fit sacrer que lorsqu'il fut appelé à l'archevêché de Rouen.

Leger de Plas devait faire oublier vite un pareil pasteur. Né au château de Plas, dans le Limousin, d'une famille noble et ancienne ; il étudia les belles-lettres à Paris, et la philosophie avec le droit civil et le droit-canon à Toulouse. Après avoir ainsi orné son esprit des diverses connaissances qui complétaient l'éducation d'alors, il se retira auprès de l'évêque de Bazas, son oncle, et passa ensuite à Tarbes, dont l'évêque l'admit dans son intimité. Parvenu à l'âge de trente ans, il renonça à tous les avantages que le monde ou la vie cléricale semblaient lui réserver. Il s'enferma dans un cloître et prit l'habit de St-Benoît ; mais il ne put échapper aux honneurs qu'il fuyait. La communauté de St-Martin-d'Alayrac l'élut pour prieur, et peu de temps après, le roi le nomma à l'évêché de Lectoure. Il fit son entrée dans sa ville épiscopale, le 19 mai 1590. Les protestants l'avaient longtemps occupée : il eut le bonheur de la voir replacer sous les lois des catholiques. Ce triomphe eût été léger pour l'évêque. Il fallait surtout ramener à la Foi les hérétiques et détruire les désordres qu'avait semés l'hérésie. Il craignit de ne pouvoir pas suffire seul à ce travail ; il demanda et obtint, dès 1600, en qualité de coadjuteur, Jean d'Estresse, son neveu. Quelques années plus tard, il lui abandonna entièrement le gouvernement du diocèse, et se retira à son château de Plas, où il ne s'occupa que de son salut. La mort vint le frapper parmi ces pieux exercices, le 24 mars 1635, à l'âge de quatre-vingt-six ans. Il fut enterré dans l'église de sa paroisse, dans laquelle il avait reçu le baptême et le sacerdoce. Ce saint prélat fut remplacé par un parent, héritier de ses vertus plus encore que de sa dignité. Jean d'Estresses était né dans le Limousin, patrie de son oncle, et avait porté longtemps le titre d'évêque de Laodicée. Il assista, en 1614, aux États généraux de Paris, et en 1621 à l'Assemblée du clergé, tenue à Bordeaux. Sa vie se passa dans la pratique des bonnes œuvres et surtout de la pénitence. Il mourut dans la ville de Miradoux, le 12 avril 1646, après avoir gouverné le diocèse près de quarante ans, comme coadjuteur ou comme titulaire. Louis de Larochefoucault, baron de Verteuil, lui fut donné pour successeur. Il naquit le 13 décembre 1615, et eut pour père François de Larochefoucault, cinquième du nom, duc et pair de

---

Dieux ; ce qui se remarquait par plusieurs inscriptions qu'on voyait encore gravées sur les pierres d'un temple que la barbarie de nos guerres civiles avait ruiné, et dont on prétendait se servir pour bâtir un autre ». Ils y visitèrent le château, où le comte d'Armagnac fut assassiné. « Les murailles sont encore teintes de son sang qu'on n'a pu effacer jusqu'aujourd'hui. » — Du Thou, page 313.

France et gouverneur du Poitou, et pour mère Gabrielle Duplessis-Lyancourt. Quoique nommé peu après la mort de son prédécesseur, il ne reçut l'onction sainte que le 8 décembre 1649. Il ne survécut que cinq ans à son sacre, et expira dans son château de Verteuil en décembre 1654. Il touchait à peine à sa quarantième année. Pierre-Louis Caset de Votorte, fils d'un premier président au parlement de Bretagne et frère de François de Votorte, ambassadeur extraordinaire du roi auprès de la diète de Ratisbonne, fut nommé par Louis XIV, le 9 février 1655, et sacré le 21 septembre, dans l'église des Jésuites de Pontoise, par le célèbre Marca, alors archevêque de Toulouse.

Seize ans après, il voulut se rapprocher de sa famille, et obtint sa translation au siège de Vannes. Cette translation fut suivie de celle de Hugues de Bar, qui passa de Dax à Lectoure. Hugues était un prélat pieux, savant, et surtout très charitable envers les pauvres. Il fit rebâtir à ses frais le palais épiscopal, un des plus riants et des plus pittoresques de France, et jeta les fondements d'un séminaire. Avec l'évêché, il possédait les abbayes de St-André, de Vertus et de Pontaut, dans les diocèses de Vienne, de Châlons et d'Aire. Il mourut le 22 décembre 1691, dans son diocèse, où il résida religieusement et où il fit revivre la discipline ecclésiastique, trop négligée sous ses derniers prédécesseurs. On l'enterra dans le chœur de la cathédrale, où on lit encore son épitaphe. François-Louis de Polastron, d'une très ancienne famille de l'Armagnac, lui fut donné pour successeur le 6 avril de l'année suivante. Sa préconisation ne se fit pas attendre. Il fut sacré à Paris le 9 novembre, et prit possession de son siège le 22 décembre. Prélat pieux et zélé, il marcha sur les traces de Hugues de Bar, et publia, en 1690, de nouveaux statuts propres à consolider les réformes introduites par son vénérable prédécesseur. Il termina sa carrière le 13 octobre 1717, et fut remplacé par Louis d'Illiers-d'Entragues, déjà nommé à l'évêché de Clermont. D'Entragues reçut l'onction sainte le 24 juillet 1718, et mourut deux ans après dans l'abbaye de Belle-Fontaine, qu'il avait en commande. Paul-Robert Hertaud de Beaufort le remplaça à Lectoure. Il était déjà chanoine de la Sainte-Chapelle de Vincennes, abbé de Fare-Moutiers et doyen de l'église d'Ypres, lorsqu'il fut promu à l'épiscopat le 8 janvier 1721. Il siégea vingt-quatre ans, et eut pour successeur Claude-François de Narbonne-Pelet, vicaire-général d'Arles, sacré le 19 mai 1746 et mort le 14 mai 1766, à l'âge de soixante-huit ans. Pierre Chapelle de Jumillac de Cubjac, né dans le diocèse de Périgueux, fut alors appelé sur le siège de Lectoure. Agent général du clergé en 1755, le nouvel évêque termina sa carrière (16 juin 1772) pendant l'Assemblée du clergé à laquelle il avait été député par sa province. Louis-Emmanuel de Cugnac devait clore la liste des évêques de Lectoure. Il naquit, en 1729, de Jean-Louis de

Cugnac, seigneur de Giversac, et de Marie Souveraine de Routillac l'un et l'autre des premières familles de leur province L'évêque de Bayeux l'appela jeune près de lui, l'attacha à son diocèse en qualité de vicaire-général et lui fit obtenir l'abbaye de Conques. Le roi ajouta plus tard à ce riche bénéfice l'évêché de Lectoure. Le nouveau prélat reçut l'onction sacrée le 7 septembre 1772. Il fut député par sa province à la dernière Assemblée du clergé qui se soit tenue. Il refusa le serment comme tous ses collègues, mais son âge ne lui permit pas de les suivre sur la terre d'exil. Mis en réclusion durant les jours sanglants de la Terreur, il échappa à la hache révolutionnaire et se retira au château de Fondelin, près d'un neveu, que son mariage avec une des plus nobles et des plus riches héritières de la Gascogne avait attiré dans le Condomois. Il y mourut subitement, en 1800, et fut enterré dans le caveau de sa famille.

« La cathédrale est dédiée sous l'invocation de St-Gervais et de St-Protais. Le chapitre était composé de quatre archidiacres, d'un grand-chantre, de douze chanoines et de quatorze prébendés. Les dignités étaient à la collation de l'évêque, les canonicats à la collation alternative de l'évêque et du chapitre en tout genre de vacance. La plupart des titres de la cathédrale et de l'évêché se sont perdus pendant les troubles du seizième siècle. Les gens du pays disaient autrefois que l'évêque de Lectoure représentait Jésus-Christ; les quatre archidiacres, les quatre Évangélistes, les douze chanoines, les douze Apôtres, les soixante-douze curés du diocèse, les soixante-douze Disciples. Le diocèse renfermait soixante dix-sept paroisses environ et trente annexes divisées en trois archiprêtrés. Il y avait dans la ville, des Pères de la doctrine chrétienne, qui avaient la direction du collège, des Dominicains, des Cordeliers, des Carmes, des Capucins, des Carmélites et des Claristes urbanistes. L'évêque était seigneur de Lectoure avec le roi : il jouissait d'environ 40,000 livres de revenu. »

ÉVÊQUES DE CONDOM.

A Robert de Gontaud, avait succédé sur le siége de Condom Jean de Monluc. Le maréchal de ce nom, dont il était le troisième enfant, l'avait affilié, dans son enfance, à l'Ordre de Malte : c'était la véritable vocation de Jean. Aussi se montra-t-il, par son ardeur belliqueuse et son courage, digne du sang qui coulait dans ses veines. Il ne songeait qu'aux combats et à la gloire, lorsqu'après la mort de Robert de Gontaud, son père obtint pour lui l'évêché de Condom. Le pape hésita à sanctionner une nomination pareille. Néanmoins, il finit par expédier les bulles (décembre 1573.) Non seulement le nouvel évêque n'était point engagé dans les ordres, mais il n'avait rien de sacerdotal dans les mœurs. Sa promotion éveilla ses remords. Il essaya de se former aux vertus que demande l'épiscopat et surtout à l'étude. Dans cette vue, il quitta sa patrie, et prenant avec lui Jean Duchemin, un de ses vicaires-généraux, il passa en Italie : il s'y arrêta à peine, et s'embarqua pour Malte, afin de prendre congé du grand-maître. A son retour, il visita notre Dame de Lorette, Venise et Turin, où le duc de Savoie, qui avait connu et apprécié Blaise de Monluc durant ses campagnes d'Italie, se plut à l'accueillir. Enfin, il rentra en France et regagna Condom.

La cour, connaissant ses goûts, le chargea de réduire les protestants qui infestaient son diocèse, et d'attaquer Nérac. L'évêque obéit et leva des compagnies. On prétend qu'il les exerça dans sa cathédrale, qui n'avait point été rendue au culte depuis que Montgommerry l'avait mutilée : on veut même qu'il ait fait servir cet édifice de théâtre à des amusements profanes. Il était temps qu'un pareil évêque déposât une charge pour laquelle il n'était point né. Il résigna son évêché à Jean Duchemin, moyennant une pension de 9,000 livres et la jouissance du château de Cassaigne. Il se retira alors dans cette résidence, et après y avoir traîné deux ans les restes d'une vie épuisée par les fatigues de la guerre, et peut-être aussi par les excès de sa jeunesse, il mourut sur la fin de janvier 1582 (1).

Jean Duchemin, qui le remplaça, était né à Trignac dans le Limousin, de Guy Duchemin, seigneur de ce lieu, et de Jeanne de Combon. Il vint à Condom vers l'an 1560, attiré par Antoine de Lespinasse, son oncle, vicaire-général de Charles de Pisseleu, et fut pourvu d'une prébende qu'il changea depuis contre un canonicat. Ses talents le firent choisir, en 1570, pour aller à Paris représenter aux cardinaux de Lorraine, de Bourbon et de Pellevé tout ce que le diocèse avait souffert au passage de Montgommery. Ces trois cardinaux présidaient à l'aliénation du temporel ecclésiastique dans le royaume. La négociation de Duchemin réussit, et Condom fut déchargé du tiers de la somme qui lui avait d'abord été imposée. Quelques années plus tard, Jean de Monluc l'appela dans ses conseils et l'associa ensuite à ses voyages, et enfin, il lui céda son siége. Les bulles éprouvèrent quel-

(1) Son cœur et ses entrailles furent ensevelies dans le beau mausolée que son successeur lui fit élever dans la chapelle de Cassagne; mais son corps fut porté dans le chœur de la cathédrale, où il repose près du tombeau qui attendit vainement les cendres de son père. Le collège de Condom fut fondé sous son épiscopat par N. de Pellegrin de Lisle, qui affecta à cette œuvre la totalité de ses biens cédés plus tard à M. de Mazières pour 8,000 livres. Pierre de Sarrau donna, en 1587, une maison située près du local choisi d'abord pour cet établissement, et comme elle se trouvait plus vaste et plus commode, on y transporta le collège.

que retard; le roi se servit de ce prétexte pour nommer le chancelier de Birague ; mais le chancelier s'accommodait assez peu d'un évêché situé à l'extrémité du royaume. Il accepta une pension légère et renonça à toutes ses prétentions. Duchemin, resté enfin paisible possesseur de son siége, marcha d'abord sur les traces de son prédécesseur. Il connaissait comme lui l'art de la guerre. Aussi ne se déchargea-t-il sur personne du soin de réprimer les protestants de Nérac. Il leva des troupes et marcha contr'eux : toutefois, après avoir forcé au repos ses turbulents voisins, il déposa le casque et ne reparut plus parmi les gens de guerre ; mais en renonçant à la guerre, il ne dépouilla pas entièrement son caractère belliqueux. Il eut de fréquents démêlés avec tous ceux qui l'entouraient.

Vers l'an 1600 , les habitants de Condom se plaignirent de lui à l'occasion des élections consulaires et de l'administration de l'hôpital. Les esprits commençaient à s'échauffer, lorsque le prélat se rendit à l'hôtel-de-ville, le 6 février 1601, et y fit entendre un langage si judicieux et en même temps si paternel, qu'il ramena la paix. Ce calme dura jusqu'en 1611, époque où quelques consuls firent de nouvelles entreprises contre ses droits, cherchant à étayer leurs prétentions de la calomnie. Duchemin fit convoquer le conseil de ville et chargea son neveu, dont il venait de faire son coadjuteur, d'y aller présenter sa justification; mais ses ennemis craignant que leurs machinations ne fussent mises à nu, empêchèrent le conseil de se réunir. Le triomphe du prélat ne fut qu'ajourné. Il profita de la solennité de Noël où le peuple se pressait en foule sous les voûtes de la cathédrale. Il monta en chaire et n'eut pas de peine à montrer la justice de sa cause et la pureté de ses intentions. Il fut moins heureux dans quelques autres différends qu'il eut avec les consuls, à l'occasion des préséances dans l'église, avec son chapitre à l'occasion de la justice criminelle et des réparations de la cathédrale, enfin avec son coadjuteur à l'occasion de la pension qu'il s'était obligé à lui payer. Il mourut au milieu de ces tristes luttes, dans le château de Cassagne , le 31 juillet 1614 et fut enterré dans l'église parroissiale du lieu, où il s'était fait bâtir un superbe mausolée. Après sa mort, le chapitre ayant fait saisir tous ses biens, Duchemin de Pontauron, son neveu et son héritier, fut condamné à faire à l'église des réparations qui s'élevèrent, dit-on, à plus de vingt mille écus (1).

(1) Par une transaction du 8 octobre 1617, il s'obligea à consigner trente-six mille livres, parmi lesquelles deux mille sept cent cinquante furent employées à garnir les vitraux de fil de laiton , deux mille six cent ving-six à garnir de verre neuf vitraux, mille deux cents à peindre quatre vitraux, sept mille à orner le chœur, quatre mille à couvrir l'église de plomb , et cinq mille sept cent soixante-trois à l'achat de deux calices d'argent et de quelques meubles d'église.

Antoine de Coux, qui succéda à Jean Duchemin, nâquit à Trignac dans le Limousin, de Philippe de Coux et de Marie Duchemin, sœur du dernier évêque. Son oncle l'attira près de lui presqu'au sortir du berceau, et prit soin de cultiver de bonne heure les heureuses dispositions dont le ciel l'avait doué. Il le nomma chanoine de sa cathédrale, lui fit obtenir une place de conseiller clerc au présidial de Condom, et lorsqu'il l'ordonna prêtre en 1595, il lui conféra la prévôté du chapitre et le titre de vicaire-général. Enfin, à la prière de la reine Marguerite, il le choisit pour son coadjuteur sous la réserve toutefois d'une pension de dix mille francs en faveur du comte de Carmain. La cour de France se prêta sans peine à cette transaction, mais Rome se montra plus difficile. Les bulles se firent attendre. Antoine, pour lever plutôt les difficultés, passa les Alpes accompagné d'un de ses frères, et trouva à Rome le célèbre cardinal Duperron avec lequel il se lia d'amitié. Le crédit de Duperron était grand auprès du St-Siège. Il plaida la cause de son ami, et les bulles furent expédiées. Antoine fut sacré le 25 mars 1604, dans l'église de St-Louis, et prêta serment entre les mains du cardinal Montalte, neveu de Sixte-Quint et doyen du sacré-collége. Après son sacre, il alla placer son épiscopat sous la protection de Notre-Dame de Lorette. Il rentra enfin en France et vint soulager son oncle dans l'administration de son diocèse, dont il fit la visite générale en 1612. Mais bientôt l'harmonie disparut entre les deux parents, et de Coux dut s'éloigner. Il apprit à Toulouse la mort de son ancien bienfaiteur, et s'empressa de reparaître au milieu du troupeau confié désormais exclusivement à ses soins. Toutefois il ne prêta serment à la ville et au chapitre que le 8 août 1616 (1). Il s'attacha d'abord à effacer les traces des dévastations que les Religionnaires avaient laissées sur presque tous les édifices religieux de son diocèse, et après avoir réparé les églises, il répara et agrandit l'évêché. Sujet fidèle et courageux, il déjoua deux fois les projets des rebelles et conserva Condom à la couronne, ce qui lui attira deux lettres de félicitation de la part de Louis XIII. Mais en même temps Pontife ferme et courageux, il soutint hautement les droits du St-Siége

---

(1) Il donna des statuts synodaux à son clergé, régla le service divin dans la chapelle de Montréal et parmi les deux compagnies de Pénitents que possédait alors Condom. Les Communautés religieuses se multiplièrent sous son administration. L'ordre des dates nous donne la fondation du couvent des Observantins à la Montjoie le 17 juillet 1623, des Claristes à Laplume le 3 avril 1626, des Dominicains au Mas-d'Agenais le 11 décembre 1637, des Claristes à Larroumieu, en 1642, et des Ursulines à Auvillars le 25 février 1646, outre le couvent des Ursulines fondé à Condom par la sœur de Verduzan, novice au couvent de Gondrin.

à l'Assemblée du clergé (1625), ce qui lui valut une autre lettre que lui écrivit le cardinal Spada au nom du souverain Pontife. A la piété, de Coux joignait l'amour des lettres et même le culte des muses, au sein desquelles il cherchait un délassement à des travaux plus sérieux. Le collège de Condom se mourait entre les mains de quelques prêtres séculiers. Il appela les Pères de l'Oratoire et leur fit bâtir le bel établissement qui est encore un des ornements de la ville. Tant de travaux n'épuisèrent pas ses libéralités. Les pauvres eurent toujours la première part dans ses largesses; il versa dans leur sein d'abondantes aumônes. Il atteignit ainsi une extrême vieillesse. Ses infirmités qui se multipliaient lui commandaient le repos. Jean Destrades venait d'être nommé au siége de Périgueux. De Coux le détermina à prendre plutôt celui de Condom, sur lequel il se réserva une pension de dix mille livres; mais la translation n'avait pas encore été sanctionnée par Rome, lorsqu'une courte maladie enleva le vieux prélat dans la 91me année de son âge et la 44me de son épiscopat. Il emportait dans la tombe les regrets unanimes de ses diocésains. Sa bonté, sa douceur, son habileté à manier les cœurs lui avaient concilié tous les suffrages (1).

Jean Destrades, appelé à recueillir l'héritage d'Antoine de Coux, était fils de François Destrades, chambellan du roi, et de Suzanne de Secondat de Roques, de la famille qui donna depuis le président Montesquieu à la France. Il obtint ses bulles le 23 février 1648 et fut sacré le dimanche après Pâques dans l'église des Jésuites d'Agen, sa patrie. Barthélemy d'Elbène, évêque de cette ville, présida à la cérémonie, assisté d'Alain de Solminiac, le pieux évêque de Cahors, et de Gilbert de Choiseul, évêque de Comminges. Le nouveau prélat ne se montra à Condom que le Mardi-Saint de l'année suivante. En 1651, il venait de commencer la visite pastorale, lorsqu'il apprit à Larroumieu que sa province l'avait député aux États de Tours. Il rentra aussitôt à Condom et prit le chemin de Paris, où il séjourna longtemps. Durant son absence, la ville fut décimée par la peste. Il mourut en peu de mois, dans son enceinte ou dans les campagnes voisines, près de quatre mille personnes. Les églises furent fermées, la cathédrale elle-même demeura quatre ou cinq mois sans offices. Les habitants avaient abandonné la ville ; ils campaient aux environs

1) Comme les bulles de son successeur n'étaient point encore arrivées, le chapitre nomma des vicaires-généraux et arrêta son choix sur Antoine et Jean de Coux, les deux neveux du prélat, et Gérard Dupuy, un des archidiacres de la cathédrale. Un chanoine étant mort sur ces entrefaites, le chapitre fit acte de jurisdiction et nomma à la place vacante Robert Dupuy, neveu du vicaire capitulaire. Nous ignorons si cette nomination, peu conforme aux Canons, fut maintenue.

dans des huttes. Margean, vicaire-général de l'évêque, s'était retiré à Cassagne, d'où il gouvernait le diocèse. Au milieu du deuil général, le corps de ville implora l'intercession de St-Joseph et fit vœu d'aller processionnellement tous les ans, la troisième fête de Pentecôte chanter en son honneur, dans l'église des Pères de l'Oratoire, une messe à laquelle les consuls et les jurats assisteraient un cierge à la main et feraient leur communion. Le vœu s'accomplit jusqu'en 1781. Alors, durant une procession générale, présidée par l'évêque et faite à l'occasion du jubilé, le supérieur de l'Oratoire n'ayant pas offert l'eau bénite au chapitre, celui-ci se crut offensé. Les consuls entrèrent dans ce froissement d'amour-propre. On se contenta désormais de se rendre à St-Jacques-de-la-Bouquerie et d'y chanter la messe et l'antienne.

Destrades rentra à Condom sur la fin du carême 1654, et y resta jusqu'à la mi-octobre 1658. Il partit alors pour Limoges où il alla attendre l'exécution d'une transaction qui devait lui enlever la charge pastorale. Avant de s'éloigner, il appela près de lui son chapitre et tous les fidèles de la ville, et les entraîna sur ses pas à la chapelle de Notre-Dame pour rendre grâces à Dieu de l'avoir élevé à l'épiscopat et pour lui demander pardon des fautes qu'il avait pu commettre durant son administration. La cérémonie se termina au milieu des larmes. Le prélat partit le lendemain. Il laissait à tous les ordres religieux de sa ville épiscopale des preuves éclatantes de sa piété, et léguait douze mille livres et sa belle bibliothèque aux Pères de la doctrine chrétienne de Nérac, qu'il chargeait de donner tous les ans une mission dans une des paroisses de son diocèse. Il y avait alors à la cour un jeune abbé qui n'avait d'ecclésiastique que la dignité. Charles-Louis de Lorraine, ainsi se nommait cet abbé, était le fils aîné de Charlotte des Essarts, dame de Romorantin, une des nombreuses maîtresses d'Henri IV, et de Louis de Guise, cardinal de Lorraine. Celui-ci, jeté malgré lui dans l'église, s'était contenté de recevoir le sous-diaconat et n'avait jamais voulu y ajouter les autres ordres sacrés. On prétend même qu'un mariage secret le liait à Charlotte; mais ni Rome, ni sa famille ne voulurent reconnaître un pareil engagement. Après la mort du cardinal, la dame de Romorantin, quoique doublement flétrie, contracta une union légitime avec le maréchal de l'Hôpital, gouverneur de Paris. Telles étaient les mœurs sous les derniers Valois : qu'on juge maintenant si la religion pouvait armer les bras à la St-Barthélemy et dans les combats qui suivirent. Tout ne le démontre que trop : c'est ailleurs que dans le sentiment religieux qu'il faut chercher l'origine des guerres du 15e et du 16e siècle. Charles-Louis fut, presqu'au sortir de l'enfance, pourvu de l'abbaye de Chably. Devenu plus grand, il suivit les exemples qu'il avait trouvés chez les auteurs de ses jours, et ne songea qu'aux plaisirs. Ses équipages de chasse étaient les plus beaux de France; ses écuries rivalisaient avec celles des plus puissants seigneurs. Cette dissipation non-seulement épuisa vite son patrimoine, mais amena des dettes si considérables que le nouveau Prodigue fut obligé de quitter la cour.

Le comte Destrades, aimé et considéré de la reine-mère et du cardinal Mazarin, désirait pour lui et pour sa famille une abbaye avec quelque pension. Il proposa un échange entre son frère et l'abbé de Chably. L'affaire traîna en longueur. La maison de Lorraine, qui voulait conserver l'abbaye, fit naître des difficultés. Elle se servit de l'amour-propre du jeune abbé qui se révoltait à l'idée d'obtenir dispense comme enfant naturel. La procédure de permutation avait commencé le 16 juin 1658. Les brefs en furent expédiés dans le mois suivant; cependant le 14 janvier 1659 Charles revint sur sa détermination et révoqua toutes les transactions passées. Il était allé s'enfermer à l'abbaye de St-Magloire, chez les Oratoriens, pour se reconnaître un peu et se préparer à l'épiscopat, ou peut-être pour se soustraire aux poursuites de ses créanciers. Les bons Pères l'engagèrent à garder son abbaye et à fuir une dignité pour laquelle il paraissait si peu fait. C'est sans doute d'après leur inspiration qu'il avait annulé son premier acte ; mais le comte Destrades retourna à la charge. Charles céda aux obsessions et retira son désistement. Ses bulles furent aussitôt expédiées (10 novembre 1659). Le nouvel évêque fit prendre possession de son siége, le 23 mars, par Antoine de Coux et Bernard de Bressolles qu'il établit ses vicaires-généraux. Le 7 juillet suivant, il quitta Paris et fit son entrée à Condom sans aucune pompe. Il donna les ordres aux quatre-temps de septembre et retourna peu après à Paris, où il demeura jusqu'au commencement du carême de l'année 1663. Il y fut affligé d'une grave maladie d'yeux. A ces atroces douleurs, se joignirent les poursuites de ses créanciers qui firent saisir ses revenus. Toutefois il obtint main-levée sur eux en leur abandonnant le tiers de ses rentes.

Après avoir ainsi fait taire la rumeur publique, le prélat partit de Paris dans les premiers jours du carême et arriva à Condom dans la Semaine-Sainte, résolu de travailler sérieusement à remplir ses devoirs et à sanctifier le troupeau qu'il était chargé de conduire. Dans cette vue, il célébra le mardi de Quasimodo un synode diocésain qui dura trois jours. Au commencement du carême suivant, il ouvrit dans Condom une mission dont il présida presque tous les exercices. La croix fut plantée à l'entrée du Pradeau au milieu d'un concours *tel qu'on n'en avait jamais vu de pareil.* Le 1er mars 1665, il alla assister à l'Assemblée provinciale de Bordeaux. L'année suivante, des troubles s'élevèrent au couvent des Claristes de Nérac. L'autorité du Prélat fut méconnue; il fallut l'intervention du roi qui fit enlever la supérieure avec quatre sœurs des plus obstinées. On les conduisit à Laplume, d'où elles furent dispersées dans divers couvents : une supérieure étrangère fut placée à la tête de la maison, et avec elle entrèrent d'autres religieuses plus soumises. Cette révolte en guimpe et en béguin occupa un instant Louis XIV et ses ministres. D'autres oppositions se formèrent contre l'évêque au sein de son chapitre. Comme on ne pouvait le combattre ouvertement, on chercha à le dégoûter de l'épiscopat. Le mauvais vouloir n'eut pas de succès. Le prélat méprisa cette lutte sourde et commença ses visites pastorales; mais trop long-temps étranger à toutes les notions de la piété, il porta dans le ministère apostolique le faste d'un grand seigneur et non la modestie d'un évêque. Sa suite se composait d'environ vingt chevaux et de six moines. C'était grever les presbytères et mal édifier les populations. La fatigue du voyage et la longueur des cérémonies altérèrent une santé déjà trop ébranlée par les emportements de sa jeunesse. A peine rentré dans son château de Cassagne, il tomba malade, et avec la maladie vinrent les pensées graves. La conversion fut cette fois complète. Dès qu'il se sentit mieux, il partit pour Paris afin de régler ses affaires. Il avait commencé à y travailler efficacement, lorsque le 1er juillet 1668, il fut frappé d'apoplexie et enlevé en quelques heures.

Le ciel destinait un ample dédommagement à l'église de Condom, et la vie de Louis de Lorraine allait être vite oubliée à côté de celle de son successeur. Deux mois et demi après sa mort, Louis XIV, par des lettres datées de St-Germain-en-Laye, le 13 septembre 1669, nomma Bossuet pour le remplacer; mais le pape Clément IX étant mort à la fin de cette année, les bulles se firent attendre. Bossuet prêcha, dans cet intervalle, les immortelles oraisons funèbres de la reine d'Angleterre et de la duchesse d'Orléans. Il en envoya une copie à sa nouvelle épouse : c'était sans contredit le plus beau joyau de l'église de Condom. Pourquoi faut-il qu'on n'ait pas veillé avec soin à sa conservation? le président de Périgni étant mort au commencement de septembre 1670, Louis XIV manda Bossuet deux jours après et lui donna la place de précepteur du Dauphin. Cependant les bulles arrivèrent, et Bossuet fut sacré le 21 septembre, à Pontoise, où se tenait alors l'Assemblée du clergé, par les mains de Charles-Maurice Letellier, coadjuteur de Reims. Il envoya aussitôt à Condom Hugues Janon, chanoine de St-Just-de-Lyon, auquel il adjoignit Bernard Bressoles, et les chargea l'un et l'autre de prendre en son nom possession du siége, ce qu'ils firent le 9 novembre 1670. L'administration

V.

diocésaine fut complétement renouvelée. Bressoles devint vicaire-général et eut l'officialité ; de Lagutère (1) fut promoteur. Le nouvel évêque exigea que tous les vicaires, les prêtres et les religieux, en un mot tous ceux qui n'avaient pas charge d'âmes, prissent une nouvelle approbation, qui devait être réitérée tous les six mois, ou au plus dans l'année. Le 7 juin 1671, il fit assembler le synode diocésain. On publia par son ordre des ordonnances dignes de celui qui les avait méditées. Une d'elles établissait la tenue des conférences ecclésiastiques ; une seconde réglait le temps et le mode de ces conférences. C'est à peu près ce que nous pratiquons de nos jours. Seulement, avant de lever la séance, le président donnait la réponse de l'évêché sur les questions proposées à la conférence précédente, et proclamait le sujet de la conférence suivante. Un article de ces ordonnances, qui enjoignait la résidence non seulement aux curés, mais encore aux chanoines sous peine de privation des fruits et même de prison pour les contumaces, souleva le chapitre. Il interjeta appel au parlement de Bordeaux. L'affaire était encore pendante lorsque Bossuet, prévoyant qu'il ne pourrait pas visiter fréquemment son diocèse, se démit, et le roi nomma, le 30 octobre, Jacques de Matignon, abbé de Plessis et doyen de Lisieux. Le diocèse fut néanmoins administré au nom de Bossuet jusqu'au 7 avril 1672. Nous avons recueilli avec un respect religieux tout ce qu'a fait pour Condom un prélat dont le zèle et la piété furent aussi grands que le génie.

Jacques de Matignon fut sacré le 9 avril 1673, et le 25 octobre, vers les onze heures du soir, il arriva presque inopinément dans sa ville épiscopale. Une indisposition l'empêcha de recevoir avant le 30 la visite des corps constitués ; mais, dès son arrivée, il déclara ne pouvoir prêter que debout le serment qu'il devait aux consuls. Ceux-ci l'exigèrent à genoux comme l'avaient rendu Jean Destrades et Louis de Lorraine. Le prélat, piqué contr'eux, leur en témoigna son mécontentement en les faisant attendre dans son antichambre lorsqu'ils vinrent lui pré-

(1) Cet abbé est l'auteur du manuscrit que nous avons cité. Bossuet lui écrivit la lettre suivante, dont la famille Lagutère possède l'original. Paris, 29 déc. 1669. Monsieur, si j'eusse reçeu plustost votre lettre du 1er nov., vous eussiez aussi reçeu plustost vous-même les marques de ma reconnaissance pour les bontés que vous me témoignez. La charge que vous exercez est tellement importante, qu'on peut dire que celui qui s'en acquitte dignement est l'âme d'un diocèse et le soutien de la discipline ecclésiastique. Plusieurs personnes, et entr'autres Monseigneur de Condom l'Ancien, m'ont parlé de vous avec éloge. J'espère que la présence ne diminuera rien de l'estime que j'en ai conçeue et que j'aurai sujet de vous témoigner encore plus amplement que je ne fais à présent que je suis, Monsieur, votre très-affectionné serviteur. L'abbé Bossuet, nommé à l'év. de Condom.

senter leurs premiers devoirs. Il refusa même d'écouter leur harangue sous prétexte de donner audience au présidial. A la vue d'un pareil accueil, les consuls se retirèrent et ne parurent plus dans le palais épiscopal. Les esprits s'aigrirent et le nouvel évêque se retira avec toute sa maison à Nérac, chez les Pères de la doctrine chrétienne. Il passa tout l'hiver parmi eux, il revint à Condom pour y officier durant la Semaine-Sainte et y fixa son séjour. Quelque temps après, il rendit une ordonnance pour mettre en usage les conférences ecclésiastiques décrétées par son prédécesseur. Le prélat était extrêmement libéral : dur et avare pour lui-même, il distribuait presque tous ses revenus aux pauvres et aux églises. Ses charités lui ramenèrent les cœurs, et il emporta les regrets universels, lorsqu'en 1693, il échangea son évêché contre l'abbaye de Foigny. Avant de s'éloigner, il fonda une messe quotidienne dans sa cathédrale et établit dans le séminaire six bourses qu'il affecta à des élèves nés dans Condom. Mathieu Isoré d'Hervaut, fils de Georges, marquis d'Hervaut et de Marie de Roncherolles, appartenant l'un et l'autre à deux des premières familles de France, fut appelé à lui succéder; mais il passa à l'archevêché de Tours avant d'avoir reçu ses bulles, et laissa l'évêché de Condom à Louis Milon, né à Tours d'une ancienne famille de robe. Milon était aumônier du roi, chanoine de St-Martin et prieur de St-Marcel, et des Deux-Jumeaux, lorsqu'il fut promu à l'épiscopat. Il fut sacré à Paris dans l'église des Jésuites le 14 février 1694. Bon et charitable, il fonda un hôpital, qu'il confia aux Filles de la Foi. Il donna aussi à ces religieuses la direction d'un pensionnat, où seraient élevées les filles des hérétiques converties au catholicisme; il rebâtit quelques églises détruites par les Religionnaires et termina le palais épiscopal. Il mourut dans son diocèse au commencement de l'année 1724, âgé de soixante-dix-neuf ans.

Emmanuel-Henri-Timoléon de Cossé-Brissac, vicaire-général de Lyon, lui fut donné pour successeur. Nommé en 1735, il mourut à Paris le 27 avril 1754, âgé de cinquante-neuf ans. Quoique sa naissance lui donnât droit de prétendre aux plus hautes dignités ecclésiastiques, il se contenta du siége de Condom, auquel toutefois il ajouta les abbayes de Fontfroide et de St-Urbain. Louis-Joseph de Montmorency-Laval et Etienne-Charles de Lomenie, si tristement célèbre sous le nom de cardinal de Brienne, n'imitèrent pas sa modération. Ils ne passèrent l'un et l'autre que trois ans à Condom et allèrent s'asseoir l'un sur le siége de Metz, et l'autre, d'abord sur le siége de Toulouse et ensuite sur le siége de Sens. Alexandre-César d'Anteroche, fut appelé à succéder au dernier. Né à St-Flour en 1721, il fut d'abord chanoine de Brioude et devint ensuite vicaire-général de

Cambrai. C'est là que le roi alla le chercher pour lui confier l'église de Condom, trop longtemps négligée sous ses deux prédécesseurs. Il reçut l'onction épiscopale le 5 juin 1763, et ne tarda pas à prendre en main l'administration du diocèse. Il s'occupa d'abord de sa cathédrale qu'il répara et assainit, et de la chapelle de l'évêché qu'il rendit à sa destination première. Il édita ensuite un nouveau catéchisme plus complet et mieux rédigé que l'ancien, et fit réimprimer tous les livres liturgiques de son église. Après ces soins pieux, il travailla à embellir le château de Cassagne et le palais épiscopal dont il bâtit l'orangerie, aggrandit les jardins et planta les cours. Une lutte aussi longue que passionnée, suscitée à l'occasion du droit de justice et de quelques autres prérogatives, vint suspendre ses travaux. D'Anteroche resta vainqueur et honora son triomphe par sa modération. La sénéchaussée de Nérac le députa aux États-généraux; il y repoussa la Constitution civile du Clergé, refusa le serment, et se réfugia à Londres, où il mourut en 1792.

« Le chapitre de Condom se composait d'un prévôt, d'un grand archidiacre, d'un second archidiacre et de douze chanoines, tous à la nomination de l'évêque. Quatre hebdomadiers, quatre grands prébendiers et huit petits formaient le bas-chœur. Le diocèse renfermait deux collégiales, Larroumieu et le Mas-d'Agenais, cent cinquanteune paroisses et cent huit annexes. Le séminaire était sous la direction des Doctrinaires. L'évêque jouissait de 80,000 livres de revenu. »

ÉVÊQUES DE LOMBEZ.

A Bernard d'Ornézan, mort vers l'an 1552, succéda Antoine Olivier, fils de Jean Olivier, seigneur de Leuville, premier président au parlement de Paris et frère de François Olivier, chancelier de France. Il fut en même temps évêque de Digne et abbé de Val en Normandie. Il mourut le 27 février sans qu'on puisse assigner l'année certaine de sa mort : on sait seulement qu'il laissa à l'église de Lombez ses joyaux et des biens très-considérables. Pierre de Lancrau, né dans l'Anjou, le remplaça vers l'an 1551, et bénit à Toulouse, le 7 avril 1577, dans l'église de la Dorade, l'abbé Jean Barrière, fondateur des Feuillants. En 1590, il assista au synode de Toulouse. Huit ans après, il demanda et obtint pour coadjuteur Jean Daffis, prévôt de St-Etienne. Ce fut le dernier acte de son épiscopat; car il mourut le 18 octobre de cette année, âgé, dit-on, de quatre vingt-neuf ans. Avant sa promotion, il avait transcrit en français et fait paraître à Avignon les méditations de Louis Vivès. Daffis fut sacré sous le titre d'évêque d'Aure et siégea jusqu'au 1er février 1614 où il mourut. Il fut enterré dans l'église métropolitaine de Toulouse, qu'il avait aidé à réparer. Il eut pour successeur Bernard, son neveu, conseiller et aumônier du roi, protonotaire apostolique et abbé de Lacaze-Dieu dans le diocèse d'Auch. Bernard reçut l'onction sacrée dans l'église métropolitaine de St-André de Bordeaux, des mains du cardinal François de Sourdis. Il mourut dans le mois de janvier 1628, et fut remplacé à son tour par Jean Daffis son neveu. On vante de celui-ci la prudence, la science et la pureté des mœurs. Il termina sa carrière le 16 novembre 1655. Le siége vaqua alors quelque temps. Nicolas Le Maître, professeur de Sorbonne et prédicateur du roi, fut désigné pour l'occuper ; mais il mourut le 14 octobre de cette année avant d'avoir été sacré. Louis XIV désigna aussitôt Jean-Jacques de Seguier de La Verrerie, qui fut préconisé à Rome le 27 février 1662 et sacré dans l'église de la Sorbonne le 6 août. Le nouveau prélat possédait aussi les abbayes de la Lyre et de Livri. Il siégea jusqu'en 1671, époque où il fut transféré à Nîsmes.

Cosme Roger, moine feuillant et prédicateur célèbre, le remplaça à Lombez. Sa voix se fit longtemps entendre dans les diverses chaires de la capitale, et son éloquence y remporta de glorieux triomphes. Il prêcha trois fois, avec un nouveau succès, l'Avent et le Carême devant Louis XIV et toute sa cour. Le monarque fut si ravi de ses talents qu'il en fit son ambassadeur auprès du duc de Toscane. Roger devint ensuite général de son ordre et enfin évêque de Lombez. Il fut sacré dans l'église des Feuillants le 30 janvier 1672 par l'archevêque de Paris, assisté des évêques d'Amiens et de Tarbes. Il se rendit au milieu de ses ouailles l'année suivante, et, pour ne pas abandonner un troupeau qu'il aimait, il refusa un évêché plus considérable. Il mourut le 20 décembre 1680 à l'âge de quatre-vingt-quinze ans, après avoir partagé son héritage entre les pauvres, le séminaire et ses parents. On l'ensevelit dans son église avec cette simple épitaphe qu'il avait dictée lui-même. *Priez Dieu par charité pour l'âme de feu Cosme Roger, ci-devant évêque de Lombez.* Le 5 avril suivant, Louis XIV donna cet évêché à Antoine Fagon, fils de Guy Armand Fagon, son premier médecin. Antoine fut préconisé à Rome le 16 mars 1712, et reçut l'onction épiscopale le 22 mai suivant, dans la chapelle de l'archevêché de Paris, par les mains du cardinal de Noailles. Il permuta cinq ans après son siège contre celui de Vannes.

Charles Guillaume de Maupeou, oncle d'Augustin, archevêque d'Auch, passa ainsi de Vannes à Lombez. Il obtint en 1732 la riche abbaye de Lezat, et mourut à Lombez le 17 février 1751 à l'âge de soixante-onze ans. On l'ensevelit avec une grande pompe dans l'église cathédrale. Sa ville épiscopale lui doit le pont qui joint les deux rives de

la Save et la belle avenue qui conduit à Samatan. Jacques Richié de
Cerizi, vicaire-général de Rouen, fut appelé à lui succéder, quoiqu'à
peine âgé de trente-deux ans. Son épiscopat fut plus court que ne
laissait présager l'âge où il entrait, car il mourut à Montpellier le
14 juillet 1771. Il était aussi abbé commandataire de Chage dans le
diocèse de Meaux. Léon-François de Salignac de Lamothe-Fénélon,
petit neveu du célèbre archevêque de Cambrai, s'assit après lui sur
le siége de Lombez. Il nâquit le 30 mai 1734, devint aumônier du
roi dès qu'il eut été promu au sacerdoce, fut nommé quatorze ans
après à l'évêché de Lombez et reçut l'onction épiscopale le 21 décembre 1751 dans la chapelle de Versailles. Héritier des vertus de
l'immortel archevêque de Cambrai, son grand oncle, il fit aimer et
bénir son administration. Il mourut aux eaux des Pyrénées, en
1787, à peine âgé de cinquante-trois ans. Dieu voulut sans doute lui
épargner la terrible épreuve qu'il préparait à l'épiscopat français.
Le célèbre abbé Maury fut un de ses vicaires-généraux. Alexandre-
Henri de Chavigny de Blot ferme la liste des évêques de Lombez.
Il nâquit le 11 janvier 1751, entra jeune dans l'état ecclésiastique et
fut sacré le 30 mai 1788. Il prit bientôt la route de son diocèse où
il fut reçu avec la plus grande pompe et avec les transports de la joie
la plus vive. Le ciel n'avait jamais paru ni plus riant ni plus beau.
Rien ne laissait pressentir encore la tempête qui allait fondre sur
l'Église et disperser les pierres du sanctuaire. Henri de Chavigny
quitta la France en 1790 et ne survécut pas à son exil; il mourut en
1805, à Londres, où il s'était retiré.

La cathédrale de Lombez est dédiée à la Ste-Vierge. Le chapitre se
composait de douze chanoines nommés alternativement par l'évêque
et par le prévôt, et de vingt-quatre prébendiers. La ville possédait des
Capucins, des Capucines et des Bernardins. Il y avait des Cordeliers
et des Minimes à Samatan : enfin, le diocèse se composait de cent
paroisses et ne comptait qu'un prieuré, celui de Touget, sans aucune
abbaye. L'évêque jouissait de 20,000 livres de revenu (1).

En parcourant la série des prélats que nous venons de placer sous
leurs yeux, nos lecteurs ont pu se convaincre comme nous que, bien
différent de ce que nous l'avons vu à la naissance du protestantisme,
l'épiscopat, du moins dans la Gascogne, ne montra peut-être jamais
plus de lumières et de vertus que lorsque la houlette pastorale fut
brisée dans ses mains. A Lescar, Marc-Antoine de Noé, à Dax, Le
Quien de la Neuville, Le Gain de Montagnac, à Tarbes, de Cahusac
de Caux, à Aire, Grégoire de St-Sauveur, à Bazas, ne le cédaient

(1) Nous avons emprunté à l'abbé Du Temps les alinéa guillemetés qui terminent
les divers évêchés, excepté ceux qui concernent Auch, Condom et Lombez.

en rien à leurs plus illustres prédécesseurs, et si quelques-uns de leurs collègues n'occupaient pas leur siége avec autant de distinction, il n'en était du moins aucun dont la vie déshonorât le caractère sacré. Leur métropolitain marchait dignement à leur tête. Jusque là, on n'avait vu dans lui qu'un prélat de mœurs douces, d'une piété tolérante, d'un cœur facile et bon. Rien encore n'avait révélé cette noble fermeté, ce courage calme et grave qu'il déploya dans la grande lutte, devant laquelle s'arrête notre histoire.

L'Assemblée nationale, en décrétant la Constitution civile du Clergé, ouvrit dans chaque mairie un registre sur lequel les ministres du culte devaient aller déposer leur adhésion ou motiver leur résistance. L'archevêque obéit à cette prescription ; il se rendit à l'hôtel-de-ville d'Auch, accompagné de son secrétaire et de l'abbé Darret, un de ses vicaires-généraux. On lui présenta le registre et il écrivit de sa main la déclaration suivante : « Je déclare que ma conscience, mon honneur et l'intérêt spirituel de mes diocésains, mon amour pour la patrie, mon dévouement à la personne sacrée du roi, mon attachement sincère à tous mes concitoyens me défendent de prêter le serment tel qu'il est exigé par le décret du 27 novembre 1790. J'espère que je donnerai toujours l'exemple du respect que tout citoyen doit à l'autorité et à l'ordre public. Au surplus, je suis tellement convaincu, et il est tellement vrai que l'autorité temporelle, quelle qu'elle soit, ne peut pas déposer un évêque, que je ne cesserai jamais de me regarder comme archevêque d'Auch jusqu'à ce que l'Église m'ait dépouillé de ma qualité de métropolitain et ordonné de quitter mon siége. » Et il signa *Louis-Apollinaire, archevêque d'Auch*, quoique le décret lui imposât le titre d'évêque du département du Gers. En réponse à quelques questions de M. le Maire, il ajouta que les décrets portés par l'Asemblée touchant l'Église, étant contraires à la foi et à la décision des évêques, seuls juges en matière religieuse, il ne pouvait prêter serment de les faire observer. L'abbé Darret fut encore plus explicite, et conclut en disant que, sur environ trois cent soixante curés que comptait le diocèse, trois cents au moins suivraient l'exemple de leur archevêque. L'abbé Darret n'avait pas trop présumé du clergé d'Auch. Le chiffre des curés assermentés fut loin de s'élever jusqu'à soixante. Le langage des deux confesseurs de l'Évangile était trop ferme et trop énergique pour ne pas exciter des récriminations parmi des gens prévenus. L'abbé Darret fut décrété de prise de corps et incarcéré. On se contenta d'ajourner l'archevêque. Il en reçut la nouvelle sans la plus légère émotion. Au jour fixé, il comparut devant la commission chargée de l'entendre. Son chapitre tout entier voulut se serrer autour de son chef et l'accompagner dans une occasion aussi solennelle. Le président de la commission était une des gloires du barreau d'Auch. Il accueillit le prélat avec les égards dûs à son caractère sacré, à son rang et à ses vertus, et se montra satisfait des explications qui lui furent données.

Cependant, la persécution avait grandi rapidement. L'Assemblée nationale interdit à tout ministre du culte, non assermenté, l'exercice de ses fonctions sous des peines sévères. L'archevêque osa braver une défense que la religion ne saurait reconnaître. Les Quatre-Temps du Carême approchant, il déclara qu'il ferait l'ordination marquée par les Canons. On accourut de plusieurs diocèses voisins, dont les prélats avaient déjà quitté la France. La cérémonie eut lieu à la chapelle du palais et durant la nuit. Là, tout était de la primitive Église, et le pontife, et les lévites, et le dévoûment, et la piété. Rien n'y manqua, pas même les ténèbres et le mystère. Jamais ordination n'avait été plus nombreuse. On y compta, dit-on, près de deux cents ordinands. La tribu sacerdotale s'est toujours multipliée sous les persécutions. Mgr Double, le prédécesseur immédiat de l'évêque actuel de Tarbes, y fut promu au sacerdoce. L'autorité civile, instruite vaguement de ce qui devait se passer, fit environner de troupes le palais dès trois heures du matin. Mais la cérémonie, commencée un peu avant minuit, s'était terminée à deux heures, et le palais était vide de tous les étrangers; l'archevêque lui-même l'avait quitté pour ne plus y rentrer. Il y laissait pour dernier souvenir un acte de piété et de courage. La noble et antique race des comtes d'Armagnac s'éteignit sur un champ de bataille à la journée de Cérignolles. La liste des anciens archevêques d'Auch se clôt à l'ordination du 19 février 1791. C'était presque rivaliser entr'eux de gloire et de bonheur à leurs derniers moments comme ils avaient rivalisé d'autorité et de puissance aux jours de leur prospérité. Toujours, du moins, c'était trouver la fin qu'ambitionnaient sans doute le grand seigneur et le prélat. L'archevêque partit dans la matinée pour Garaison, maison dépendante alors de son diocèse, mais située dans le nouveau département des Hautes-Pyrénées. Il y séjourna peu. Néanmoins, durant ce court séjour, il fit dans une chapelle solitaire du voisinage une seconde ordination presque aussi nombreuse que la première. Comme à Auch, la cérémonie eut lieu durant la nuit. Elle commençait à peine, lorsqu'on entendit les pas précipités d'un cheval traversant rapidement le bois au milieu duquel se cachait la chapelle. Bientôt la porte est secouée; on se regarde, on s'effraie et l'on ouvre avec quelque précaution. Tout se calma aussitôt. On reconnut l'abbé Dartet, mort depuis vicaire-général d'Auch : d'autres disent un diacre de Foix ou de Pamiers. Parti de loin, il n'avait pu arriver plutôt, et il venait recevoir le sacerdoce qui lui fut conféré.

Après ce second acte de courageuse résistance à un décret inique,
l'archevêque dut fuir; mais il ne s'éloigna qu'autant qu'il le fallait
pour échapper à ses persécuteurs. Il s'arrêta dans la vallée d'Aran et
y fit une troisième ordination, où l'on vit affluer des lévites des diverses parties de la France. Cette inébranlable fermeté éveilla les
susceptibilités des nouveaux ministres imposés à l'infortuné Louis XVI.
Ils réclamèrent auprès du gouvernement espagnol, et M\ de Latour-
du-Pin fut encore contraint d'abandonner cet asile. Plusieurs prélats
de la Péninsule l'engagèrent à venir partager leur palais, mais il
refusa leurs offres, et alla s'enfermer dans le célèbre monastère de
Montserrat, dont il édifia les plus fervents religieux par sa vie
apostolique. Du fond de sa retraite, il veilla non seulement sur son
diocèse, mais encore sur les diocèses dépendants de sa métropole qui
perdirent leurs premiers pasteurs. Enfin, des jours meilleurs luirent
sur la France. Bonaparte, devenu premier consul, rouvrit les temples et conclut avec Rome un concordat qui asseyait l'Église gallicane
sur des bases nouvelles. Le Souverain-Pontife demanda à tous les
évêques la démission de leur siége. M\ de Latour-du-Pin s'empressa
d'adhérer à l'invitation de Pie VII, et rentra dans sa patrie. Il croyait
avoir déposé pour toujours le fardeau de l'épiscopat; mais l'intérêt de
l'Église et les instances du cardinal Fesch le déterminèrent bientôt
à le reprendre. Il devint, à Troyes, le successeur de Marc-Antoine
de Noé, un de ses anciens suffragans. Celui-ci s'était arrêté peu en
Espagne et était passé en Angleterre. Il y publia, en 1801, une édi-
tion de ses œuvres. La même année, il donna sa démission pour fa-
ciliter l'exécution du concordat. Après cet acte, il rentra en France
et fut nommé dans le mois d'avril 1802 à l'évêché de Troyes; mais à
peine eut-il pris possession de sa nouvelle église, qu'il fut emporté
par une maladie rapide (22 septembre 1802), au moment où le gouvernement français venait de le présenter pour un chapeau de cardinal.
Quoiqu'il n'eût fait que se montrer à Troyes, il y fut vivement regretté. Il aimait les lettres qu'il cultivait avec fruit, savait l'hébreu et
le grec, et possédait à fond tous les grands modèles de l'antiquité
chez lesquels il avait puisé cette élégance de style et cette pureté de
goût qui font le charme de ses productions. M\ de Latour-du-Pin,
chargé de recueillir son héritage, parut à Troyes le dimanche 6 janvier 1803. La simplicité de ses mœurs, le charme de sa conversation,
sa charité envers les pauvres pour qui il avait une affection vraiment paternelle, la sagesse et l'habileté avec laquelle il réorganisa le
diocèse, lui gagnèrent promptement tous les cœurs. Il commençait à
goûter le fruit de ses travaux, lorsqu'une attaque d'apoplexie l'enleva subitement le 28 novembre 1807, à peine âgé de 63 ans. Quel-

ques jours avant sa mort, il venait d'être élu sénateur, et son élection
eût été certainement ratifiée par l'empereur Napoléon, qui lui avait
déjà donné de nombreuses preuves d'une estime toute particulière.

Les évêques de Comminges et de Lescar, d'Osmond et Le Quien
de la Neufville, furent aussi appelés à prendre rang parmi les prélats,
destinés à guérir les blessures de l'Église de France. D'Osmond s'é-
tait retiré en Angleterre, d'où il envoya sa démission au St-Père.
Étant alors rentré en France, il fut aussitôt nommé à l'évêché de
Nancy. L'empereur le transféra, en 1810, à l'archevêché de Florence;
mais cette translation ne fut point reconnue par Rome. Après avoir
passé trois ans en Italie, le prélat retourna à Nancy, et mourut sur
ce siége le 27 septembre 1823. Le Quien de la Neufville refusa d'a-
bord l'évêché de Poitiers, comme il avait refusé avant la révolution
des siéges plus importants ou plus riches que celui de Dax. Néanmoins, on parvint à vaincre sa répugnance; mais sa santé, déjà affai-
blie par la douleur et par l'exil plus encore que par les années,
s'étant altérée davantage au milieu de la violence faite à sa modestie
et à son attachement à ses anciennes ouailles, il fit aussitôt agréer sa
démission. Il vécut trois ans encore au sein d'une famille vénérée
dont il était la gloire, et mourut le 28 octobre 1805. Le pieux d'Aviau
de Sanzai, archevêque de Bordeaux, présida à ses funérailles; et quatorze ans après, quand on transporta ses dépouilles mortelles du cimetière de Conon dans l'église paroissiale de ce village, il voulut
encore présider lui-même à cette translation.

L'évêque d'Aire revit aussi la France, mais plus tard que ses quatre
collègues. Il fut du petit nombre des prélats qui refusèrent leur démission en 1801. Il adhéra à la lettre du 26 mars 1802, et signa les
réclamations communes de 1803. Mais loin de chercher jamais à en-
traver l'administration, qui avait remplacé la sienne, il lui donna ses
pouvoirs; c'était en ratifier les actes. Les événements de 1814 le ramenèrent dans sa patrie, d'où il écrivit au pape pour expliquer sa
conduite. Il fit alors sa démission, en exigeant toutefois, dit-on, que
l'évêché d'Aire fût rétabli. Il paraît qu'il refusa lui-même de s'asseoir sur un des principaux siéges de France. Ce qui est certain, c'est
que le malheur avait fortifié sa piété, et qu'il passa la fin de ses jours
dans la pratique de toutes les vertus. Il mourut subitement à Paris
dans la nuit du 30 octobre 1823. En lui s'éteignait le dernier évêque
de la Gascogne, qui eût fait partie de l'ancien Clergé.

                        FIN DE LA NOTICE.

ITINÉRAIRE ET SÉJOURS D'HENRI IV EN GASCOGNE,

DEPUIS L'AN 1568, 15ᵐᵉ DE SON AGE.

Dans les six premiers mois, on le trouve à Sauveterre, à Salies, où il loge dans la maison de Banère, jurat de la ville; à Orthez; le 7 juillet, il est à Nérac; le 11, à Pau; dans le mois d'août, à Vic-Bigorre, puis à Nérac, à Casteljaloux; dans le commencement de septembre, à Tonneins et à Aymet.

1569. Décembre. Du 10 au 15, au Port-Sainte-Marie.

1571. Le 31 août, à Cadillac; le 11 septembre, à Pau; le 7 décembre, à Nérac; le 11, idem; le 18, idem; le 20, idem.

1572. Le 2 mars, à Nérac; avril, en Béarn.

1576. Le 2 août à Lauzun; du 7 au 15, à Agen; le 16, à Astafort et à Lectoure; du 17 au 24, idem; 25 et 26, dîne, soupe et couche aux champs; 27, à Fleurance; 28, idem et à Eauze; du 29 au 31, à Eauze; 1ᵉʳ et 2 septembre, idem; 3, dîne aux champs, soupe et couche à Gimont; 4, idem; 5, idem et à l'Isle-Jourdain; du 6 au 8, idem; le 9, dîne chez le sʳ de Fontenilles; soupe et couche à l'Isle-Jourdain; du 10 au 15, idem; 16, il dîne idem, soupe et couche à Gimont; 17, id.; le 18, à Puycasquier et à Lectoure; du 19 au 24, idem; le 25, idem, à Francescas et à Nérac; le 26, à Nérac; le 27, idem; le 28, idem; le 29, dîne à la Tour d'Avance, soupe et couche à Nérac; le 30, idem; le 1ᵉʳ et 2 octobre, idem; le 3, dîne à la Tour d'Avance, soupe et couche à Nérac; le 4 et 5, idem; le 6, dîne à Barbaste, fait une excursion à Agen, soupe et couche à Nérac; le 7, idem; le 8, dîne à la Tour d'Avance; soupe et couche à Casteljaloux; du 9 au 11, idem; le 12, dîne à Fargues, soupe et couche à Casteljaloux; le 13, idem; le 14, dîne à Fargues, soupe et couche à Nérac; le 15 et le 16, idem; du 17 au 21, à Agen; du 22 au 31, idem; 1ᵉʳ au 11 novembre, à Agen; le 12, à Dunes et à Auvilar; du 13 au 15, idem; du 16 au 30, à Agen; du 1ᵉʳ au 9 décembre, à Agen; le 10 et le 11, à Tonnes ou peut-être Tonneins; du 12 au 31, à Agen.

1577. Janvier. Le 6, à Agen; le 13, idem; le 22 et 23, à Ste-Bazeille. Février. Du 1ᵉʳ au 20, à Agen; le 21, dîne à La Plume, soupe et couche à Agen; du 22 au 28, idem; passe à Bassoues, le 8 mars. Avril. Du 1ᵉʳ au 3, à Agen; le 4, dîne idem, soupe et couche à Lectoure; le 5, idem; le 6, dîne idem, soupe et couche à Fleurance.

Avril. Le 7, dîne idem , soupe et couche à Vic-Fezensac ; le 8, dîne idem, soupe et couche à Nogaro; le 9, idem; le 10, dîne idem , soupe et couche à Aire; le 11, idem; le 12 dîne idem, soupe et couche à No- garo; le 13, dîne idem, soupe et couche à Mezin ; le 14, à Nérac; le 15, dîne idem , soupe et couche à Agen; du 16 au 21, idem ; le 22, déjeune idem, soupe et couche à Fleurance; le 23, déjeune idem, soupe et couche à Barran; le 24, dîne idem , tout le jour devant Mirande , soupe et couche à Barran; le 25, dîne idem, soupe et couche à Jegun, le 26, idem; le 27, il est à Fleurance; le 28, dîne à Lectoure, soupe et couche à Agen; le 29 et le 30, il est idem. Juin. Le 14, idem; le 28, idem. Juillet. Le 5, à Montauban; le 21, à Agen; le 27, idem. Août. le 18, à Bergerac; le 21 idem; le 22, idem. Octobre. Du 1er au 19, à Agen; le 20, idem , soupe à Nérac; le 21, dîne à la Tour d'Avance, soupe et couche à Nérac; le 22, dîne idem , soupe et couche à Agen ; le 23 et 24, idem; le 25, dîne idem, soupe et couche à Nérac; du 26 au 31 , idem. Novembre. Le 4, à Nérac; le 8, idem; le 17, à Berge- rac, où il assiste à la lecture de l'édit de pacification; le 20, à Nérac. Décembre. Tout le mois à Lectoure.

1578. Janvier. Le 12, à Lectoure. Février. Le 1er, idem. Mars. Le 6, à l'Ile-Jourdain; du 6 au 14 , à Mazères; le 14, à Avignon, en Lauraguais; le 22, à Foix; le 25, à Pamiers. Avril. Le 20, à Nérac ; le 25, idem. Mai. Le 7 et le 16, à Nérac; le 29, à Agen. Juin. Le 12, à Nérac; le 30, à Montauban. Juillet. Le 3, idem; le 6, le 13 et le 18, idem. Août. Le 6, le 10, le 19, le 21, à Montauban , Septembre. Le 1er, idem; le 16, idem; le 23, idem. Octobre. Le 10 et le 14, il est à Nérac . . . . . à Auch . . . . . à Fleurance; le 23, à Agen. Novembre. Le 16, il est à Mauvezin. Décembre. Le 6, le 9 et le 18, à Nérac.

1579. Janvier. Du 1er au 28 , à Nérac, Février. Du 1er au 29 , à Nérac. Mars. Le 5, le 6, le 24 , à Nérac. Avril. Le 1er, à Nérac; le 2, dîne à la Fosse (la Fox, la Fot), près Agen, soupe et couche à Va- lence; le 3, id.; le 4, dîne et couche à St-Nicolas; le 5, dîne id., cou- che à Beaumont-de-Lomagne. Avril. Le 6, il est id.; le 7, dîne à Solo- miac, couche à Mauvezin ; le 8, dîne et soupe au château de St-Ger- mier, couche à l'Isle-Jourdain ; du 9 au 12, idem; le 13, dîne à St-Lys, soupe et couche à Muret; le 14, dîne à Cauzac, soupe et couche à Ma- zères; le 15 et le 16, idem; le 17, dîne à Saverdun, soupe et couche à Mazères; du 18 au 20, idem ; du 21 au 27, au château de Marquain; le 28, dîne idem, soupe et couche à Mazères; le 29 et 30, idem. Mai. Du 1er au 4, idem; le 5, au Mas-Saintes-Puelles; le 6 et le 7, à Ma- zères; le 8, dîne à Montréal, près Carcassonne, soupe et couche à Ma- zères; 9 et 10, idem; le 11, dîne idem, soupe et couche à Pamiers; le 12 et le 13, idem; le 14, dîne à Varcilles, soupe et couche à Foix; le

15, à Foix; le 16, dîne idem, couche à Pamiers ; le 17, idem; le 18,
dîne à Saverdun, soupe et couche à Lezat; le 17, dîne à Rions, soupe
et couche à St-Elix; le 20, idem; le 21, dîne à St-Martory, soupe et
couche à St-Gaudens; le 22, dîne idem, soupe et couche à Montrejau;
le 23, dîne à Lannemezan, soupe et couche à Tournay; le 24, dîne
idem, soupe et couche à Tarbes; le 25, dîne à Tarbes, couche à Pontac; le 26, dîne à Coarrase, soupe et couche à Pau; les 27, 28, 29, 30,
31, à Pau. Juin. Du 1er au 9, à Pau; le 10, dîne à Denguin, soupe et
couche à Orthez; le 11, idem ; 12 et 13, à Pau ; le 14, à Nogaro; du
15 au 18 à Nérac; du 19 au 30, à Eauze. Juillet. 18, à Montauban;
le 24, idem; le 29, idem. Août. Le 7, à Nérac; le 22, idem. Septembre. Du 1er au 3, à Nérac; le 4, dîne à Eauze, couche à Viéla; le 5,
dîne à Morlas, couche à Pau; 6 et 7, idem; le 8, dîne idem, soupe et
couche à Conches; le 9, dîne à Eauze, couche à Nérac; du 10 au 22,
idem; le 23, dîne à Fargues, soupe et couche à Casteljaloux ; le 24,
idem; le 25, idem, couche à Nérac; du 26 au 30, idem. Octobre. Du
1er au 11, à Nérac; le 12, dîne à Bruch, soupe et couche à Tonneins;
le 14, à Nérac; les 15, 16, 17, 18, 19, 20, à Nérac; le 21, dîne à Ville-
franche, soupe et couche à Tonneins; le 22, dîne à Villeton, soupe et
couche à Tonneins; le 22, dîne à Villeton, soupe et couche à Tonneins; le 23, idem; le 25 jusqu'au 31, à Nérac. Novembre. Du 1er au
6, à Nérac; le 7, dîne à Durance, soupe et couche à Nérac; du 8 au
11, idem; le 12, dîne à Francescas, couche à Lectoure ; le 13, dîne à
Puycasquier, soupe et couche à Gimont; le 14, dîne et couche à
St-Lys; le 15, dîne à Gratens, soupe et couche à Rions; le 16, à Lezat;
le 17, dîne à Saverdun, soupe et couche à Mazères ; du 18 au 22, à
Mazères (Ariège); du 23 au 25, à Pamiers; du 26 au 30, à Labastide
de Sérou. Décembre. Le 1er et le 2, à Pamiers; du 23 au 28, à Nérac;
le 29, aux champs; 30, à Auterrive; 31, à Mazères (Gers).

1580. Janvier. 10, à Mazères; 14, id.; 24, à Nérac, 27 à Nérac et à
Mazères (Barran). Février. Le 1er, dîne à Durance, soupe et couche à
Nérac; 2 et 3, id.; 4, dîne à St-Julien; 6 et 7, à Nérac; 8, dîne à Villeton, soupe et couche à Callonges; 9, dîne id.; du 10 au 19, à Nérac,
20 au 29, id. Mars. Du 1er au 7, à Nérac; 8, dîne idem, soupe et couche à Casteljaloux ; 9, idem : du 10 au 13, à Nérac; 14, dîne idem,
soupe et couche à Sos; le 15, dîne idem, soupe et couche à Eauze; 16,
idem; 17, dîne à Sos, soupe et couche à Nérac; du 18 au 30, idem;
31, dîne à Francescas. Avril, 4 et 9, à Nérac; 13, à Lectoure; 15 et 16,
à l'Isle-Jourdain; 20, à Nérac; 30, à Casteljaloux. Mai. 9, à Lectoure;
12, 17, 26, à Nérac. Juin. 14, idem; 15, idem et Casteljaloux ; 18,
Mas-d'Agenais. Juillet. Le 1er, soupe idem, couche à Tonneins; du 2
au 9, idem; du 19 au 31, à Ste-Foix. Août. Du 1er au 5, idem; du 13

au 15, à Lévignac; du 16 au 21, à Nérac; du 25 au 30, idem. Septembre. Le 2 et 3, à Lectoure; 11, à Fleurance. Octobre. Le 25, au château de Fleis. Novembre. Les 2, 5, 8, 16, idem.

1581. Janvier. Du 10 au 13, à Castillon; 18, à Castex; 19, dîne idem, soupe et couche à Bazas; du 20 au 22, idem; 23, dîne à Langon, soupe et couche à Cadillac; il y reste un mois. Février. Le 22, soupe idem; le 23, dîne à Bazas, soupe et couche à Casteljaloux; le 24, idem; les 25 et 26, à Bazas; 27, dîne à Langon; le 28, à Cadillac; Mars. Du 1er au 4, à Casteljaloux; le 4, soupe et couche à Bazas; le 5, dîne à Bazas et couche à Cadillac, où il reste jusqu'au 16; le 16, soupe et couche à Bazas; le 17, dîne à Captieux, soupe et couche à Roquefort de Marsan; le 18, dîne à Grenade, soupe et couche à Geaune; le 19, dîne à Thèse, soupe et couche à Pau; du 20 au 26, id.; le 27, dîne à Monein, soupe à Navarrens; du 28 au 30, id.; le 31, dîne à Monein, soupe et couche à Pau. Septembre. Le 8, dîne à Samazan, couche à Casteljaloux; le 9, idem; le 10, dîne à Fargues; le 13, dîne à Réaux; le 21, dîne à Durance; le 30, dîne à Fargues. Octobre. Le 13, dîne à Xaintrailles. Décembre. Le 25, à Casteljaloux.

1582. Avril. Le 26, dîne à Tonneins. Mai. Du 2 au 4, à Casteljaloux; le 5, dîne à St-Justin, soupe et couche à Pau; du 6 au 27, à Pau; le 28, dîne à Conques, soupe et couche à Nogaro; le 29, dîne à Sos, soupe et couche à Nérac. Septembre. Du 22 au 30, à Pau.

1583. Janvier. Le 10, dîne à Eauze, soupe et couche à Nogaro; le 11, dîne à St-Jean-Poutge, soupe et couche à Pau, où il reste jusqu'au 16; le 16, dîne à Coarraze, soupe et couche à Pau; le 18, soupe et couche à Navarrens; le 19, dîne à Navarrens, soupe et couche à Orthez; le 20, dîne idem, soupe et couche à Hagetmau; le 21, dîne à Villeneuve, soupe et couche à Labastide; le 22, dîne à Reaux, soupe et couche à Nérac. Février. Le 3, à Casteljaloux; le 4, dîne à Marion, soupe et couche à Bazas; du 5 au 12, idem. Mars. Le 2, dîne à Xaintrailles, couche à Tonneins. Mai. Le 14, dîne à Barbaste; le 21, au moulin de la Vacquière; du 27 au 29, à Tombebœuf. Juin. Le 19, dîne et soupe à Labastide; le 20, dîne et soupe à Grenade; les 21 et 22, à Hagetmau; du 23 au 27; à Pau; le 28, dîne à Coarraze, couche à Pau. Juillet. Du 1er au 3, à Hagetmau; le 5, dîne à Villeneuve, couche à St-Justin; du 16 au 18, à Bazas; le 20, dîne à Castets, soupe à Bazas; du 23 au 24, à Langon; le 25, dîne idem, soupe à Montferrant; le 26, dîne idem, soupe à Roquetaillade; le 27, à Bazas; le 28, dîne à Trazitz, soupe et couche à Bazas. Septembre. Du 1er au 4, à Pau; les 5 et 6, à Coarraze; du 7 au 23, à Pau; les 24 et 25, à Aigues-Caudes. Octobre. Les 13 et 14, à Hagetmau; du 15 au 20, à Tartas; le 21, dîne à Castets, soupe et couche à Soustons; le 23, idem;

du 27 au 4 novembre, à Tartas; le 5, dîne à St-Cric, soupe et couche à Hagetmau; du 6 au 14, à Pau; le 15, à Hagetmau; le 16, dîne à Cazères, soupe et couche à Nogaro ; le 17, dîne à Eauze, soupe et couche à Nérac; le 21, à Gavarret.

1584. Du 22 au 9 janvier il rêste presque toujours à Mont-de-Marsan ; le 9, soupe et couche à Roquefort ; le même jour, il couche et soupe au Mont-de-Marsan, où il reste jusqu'eu 17 ; du 17 janvier au 31 mars, il reste presque constamment à Pau ; le 8 avril, à Nogaro ; le 12 mai, dîne à St-Jean-Poutge, soupe et couche à Nogaro ; le 13, dîne à Sos, soupe et couche à Nérac ; du 18 au 22, à Lectoure ; les 23 et 24, à Astafort; le 25, à Lectoure ; le 26, dîne à Lectoure, soupe et couche à Roquelaure; le 27, dîne à Roquelaure, soupe et couche à Vic-Bigorre ; les 28 et 29, à Pau ; le 30, dîne à Bassoues, soupe et couche à Barran; le 31, à Mauvezin. Juin. Le 1er, à Pau; du 4 au 12, à l'Isle-Jourdain; le 27, dîne à Cazères, soupe et couche à Encosse; le 30, dîne à Tarbes, soupe et couche à Pau. Juillet. Le 13, à Lectoure. Août. Le 2, dîne à Gimont, soupe et couche à Roquelaure; le 3, dîne à Roquelaure, soupe et couche à Lectoure ; le 4, dîne à Francescas, soupe et couche à Nérac ; le 7, dîne à Grenade, soupe et couche à Hagetmau; du 8 au 10, à Hagetmau; le 11, dîne à Grenade, soupe et couche à St-Justin; le 15, dîne à Fimarcon, soupe et couche à Lectoure ; le 16, dîne à Miradoux, soupe et couche à Auvillars. Septembre. Le 13, dîne à Castelfereux, soupe et couche à Vic-de-Lomagne ; du 14 au 17, à Lectoure. Novembre. Le 18, à Mont-de-Marsan.

1585. Février. Du 1er au 14, à Pau ; le 15, soupe et couche à Arzac ; le 16, dîne à Arzac, soupe et couche à Hagetmau; les 17 et 18, à Hagetmau ; le 19, dîne à Grenade, soupe et couche à St-Justin; le 23, dîne à Ligardes, soupe et couche à Lectoure ; le 24, à Lectoure ; le 25, dîne à Vic-de-Lomagne, soupe et couche à Terride. Avril. Le 13, dîne à Bourrec, soupe et couche à Vic-de-Lomagne ; les 2 et 3, à Lectoure. Juin. Les 11 et 12, à Nérac ; le 14, idem ; le 15, part de Nérac, dîne et couche à Lectoure ; le 16, à Lectoure ; le 17, part de Lectoure, couche à Vic-Fezensac ; le 18, part de Vic-Fezensac, couche à Pau ; le 25, dîne à St-Jean-Poutge, soupe et couche à Riscle ; le 26, dîne à Aignan, soupe et couche à Vic-Fezensac ; le 27, dîne à Jegun, soupe et couche à Lectoure, où il reste jusqu'au 2 juillet ; il y reste encore du 10 au 15. Nous l'y trouvons encore du 20 au 24 août ; le 3 septembre, dîne à Gavarret, soupe et couche à Labastide ; le 4, dîne à Grenade, soupe et couche à Hagetmau; le 5, dîne à Orthez, soupe et couche à Navarrens ; du 6 au 15, à Navarrens ; le 7, dîne à Sault-de-Navailles, soupe et couche à Hagetmau; le 17, dîne à Hagetmau, couche à Montaut; le 18, dîne à Montaut, couche au Mont-

de-Marsan, où il reste jusqu'au 22 ; le 22, dîne à Labastide, couche
à Eauze ; le 23, dîne à Eauze, couche à St-Justin ; du 24 au 30, au
Mont-de-Marsan. Octobre. Du 2 au 6, à Tartas ; le 7, à Hagetmau ;
du 8 au 11, au Mont-de-Marsan ; le 12, soupe et couche à Labastide,
où il reste jusqu'au 15 ; les 15 et 16, à Eauze ; le 17, soupe et couche
à Vic-Fezensac ; le 18, dîne à Vic-Fezensac, soupe et couche à Jegun,
où il reste jusqu'au 20, après souper ; il va coucher à Cézan, où il
passe le 21 ; les 22 et 23, à Lassauvetat ; le 24, dîne à Lassauvetat,
soupe et couche à Lectoure, où il reste jusqu'au 28 ; le 28, dîne à
Lectoure, soupe et couche au Bernet ; le 29, dîne au Bernet, soupe et
couche à Mauvezin ; le 30, dîne à Mauvezin, soupe et couche à St-
Clar ; le 31, dîne à St-Clar, soupe et couche à Lectoure ; le 7 novembre, dîne à Damazan, soupe et couche au Mas-d'Agenais ; le 11, dîne
au Mas-d'Agenais, couche à Tonneins ; le 12, à Clairac. Décembre.
Le 3, dîne au Mont-de-Marsan, soupe et couche à Hagetmau ; le 4,
dîne à Montgaillard, soupe et couche au Mont-de-Marsan, où il reste
près d'un mois ; seulement le 17, dîne à Joncqua ; du 18 au 23, au
Mont-de-Marsan ; le 24, dîne aux champs, soupe et couche au Mont-
de Marsan ; du 25 au 31, au Mont-de-Marsan.

1586. Janvier. Du 1er au 4, à Montauban ; le 5, dîne à Caussade,
soupe et couche à Montauban ; du 6 au 28, à Montauban ; le 29, au
Mas-de-Verdun ; le 30, à Cazaux, jusqu'au 2 février, où il dîne et
d'où il va coucher à St-Clar ; les 3 et 4, à Lectoure ; le 5, dîne à
Lectoure, soupe et couche à Nérac ; le 6, dîne à Nérac, soupe et couche à Casteljaloux ; du 7 au 12, à Nérac ; le 13, dîne à Nérac, soupe
et couche à Casteljaloux ; il y reste jusqu'au 17, d'où il part après dîner
pour aller coucher à Yguères, où il séjourne encore le 18 ; le 19,
dîne à Yguères, soupe et couche à Puyguillan ; le 20, dîne à Castets, soupe et couche à Montpouillan ; le 21, dîne à Montpouillan,
soupe et couche à Caumont, où il reste tout le 22 ; le 23, dîne à Caumont, soupe et couche à Nérac ; du 24 au 28, à Nérac, où il reste
jusqu'au 6 mars ; le 6, dîne à Nérac, soupe et couche à Eauze ; le 7,
dîne à Saint-Jean-Poutge, soupe et couche à Pau ; du 8 au 10, à Pau ;
le 11, dîne à St-Jean-Poutge, soupe et couche à Nogaro ; le 12, dîne
à Nogaro, soupe et couche à Eauze, où il reste jusqu'au 14 après dîner,
d'où il va souper et coucher à Nérac ; le 15, à Nérac, excursion, le
matin, jusqu'à Casteljaloux ; le 16, dîne à Caumont, soupe et couche
à Beyran ; du 17 au 19, à Ste-Foy ; le 20, dîne à Ste-Foy, soupe et
couche à Sémilhac ; le 21, dîne à Sémilhac, soupe et couche à Ste-
Foy ; le 22, jusqu'au 2 avril, à Ste-Foi, d'où il part après dîner pour
aller coucher à Bergerac ; du 23 au 28, à Bergerac ; le 29, dîne à Bergerac, soupe et couche à Sainte-Foy ; le 30, à Bergerac. Mai. Du 1er
au 7, à Bergerac.

1387. Octobre. Le 28, dîne à Madaillan, soupe et couche à Clairac ;
le 29, idem ; le 30, dîne à Clairac, soupe et couche à Nérac ; le 31,
à Nérac. Novembre. Le 3, dîne à Nérac, soupe et couche à Eauze ; le
4, dîne à Eauze, soupe et couche à Riscle ; le 5, dîne à Riscle, soupe
et couche aux champs ; le 6, dîne aux champs, soupe et couche à Pau ;
le 7 et le 8, à Pau ; le 9, dîne à Pau, soupe et couche à Navarreins ;
les 10 et 11, aux champs ; les 12 et 13, à Navarreins ; le 14, dîne à
Audax, soupe et couche à Pau ; du 15 au 17, à Pau ; le 18, dîne à
Malausanne, soupe et couche à Hagetmau ; le 19, idem ; le 20, dîne
idem, soupe et couche à Pau ; du 21 au 26, à Pau ; du 27 au 29,
à Hagetmau ; le 30, dîne idem, soupe et couche à Pau. Décembre.
Du 1er au 3, il partage son séjour entre Pau et Hagetmau ; le 4, il
est à Riscle ; le 5, dîne id., soupe et couche à Grenade ; le 6, dîne à
Grenade, soupe et couche au Mont-de-Marsan ; du 7 au 13, à Mont-
de-Marsan ; le 14, dîne à Mont-de-Marsan, soupe et couche à Roquefort ; le 15, dîne à Roquefort, soupe et couche à Casteljaloux ; le 16,
dîne à Casteljaloux, soupe et couche à Nérac ; du 17 au 30, à Nérac ;
le 31, dîne à Nérac, soupe et couche à Lectoure.

1588. Janvier. Le 2, dîne à Lectoure, soupe et couche à Mauvezin,
où il reste jusqu'au 6 ; le 7, dîne à Mauvezin, soupe et couche au
Mas-de-Verdun ; le 8, dîne au Mas-de-Verdun, soupe et couche à
Montauban ; du 9 au 25, à Montauban. Février. Du 1er au 8, à Montauban ; le 9, dîne à Montauban, soupe et couche au Mas-de-Verdun ;
le 10, dîne au Mas-de-Verdun, soupe et couche à Mauvezin, où il
passe la journée du 11 ; le 12, dîne à Mauvezin, soupe et couche à
St-Clar ; le 13, dîne à St-Clar, soupe et couche à Lectoure, où il
passe encore la journée du 14 ; le 15, dîne à Lectoure, soupe et couche à Nérac ; le 16, à Nérac ; le 17, dîne à Nérac, soupe et couche
à....... ; le 19, dîne à Nérac, soupe et couche à Casteljaloux, où
il passe toute la journée du 20 ; le 21, dîne auprès du Mas-d'Agenais ;
du 22 au 24, à Casteljaloux ; le 25, dîne à Casteljaloux, soupe et couche à Nérac, où il reste jusqu'au 10 mars ; le 11, dîne à Nérac, soupe
et couche à Clairac ; le 12, dîne à Clairac, soupe et couche à Aymet ;
le 13, dîne à Aymet, soupe et couche à Ste-Foy ; le 14, à Ste-Foy ;
le 15, dîne à Coutras, soupe et couche à Montlieu ; le 16, dîne à
Jonsac, soupe et couche à Pons. (Extrait du Recueil des lettres mis-
sives d'Henri IV, page 535 et suiv.).

NOTES.

———

NOTE 1ʳᵉ, PAGE 56.

Marguerite de Saluces, belle-sœur de Jean de Lescun, écrivit à Louis XI les deux lettres suivantes que nous donnons ici, parce qu'elles sont inédites et parce qu'elles servent à étayer un fait historique.

Sire, à vostre bonne grace si très humblement que faire puis me recommande, à laquelle plaise savoir que j'ai reçu les lettres qu'il vous a plu m'escrire et par icelles vous à plu me mander que je baille ma fille en mariage à Monsieur d'Aubijoux. Si, Sire, comme vous savez, vous me mariâtes avec vostre bon serviteur, cui Dieu pardoint. Maintenant suis seule par-deçà avec ma dite fille. Si, je suis toujours délibérée avoir pour agréable ce qu'il vous plaira me commander et pour plus amplement vous advertir, j'envoie devers vous Monsieur le prieur d'Eauze (Marre), et le procureur d'Armagnao présents porteurs, lesquels vous plaise ouïr. Sire, il est vrai que Monsieur mon mary, cui Dieu pardoint, me laissa chargée d'autres enfants jusques au nombre de sept, lesquels il avait avant que je fusse mariée à luy et pour ce que Monsieur d'Aux son frère luy estait tenu en aucune somme de deniers, etc. etc. A Sauveterre, le 8ᵉ jour de mars, vostre très humble et très obéissante sujette. La comtesse de Comminges, *Margaritta*. (Montgaillard, tome 1, p. 462).

Sire, mon mary, vostre serviteur, à son trépas ordonna que son frère Monsieur d'Aux pourvoyerait à ses enfants, ce qu'à présent il ne peut pas fère, obstant ce qu'il est en vostre male grâce hors de vostre royaume et dénué de tous ses biens, parquoy j'ay une charge importable. S'y crois, sire, que Monsieur d'Aux ne vous mesfit jamais, quelque chose qu'on vous aye rapporté de luy et quand vous plaira l'ouïr vous le trouverez avoir été envers vous tel qu'un bon serviteur doit estre envers son prince et maistre. Mais pour ne vous charger de paroles, ne vous en escris autre chose et en ay rescrit bien au long à Monsieur d'Alby. S'il vous plait de l'ouïr il vous informera de la vérité, et pour ce de rechef vous supplie très humblement qu'il vous plaise avoir souvenance de feu vostre bon serviteur et avoir pour recommandés ses frères et enfants. (Pag. 468).

NOTE 2, PAGE 93.

Dans cette foule de seigneurs Gascons dont nous avons enregistré
le nom avec bonheur, deux méritent de nous arrêter plus longtemps.
Rivaux de mérite, mais unis de cœur, ils parurent souvent dans
les mêmes combats et parvinrent l'un et l'autre, quoiqu'à des titres
divers, aux premiers emplois militaires. Pierre d'Ossun, le premier
des deux frères d'armes, nâquit d'une des plus anciennes maisons de
Bigorre. Ayant suivi à Naples Lautrec et Lescun, son frère, il se fit
remarquer, même à côté des glorieux capitaines que firent naître
les expéditions d'Italie, et depuis ce moment il parut avec éclat pendant près d'un demi siècle partout où la France eut des ennemis à
combattre. Il se signala surtout à la journée de Cerisoles, en 1544.
Toutefois, comme il n'est pas donné à l'homme d'être toujours lui-
même, son intrépidité ordinaire parut l'abandonner dans les plaines
de Dreux. Entraîné par les fuyards, il recula un instant; mais bientôt
revenu à lui, il courut se ranger près du duc de Guise, et eut une
large part dans la victoire qui couronna enfin les armes catholiques. Ce succès ne lui fit point oublier sa faiblesse; il ne put se consoler d'avoir une seule fois, durant sa longue carrière, *montré le dos*
à l'ennemi. Le duc de Guise, qui le visita sur son lit de mort, chercha
vainement à le réconcilier avec lui-même. L'inconsolable guerrier
expira de regret, peu de mois après la bataille (1562).

Paul de Thermes descendit dans la tombe presqu'en même temps
que son frère d'armes. Il était né à Couserans, en 1582, de Jean de
Labarthe-Giscaro et de Jeanne de Peguilhem, dame de Thermes, en
Astarac, dont son fils prit le nom. Il connut le malheur presqu'en
naissant. Ses ancêtres avaient donné des lois aux quatre vallées; mais
la branche à laquelle il appartenait était dans un état de fortune très
médiocre. Un duel, dans lequel il tua un courtisan aimé du roi, ajouta
encore aux embarras de sa position et le força à s'expatrier. Rentré
en France plus tard, et envoyé bientôt en Italie sous Lautrec, il fut
capturé par des corsaires barbaresques et plongé deux ans dans une
captivité si dure qu'elle altéra pour toujours sa santé. La fortune se
lassa enfin de le persécuter. Il reparut en Italie et s'y montra le digne
émule de d'Ossun. A la journée de Cerisoles, où il combattit en qualité
de colonel-général de la cavalerie légère, le succès fut dû surtout à sa
valeur; mais son cheval ayant été tué sous lui, il fut fait prisonnier,
et on ne put le racheter qu'en donnant en échange trois capitaines
ennemis de la première distinction. La prise du marquisat de Saluces (1547) lui acquit une nouvelle gloire. Envoyé en Ecosse deux ans

après, il répandit la terreur en Angleterre, et la paix fut le fruit de cette terreur. On le renvoya en Italie, en 1551, et le brave et habile général y soutint durant sept ans l'honneur des armes françaises.

A son retour, il obtint le bâton de maréchal de France, et prit d'assaut Dunkerque et St-Vénox. Il fut moins heureux à la journée de Gravelines, où, tout malade qu'il était, on le vit combattre avec l'ardeur d'un jeune homme. Il perdit la bataille, reçut une blessure et tomba au pouvoir des ennemis. Délivré à la fatale paix de Cateau-Cambrésis, il se prononça pour les Guises durant leur lutte avec la maison de Bourbon, mais sans épouser leurs vues ambitieuses. On prétend qu'il mourut (6 mai 1562) de chagrin à la vue de tout ce qui se préparait pour ruiner *la grandeur de cette France qui avait été invincible de son temps.* Brantôme dit (tom. 3, pag. 17) que jamais gentilhomme de sa qualité n'avait été aussi souvent lieutenant du roi que lui. Le maréchal de Thermes essuya souvent des revers; mais sa valeur, son intrépidité, son zèle pour l'État couvraient ses fautes ou plutôt ses malheurs. Il dut aux adversités qui assaillirent ses premières années la haute prudence qui le distingua toute sa vie, et en Espagne comme en France, il était passé en proverbe de dire : Dieu nous garde de la sagesse de Thermes et de la hardiesse de d'Ossun. Du reste, l'un et l'autre *emportèrent cette gloire d'être plus riches d'honneur, de vertu et de bonne renommée que des biens de ce monde, mourant avec aussi peu de richesses que lorsqu'ils vinrent de Gascogne pour être au service du roy.* (Le baron de Fourquevaux.) Nous ne savons, toutefois, comment accorder ce langage avec le don du comté de Comminges, que le maréchal de Thermes reçut de la munificence royale, le 10 février 1555. Le maréchal n'ayant point eu d'enfants, le Comminges fit retour à la couronne (1).

(1) Fervaques commence ainsi la vie de Paul de Thermes. « C'est une chose hors de toute dispute, et de laquelle beaucoup de témoignages approuvés font foi, qu'il faut préférer la Gascogne à tous les autres pays en fertilité de bons hommes de guerre et en courages propres pour la recherche de l'honneur. Je pourrais aisément prouver que depuis Dagobert, qui le premier rangea ce brave peuple sous sa domination, il ne s'est fait honorable conquête hors de ce royaume, ni vertueuse défense dans icelui où les Gascons n'ayent avantageusement partagé la gloire avec les autres nations. Ils ont toujours tenu pour un véritable axiome, que les armes et non les livres guident par le droit chemin les hommes à la vertu; et leur province, où de tout temps on employa plus de fer que de papier, a servi d'école à une florissante jeunesse, d'où il est plus sorti de bons soldats que de grands docteurs. Toutes nos histoires sont pleines de leurs prouesses et de leurs faits, et je ne puis trouver rencontre, escarmouche ou bataille, siège, assaut, défense ou prise de ville, que je n'y remarque que les Gascons s'y sont signalés. » (Les Vies de plusieurs Capitaines français, p. 45).

La Gascogne, dans les deux siècles suivants, ne fut pas moins féconde en guerriers. Leur nombre ne nous permet pas même d'esquisser rapidement leur vie : nous nous contenterons de remarquer que les familles de Gontaut-Biron, de Caumont, de Dufort, de Roquelaure, de Bellegarde, de Comminges, de Montesquiou, de Gassion, d'Aubeterre, d'Albret, de Navailles, d'Estrades, de Montaut-Bénac, d'Ambres Voisins, etc. etc., donnèrent des maréchaux à la France. Notre province a produit moins d'écrivains ; nous rappellerons ici les principaux.

François de Belleforest nàquit en 1530, près de Samatan, d'une famille ancienne. Il étudia d'abord le droit à Toulouse ; mais il se lassa bientôt du barreau, et se voua au culte des muses. Doué d'une excessive facilité, il célébra toute la noblesse de la contrée qui lui donna des soupers et de l'encens. Après neuf ans de faciles succès, il lui fallut un plus grand théâtre. Il quitta la cité de Clémence Isaure, et alla produire ses talents à Paris. Là, il fréquenta les écoles célèbres, rechercha l'amitié des beaux-esprits, et s'insinua dans la maison des grands ; mais aucune de ces voies ne put le conduire à la fortune. Il eut cependant quelque renom sous Charles IX et sous Henri III, et ce renom lui procura la place d'historiographe de France ; mais les inexactitudes dont fourmillent ses productions la lui firent enlever presqu'aussitôt. Il mourut à Paris, le 1er janvier 1583, dans un état voisin de l'indigence. Il s'exerça dans tous les genres, et sa fécondité fut si prodigieuse qu'on disait qu'il avait un moule à faire des livres. Malheureusement on n'ajoutait pas que son moule fût bon. Parmi cette foule d'ouvrages, presque tous très médiocres, que sa plume enfanta, on n'a guère conservé le souvenir que de deux, l'Histoire des neuf rois de France du nom de Charles, et surtout l'Histoire générale de France. On les trouve encore l'une et l'autre dans les bibliothèques.

Arnaud Oyenard courut après la renommée bien moins que Belleforest, et la trouva mieux. Il nàquit à Mauléon-de-Soule, vers le milieu du XVIe siècle. Il se fit recevoir avocat au parlement de Navarre, et partagea ses loisirs entre les devoirs de sa profession et la recherche des antiquités des provinces méridionales. On peut le regarder comme le père de l'Histoire de la Navarre et de la Gascogne, dont il débrouilla avec succès le chaos. Son jugement était aussi sûr que ses connaissances étaient étendues. Le *Notitia utriusque Vasconiæ*, son principal titre de gloire, parut en 1638 ; il y ajouta les Proverbes Basques en 1657. Outre ces deux ouvrages, il a laissé de nombreux manuscrits, conservés avec soin à la bibliothèque nationale, et souvent consultés.

Antoine Montgaillard, né à Aubiet, près de Gimont, marcha sur les traces d'Oyenard. Comme lui, il rechercha les origines de la Gas-

cogne; mais il s'occupa plus explicitement de la province ecclésiastique d'Auch. Entré jeune chez les jésuites, il professa longtemps les
belles-lettres au collége d'Auch, dont il fut ensuite recteur. C'est là
qu'il composa l'histoire où nous avons souvent puisé. Malheureusement la mort l'empêcha de mettre la dernière main à son travail.
C'est, sans doute, ce qui empêcha qu'il fût livré au public : le style
en est clair, noble et harmonieux. Pour être mieux connus et surtout
mieux appréciés, il n'a manqué à Oyhenard et au Père Montgaillard
que d'avoir écrit en français; mais notre langue était encore alors
dans son enfance : ils lui préférèrent la langue latine.

Scipion Dupleix sut éviter cet écueil. Il nâquit au château de Cou-
rensan, près de Condom. Il était le second fils de Pierre Dupleix, donné
pour lieutenant au jeune Biron, durant la campagne de Guienne.
Malgré la mort prématurée de ses parents, il reçut une éducation
brillante, et sentit dès-lors naître en lui un goût pour les sciences et
les lettres, que les glaces de l'âge ne devaient point éteindre. Présenté
à la cour de Nérac, il plut à la reine Marguerite, et suivit à Paris (1651)
la princesse, qui se l'attacha plus tard en le nommant maître de requêtes de son hôtel. Il débuta dans le monde littéraire par un traité
de philosophie en français : ce traité, clair, méthodique, supérieur à
tout ce qui avait paru jusque-là, et surtout écrit dans une langue que
tous comprenaient et que les sciences n'osaient point encore emprun-
ter, eut un grand nombre d'éditions. Néanmoins, le jeune auteur abandonna la philosophie pour l'histoire, et composa les Mémoires des
Gaules, depuis le déluge jusqu'à l'établissement de la monarchie française. C'est, sans contredit, son meilleur ouvrage pour le travail, les
recherches et l'exactitude, quoiqu'on y lise bien des traits hasardés ou
même vraisemblablement supposés. Louis XIII l'en récompensa en le
créant son historiographe, et le chargea, en même temps, d'y réunir
l'histoire de France jusqu'à son règne. Dupleix obéit, et son œuvre
renferme cinq volumes in-folio. Les trois premiers furent très bien
reçus du public : on y trouve de la netteté et de la méthode ; mais
le style sec et décoloré a tous les défauts de son siècle sans les racheter
par cette naïveté et cette abondance qui font le charme d'une foule
de productions de cette époque. Dans son extrême vieillesse, Scipion
s'occupa d'un traité sur les Libertés de l'Eglise Gallicane. Le chancelier Seguier, à qui il présenta le manuscrit pour obtenir l'autori-
sation de le faire imprimer, le parcourut rapidement sous les yeux
de l'auteur, et puis il le jeta au feu. Dupleix fut si indigné d'un procédé aussi outrageant, qu'il abandonna la cour et se retira à Condom,
où il mourut peu après à l'âge de quatre-vingt-douze ans. C'était un

écrivain laborieux, qui vécut sans infirmités et qui conserva jusqu'à la fin de ses jours toutes les facultés de l'esprit et du corps. Outre les ouvrages que nous avons rappelés, on lui en doit encore quelques autres moins connus et moins dignes de l'être. Dupleix eut deux frères; l'aîné, nommé Scipion comme lui, fut un magistrat sage, prudent, éclairé. Il se fit justement estimer dans sa patrie, où sa postérité subsiste encore avec honneur. Le dernier, nommé François, a laissé un Traité de Droit, écrit en vers latins; mais les muses latines étaient mortes avec l'empire romain, et c'est en vain qu'on essayait de les ressusciter.

Guillaume de Saluste, généralement connu sous le nom de Du Bartas, terre située entre Cologne et Mauvezin, fut mieux inspiré que François Dupleix. Il reçut le jour, en 1544, près de la petite ville de Montfort, et eut pour père un trésorier de France. Voué aux armes comme toute la noblesse de son époque, il servit en Gascogne, dans les guerres de religion. Henri IV, dont il défendit la cause avec son épée et dont il célébra la valeur avec sa lyre, l'attacha à sa personne en qualité de gentilhomme ordinaire de sa chambre, et l'envoya en ambassade, en Danemarck, en Ecosse et en Angleterre. Jacques Stuart voulut le retenir près de lui; mais Du Bartas rejeta toutes les propositions. Il retourna en Gascogne et y commanda, sous les ordres du maréchal de Matignon, une compagnie de cavalerie. Il parut à sa tête sur le champ de bataille d'Ivri, et chanta ensuite la victoire qu'il avait aidé à remporter. Tout le temps que lui laissait sa charge et son service militaire, il le passait dans son château Du Bartas : c'est là qu'il mourut, dans le mois de juillet 1590, des suites de quelques blessures mal guéries. C'est dans ce château, qui porte encore des traces de son séjour, au milieu d'une riche végétation, qu'il composa ses longs et nombreux poèmes, dont un seul, La Semaine (1), vit encore dans les souvenirs publics. Ses contemporains accueillirent ce dernier poème avec enthousiasme; en moins de six ans, il eut plus de trente éditions. On le traduisit en latin, en italien, en espagnol, en allemand et en anglais. Sans doute, il ne mérite pas le grand renom qu'il eut

---

(1) Outre la Semaine, c'est-à-dire les Sept Jours de la Création, Du Bartas a laissé l'Uranie, la Judith, le Triomphe de la Foi, les Neuf Muses et la Seconde Semaine. On lui doit encore un dialogue en vers, composé pour fêter à Nérac l'arrivée de la reine Marguerite. Ce sont trois nymphes, l'une Latine, l'autre Française et l'autre Gasconne, qui se disputent dans leur langue l'honneur de haranguer la princesse. Cet honneur est adjugé à la nymphe Gasconne, étonnée sans doute elle-même de son triomphe.

à sa naissance, mais moins encore nous paraît-il mériter le discrédit ou plutôt le ridicule qui le poursuit. Les métaphores outrées et souvent grotesques, les mots composés à la façon grecque et latine, les comparaisons ambitieuses qu'on y rencontre trop souvent appartiennent moins à l'auteur qu'au siècle où il écrivait. Le *divin* Ronsard, Théophile, Clément Marot lui-même et tous les poètes, ses contemporains ne sont guère plus sobres de ces ornements de mauvais goût.

La postérité a été plus fidèle à la renommée de Dossat. Celui-ci naquit de parents obscurs, au village de Larroque-Magnoac, le 28 août 1539, et perdit son père presqu'au sortir du berceau. Bertrande Conté, sa mère, survécut longtemps à son mari ; elle sortait du village de Cassagnabère, ce qui a trompé, sans doute, presque tous les biographes qui désignent ce lieu comme la patrie du cardinal. Les chanoines de Trie, touchés de la profonde misère du jeune Arnaud, et charmés de son intelligence, l'admirent au nombre de leurs enfants de chœur, et se chargèrent de sa première éducation. Bientôt, à leur recommandation, un seigneur du voisinage, Thomas de Marca, le plaça près de Jean de Marca, son neveu et son pupille, et l'associa à ses travaux. Après quelques mois passés sous le toit féodal, il envoya les deux enfants au collège d'Auch, alors dans tout l'éclat de sa renommée. L'application et les talents ne tardèrent pas à mettre un grand intervalle entre les deux jeunes élèves, et Dossat devint le précepteur de son ancien compagnon d'étude. C'est sans doute alors qu'il fut agrégé parmi les professeurs, et qu'il prononça dans l'église métropolitaine une oraison synodale, applaudie de tous ses auditeurs ; du moins, il reçut à cette époque (26 décembre 1556) la tonsure des mains de Dominique de Vigorre, vicaire-général de l'archevêque d'Auch. Trois ans après; il accepta la mission de conduire Jean de Marca à Paris, où son tuteur l'envoyait perfectionner son éducation et suivre les cours de l'Université. Deux cousins du jeune Marca et le fils d'un riche marchand de Lectoure furent aussi placés sous sa discipline. Dossat leur donna ses soins durant trois années; mais en les formant, il travailla lui-même à perfectionner ses connaissances, et mit surtout à profit les leçons du célèbre Ramus.

Quand il les eut renvoyés en Gascogne, il enseigna publiquement la rhétorique et la philosophie ; mais, dévoré par la passion de tout connaître, il renonça bientôt à sa chaire et se livra à l'étude des mathématiques. Il voulut ensuite y joindre la connaissance des lois. Il alla à Bourges entendre Cujas, et étudia deux ans le droit sous cet habile maître. A son retour à Paris, il écrivit à sa mère (8 septembre 1568) et lui fit remettre quatre écus, somme qu'il jugeait suffisante pour qu'elle achetât sa provision de blé durant l'année entière. Cependant, il suivait le barreau. Paul de Foix, un des hommes les plus doctes de cette époque, était conseiller au parlement. Il connut Dossat, apprécia son mérite, et l'admit dans son intimité. Son Mécène, à qui il était devenu nécessaire, l'amena (1574) à Rome, où il allait remplir une mission toute d'étiquette; et ayant été forcé de s'éloigner durant un procès que lui suscitaient ses envieux, il le chargea de ses intérêts. C'est alors que Dossat commença à s'appliquer aux affaires : il le fit avec tant de succès, que les esprits les plus judicieux jugèrent, dès-lors, que s'il restait longtemps à Rome il acquerrait une haute considération et parviendrait aux premières dignités. (Mém. de Du Thou, pag. 158.) Paul de Foix étant revenu à Rome avec le titre d'ambassadeur, Dossat fut choisi pour secrétaire d'ambassade, et quand la mort eut frappé son bienfaiteur, il géra la légation. Après la disgrâce de Villeroi, Henri III lui offrit la place de ce ministre; mais d'Ossat refusa avec autant de noblesse que de modestie de succéder à un homme qui avait ces droits à sa reconnaissance. Nous avons vu que c'est à ses soins qu'Henri IV dut sa réconciliation avec le Saint-Siège. L'habile négociateur reçut pour récompense le titre de conseiller d'État. Le reste de sa vie fut rempli par la politique. Il prit une part active à toutes les affaires diplomatiques, qui se traitèrent en Italie. Ses nouveaux services lui méritèrent, en 1598, le chapeau de cardinal, et en 1601 l'évêché de Bayeux. Il mourut trois ans après à Rome, et fut enterré dans l'église des Français. Malgré ses dignités, ses dernières années s'étaient écoulées dans la gêne. Le peu qu'il laissait, il le donna aux pauvres et à ses deux secrétaires, Pierre Bossu et René Courtin.

Le cardinal Dossat était un homme d'une rare pénétration. Il prenait ses mesures avec tant de discernement, que dans toutes les affaires et les négociations dont il fut chargé il est impossible de trouver une fausse démarche. Il sut allier à un degré éminent la politique avec la probité, les grands emplois et les dignités avec la modestie. Nous avons de lui un grand nombre de lettres qui passent, avec raison, pour des chefs-d'œuvre de politique, et qu'on pourrait appeler le manuel de la diplomatie. On y voit un ministre sage, habile, mesuré, arrêté dans ses vues et ferme dans son langage. Dossat a composé aussi quelques opuscules dont deux seuls ont vu le jour.

Nous clorons cette liste par deux noms moins connus que les précédents, Sponde et le Père Ambroise. Le premier nâquit, en 1569, à Mauléon, capitale de la Soule, et fut élevé dans la religion protestante. Il exerçait la charge de maître des requêtes, lorsque les livres de controverse des cardinaux Du Perron et Bellarmin touchèrent son cœur et éclairèrent son esprit. Il abjura aussitôt l'erreur, et embrassa quelque temps après l'état ecclésiastique. Nommé à l'évêché de Pamiers, en 1726, il se signala par toutes les vertus qui font aimer et bénir le Sacerdoce. Son diocèse lui dut plusieurs utiles fondations. Le vertueux prélat termina ses jours à Toulouse, en 1643. Son principal ouvrage est l'Abrégé des Annales de Baronius, et la continuation qu'il en a faite depuis 1127 jusqu'en 1622.

Le Père Ambroise nâquit à Lombez, le 20 mars 1728 ; il appartenait à l'honorable famille de La Peyrie, encore existante. Entraîné vers le cloître dès ses plus jeunes années, il prit l'habit de Capucin vers la fin de 1754, devint successivement professeur de théologie, gardien et définiteur. Il travailla avec beaucoup de zèle à la direction des âmes, fonction pour laquelle il avait un rare talent. Il mourut aux eaux de St-Sauveur, le 25 octobre 1778, et fut enterré le lendemain, dans le cimetière de Luz. Nous avons de lui le Traité de la Joie de l'Ame, des Lettres spirituelles, et surtout le Traité de la Paix intérieure, vrai chef-d'œuvre en son genre : aussi a-t-il été souvent réimprimé.

Mais la gloire la plus pure et même la plus belle de toute la Gascogne est, sans contredit, saint Vincent-de-Paule. Il nâquit au village de Poy, près de Dax, le 24 avril 1576. Nous ne raconterons point ici sa vie ; on la trouvera dans l'*Agiographie des Saints de la province d'Auch*, que nous nous proposons d'éditer bientôt. Il est, d'ailleurs, des hommes qu'on a assez fait connaître quand on a prononcé leur nom. (Extraits des Biographies de Michaud et de Feller et des Mémoires du Temps).

—————

NOTE 3, PAGE 107.

L'erreur du Père Montgaillard et de dom Brugelles est criante. Ils veulent que Louis de La Tremouille soit mort avant le cardinal son frère, tandis qu'il ne périt qu'à la bataille de Pavie, en 1524, et qu'il ait épousé Marguerite de Saluces, veuve du maréchal de Comminges, tandis qu'il n'eut pour femmes que Gabrielle de Montpensier et Louise de Borgia. Ils donnent pour concurrent à Jean de La Tremouille le cardinal de Foix, Pierre-le-Jeune, mort avant que Jean fût appelé sur le siége d'Auch. La lettre écrite par Marguerite de Saluces en faveur de son beau-frère, parle de la détresse de la nombreuse postérité de son mari, et Louis de La Tremouille ne laissa qu'un fils, François, le plus riche héritier peut-être de tout le royaume. Enfin, qui ne sait la noblesse avec laquelle La Tremouille fut accueilli par Louis XII, et la haute et constante faveur dont il jouit sous le règne de ce prince ? En revanche, il n'est aucun des traits, racontés par les deux historiens, qui ne convienne à l'archevêque Jean de Lescun. Aussi, croirions-nous volontiers qu'il y a eu une transposition dans le manuscrit original du Père Montgaillard, et que cette transposition a été consacrée par le copiste à qui nous devons le manuscrit de Toulouse. Dom Brugelles, dont la critique fut si souvent en défaut, aura sans examen suivi cette version.

———

NOTE 4, PAGE 113.

Le jour après que fust un dimanche, 2 décembre 1507, furent faites les noces de Msr d'Alençon et de Mademoiselle d'Angoulême. Et y fumes convoyés de la part de la royne tant à la compagner à la chapelle qu'au disner, et quand à l'assieyetat du disner il y avait une longue table presque de la longueur de la salle et n'était l'asiétat que d'un costé et la reine était au milieu sur sa scheaize et à sa droite un peu loingt d'elle estait la nouvelle mariée, et après, l'archevêque de Sens qui avait chanté la messe et fait l'office des épousailles. Et puis venaingt les ambassadeurs. Au costé de la main gauche de la royne y avait premièrement madame de Bourbon la vieille, un peu loin de la royne et après par ordre madame d'Alençon la vieille, madame de Bourbon la jeune, madame d'Angoulême, la duchesse de Longueville, mademoiselle de Bourbon, mademoiselle la princesse d'Orange, madame de La Tremouille, la marquise de Rothelin, la princesse de Talmont, et la reine avait son plat à part et aussi la mariée et madame de Bourbon la vieille ; les autres tous à commun tant hommes que dames et les trois plats particuliers de la reine et de la nouvelle mariée et de madame de Bourbon et aussi ceux de nous autres ambassadeurs furent tous servis en vaisselle d'or et les autres d'argent; et de l'autre costé de la salle au plus bas il y avait une aultre table où estait le marié Msr d'Angoulême et autres princes du sang avec le demeurant des dames, et donna la royne aux hérauts et trompettes, un grand pot que l'on disait estre d'or; mais au moins il estait doré et allaient criant : largesse par la table. Après le disner fut dansé un peu. Les danses achevées, nous fut baillée une chambre à part pour voir les joutes et tenait Monsieur d'Angoulême lui huitième avec belle grande compagnie, lui habillé de drap d'or et les autres ses compaguons habillés de soie jaune.) Lettres de Louis XII, t. 1, p. 106, 107 et 108).

NOTE 5, PAGE 121.

L'abondance des matières nous force à omettre des détails pleins
de charme que les Mémoires de Bayard nous ont laissés sur le jeune
Gaston de Foix et sur la fatale journée de Ravenne.

NOTE 6, PAGE 161.

Cérémonies usitées à la dégradation des Chevaliers.

Premièrement on assembloit vingt ou trente anciens chevaliers
sans reproche, devant lesquels le chevalier traistre estait accuzé de
trahison et foy mentie, par un heraut et roy d'armes qui déclarait le
faict tout au long et nommait ses tesmoins, les tenants et aboutisants.
L'accusé estait par lesdicts chevaliers condamné à la mort, et qu'auparavant icelle, il serait dégradé de l'honneur de chevalerie et ses armes renversées et brizées.

Pour l'exécution de ce jugement estaient dressez deux théatres ou
eschaffaux sur l'un desquels estaient assis les chevaliers juges assistez
des roys, herauts et poursuivants d'armes avecques leurs esmaux. Sur
l'autre estait le chevalier condamné armé de toutes pièces, et son escu
blazonné et peint de ses armes planté sur un pal devant lui, retourné
toutefois, ayant la poincte en hault. D'un costé et d'aultre du chevalier et à l'entour de luy estaient assis douze prestres revestus de leurs
surplis, ayants au mitan d'eux tout debout le chevalier jugé tourné
devant ses juges.

Les prestres commençaient les Vigiles des morts depuis *Dilexi*,
jusques à *Miserere*, et les chantaient à haulte voix, après que le
heraut avait publié hautement la sentence des juges chevaliers. A la
fin de chacun psalme, les prestres faisaient une pause, durant laquelle
les roys d'armes despouillaient le condamné de quelque pièce de ses
armes, commenceants par le haulme, continuant icy jusques à ce qu'ils
eussent parachevé et désarmé pièce à pièce. A mesure qu'ils en os-
taient quelqu'une, le héraut criait à haulte voix : cecy est le bassinet
du traistre chevalier, le collier, ou chaine d'or, la cotte d'armes, les
gantelets, la ceinture, l'espée, les esperons, les pièces du harnais et
finalement l'escu qu'avec un marteau ils brizaient en trois pièces.
Après le dernier psalme (psaume) les prestres se levaient, et chantaient sur la teste du pauvre chevalier le cent et neuviesme psalme
(psaume) de David, *Deus laudem meam ne tacueris*, auquel sont

contenues les imprécations et malédictions fulminées contre le traistre
et détestable Judas et ses semblables.

Et comme anciennement ceux qui debvaient estre receus chevaliers debvaient le soir de devant estre baignez et lavez, afin d'estre
plus nets, passer la nuict en prières dans l'église et se préparer d'ame
et de corps à recevoir l'honneur de chevalerie, ainsi le psalme des
malédictions parachevé, un poursuivant d'armes tenait un bassin
doré plein d'eau chaulde, et le roy d'armes demandait par trois fois
le nom du chevalier despouillé, que le poursuivant nommait par nom,
surnom et seigneurie, auquel le roy d'armes respondait qu'il se trom-
pait, et que celuy qu'il venait de nommer estait un traistre, desloyal
et foy mentie, et pour monstrer au peuple qu'il disait la vérité, il demandait tout hault l'opinion des juges chevaliers, le doien desquels
respondait hault et clair que par la pluralité des voix des chevaliers
présents, il estait ordonné que ce desloyal, que le poursuivant venait
de nommer estait indigne du tiltre de chevalier, et pour ses forfaicts
dégradé de noblesse et condamné à la mort. Ce qu'ayant prononcé,
le roy d'armes renversait, sur la teste du chevalier despouillé, ceste
bassinée d'eau. Les juges chevaliers descendaient, se revestaient de
robbes et chaperons de deuil, et s'en allaient à l'église. Le dégradé
estait pareillement descendu de son eschaffault, non par l'escalier
mais par une corde, soubs les esselles, mis dessus une civière, couvert d'un poile et drap de mortuaire, et porté à l'église, les prestres
chantans dessus luy vigiles et recommendaces avec les *Oremus* pour
les trespassez. Ce qu'estant parachevé, le dégradé estait livré au juge
royal, et au ministre de justice, qui l'exécutait à mort, suivant qu'il
estait ordonné. Si le roy luy donnait grâce de la vie, on le bannissait
à perpétuité ou à temps hors du royaume. Après ceste exécution le
roy d'armes déclarait les enfants et descendants du dégradé, ignobles
et roturiers, indignes de porter armes, de se trouver et paraistre ès
joutes, tournois, armées, sièges, cours et assemblées du roy, princes
seigneurs et gentilshommes, sur peine d'estre battus et futigez nuds
de verges, comme vilains et infàmes qu'ils estaient. Les anciennes
cérémonies furent pratticquées contre le capitaine Franget à Lyon.
(Favin, pages 731 et 732).

Dans les premiers siècles de la monarchie, l'homme libre condamné
à mort pour vol, pour meurtre ou pour sédition, devait, avant de
subir sa peine, parcourir le théâtre de ses brigandages en portant
un chien sur ses épaules, et selon Othon de Frissenge, c'était une
ancienne coutume chez les Francs, que le condamné à mort fût trainé
de comté en comté en portant sur ses épaules un chien, si c'était un
noble; une chaise ou chaire, si c'était un domestique, et une roue de
son char, si c'était un laboureur.

NOTE 7, PAGE 185.

Comme on imprimait les dernières feuilles de cette Histoire, M. l'abbé Canéto, à qui nous devons les notes archéologiques du deuxième et du troisième volume, a annoncé qu'il allait publier la *Monographie de l'Église de Ste-Marie d'Auch.* Dès lors, nous supprimons ce que nous devions insérer à la note 7, et nous sommes heureux de renvoyer nos lecteurs à cette monographie.

———

NOTE 8, PAGE 189.

In nomine Domini amen. Noverint universi quòd anno ab Incarnatione Domini mccccccxxviii et die xiii mensis aprilis in ecclesiâ cathedrali Adurensi et in capellâ capitulari ejusdem ecclesiæ existentes et personaliter constituti reverendus in Christo pater et dominus Carolus de Acromonte, M. D. Adurensis episcopus, venerabiles et discreti viri domini Claudius Cotini, archidiaconus Marsani, Arnaldus d'Habata, archidiaconus Chalossæ, Odetus de Baradato, Joannes Antonius de Castronovo, Petrus de Bethone, Petrus de Amore et Simon de Bazauduno, ecclesiæ prædictæ canonici ibidem more solito capitulantes et capitulariter congregati ..... per organum dicti R. D. episcopi fuit narratum quòd volebat præstare juramentum dictis canonicis, cùm hoc tamen quòd omnes prædicti canonici sibi facerent juramentum fidelitatis : quòd quidem juramentum rever. dom, episcopus gratìs liberè et sponte. de et super quodam breviario existente in manibus prædicti Cotini aperto, fecit et præstitit dictis dominis canonicis videlicet quòd erit ipsis ut et tanquàm bonus prælatus, bonam et rectam justitiam iisdem faciet, ipsosque tueri et defendere promisit necnon omnia statuta capituli legitima et approbata nunc de novo tenere, complere et observare promisit et juravit .... Omnes domini canonici dixerunt quòd ipsi volebant præstare dictum juramentum sine tamen præjudicio processuum existentium in curiâ metropolitanâ .... et in continenti prænominati omnes domini canonici de et super eodem breviario existente inter manus præfati reverendi domini episcopi aperto unus post alium fecerunt et præstiterunt juramentum fidelitatis jàm dicto domino reverendo episcopo, videlicet quòd ipsi erunt sibi fideles. Item quòd non erunt in consilio, auxilio, vel facto quòd ipse amittat vitam, vel membrum, aut amittat aliquem honorem quem nunc habet, vel in futurum habebit, et si ipsi sciverint vel audiverint ab aliquo qui velit aliquid istorum contrà ipsum facere aut perpetrare, sibi denunciabunt secretaque sua nulli manifestabunt. Et aliter aliäs juraverunt proùt cavetur in capite de novâ formâ fidelitatis. Acta fuerunt hæc anno, die et mense quibus suprà, præsentibus, etc. etc.

NOTE 9, PAGE 213.

Ce fut sous Charles de Pisscleu que fut sécularisé le chapitre de Condom. Le prélat et Bernard de Ferrabouc, prieur claustral, fondé de pouvoirs de tous les religieux, passèrent le premier accord à Rambouillet, le 4 mars 1546. Il fut réglé entr'eux qu'à la place du prieuré de Nérac, désormais supprimé, il y aurait dans le chapitre une prévôté et deux archidiaconés donnant chacun sept cents livres Tournois de revenu ; que le prieuré de Caudrot serait aussi supprimé, et que cette suppression donnerait naissance à une chantrerie dont le titulaire serait tenu à la résidence : que de ces quatre dignités la prévôté serait la première, que les trois autres seraient classées sous le bon plaisir de l'évêque. Que les prieurés de Lassauvetat et de Lagràulet seraient supprimés, comme ceux de Nérac et de Caudrot, et que les revenus iraient se confondre avec les autres revenus de l'abbaye pour être partagés entre douze chanoines, parmi lesquels on compterait un théologal. Au-dessous de ces chanoines, on établissait seize prébendiers, dont la nomination appartenait au chanoine hebdomadier ; mais la nomination aux canonicats et à toutes les dignités capitulaires était exclusivement réservée à l'évêque, qui pouvait les conférer à son bon plaisir, excepté pourtant la charge de théologal, pour laquelle il était tenu de se conformer au décret du Concile de Bâle. Durant la vacance du siège, toutes les nominations étaient dévolues au chapitre. Jules III consacra cet accord dans sa bulle de sécularisation datée du 20 février 1548.

NOTE 10, PAGE 236.

Un vieux manuscrit nous a conservé quelques détails sur cette époque. Nous y puisons les traits suivants qui nous ont paru mériter d'être cités, quelques-uns par leur singularité.

A l'entrée du cardinal, un prébendier s'étant montré désobéissant au commandement d'un chanoine, fut puni d'une amende d'une certaine mesure de blé, d'un pipot de vin et d'un petit écu en argent. Le chapitre sut faire respecter ses droits par le cardinal lui-même. Il paraît que le prélat avait déclaré ne vouloir pas jurer les statuts de la métropole. A cette nouvelle, les chanoines s'assemblèrent et arrêtèrent qu'il ne serait point reçu, s'il ne prêtait le serment qu'avaient prêté, avant lui, tous ses prédécesseurs. L'archevêque n'osa pas braver cette fermeté, et se soumit. Ce léger nuage se dissipa vite, et l'union la plus complète s'établit entre le prélat et le chapitre. C'est par l'avis de son premier pasteur, que celui-ci refusa de recevoir prébendier, M. Vidaud, pour n'avoir pas voulu couper sa barbe et n'avoir pas été trouvé *capable* au plein-chant. Il fut moins exigeant à l'égard de M. d'Ornézan, un de ses membres; il l'autorisa à porter la barbe dans un voyage que ce chanoine fit à Paris.

Deux ans auparavant (1545) le chapitre s'était signalé par des actes plus dignes de lui. La famine sévissait à Auch. Il nourrit deux fois le jour, de pain, de vin et de *compaygnage*, tous les pauvres qui s'étaient retirés dans son hôpital, et n'en continua pas moins l'aumône accoutumée aux pèlerins. Bientôt il distribua aux nécessiteux cinquante sacs de blé par mois. Enfin, sa charité croissant avec les besoins publics, il offrit aux consuls de nourrir et de loger tous les pauvres. C'était noblement rendre à Dieu les biens que Dieu lui avait donnés (1).

Cette même année, le moulin de Chélère fut affermé au prix de quatre-vingts conques de blé ou de trois cents vingt sacs ; mais le sac ne se vendait que douze sols. Il baissa encore bientôt après ; car sur un avis du cardinal de Tournon, confirmé par arrêt du grand conseil, les prébendiers furent condamnés aux décimes, pourvu toutefois que le sac de blé ne valût que dix sols et la pipe de vin six livres. Une messe fondée à la même époque dans la métropole pour être dite journellement par un prébendier ou un autre prêtre, ne donnait qu'un honoraire de deux sols.

(1) Une note puisée dans un des nombreux recueils de M. d'Aignan, n'assigne à chaque chanoine que 49 sacs, 3 mesures de blé par an. Chaque sac se partageait en 44 pains. D'après ce calcul, chaque chanoine n'eût eu que 7 pains par jour; mais un autre document du même volume établit qu'un chanoine manquant à l'office un jour entier perdait 12 pains, savoir : pour matines, 3 pains, pour la messe et les petites heures, 3 pains, pour vêpres, 3 pains, pour matines de Notre-Dame, 1 pain, pour Laudes et Vêpres, 1 pain, pour le *De profundis* du chœur, 1 pain; et enfin, quand il y avait office double des morts, 1 pain.

NOTE 11, PAGE 296.

George d'Armagnac ne mourut que le 11 juillet 1585. Sa carrière avait été aussi brillante que longue. Avec l'évêché de Rhodez, il posséda quelque temps l'administration des évêchés de Lescar et de Vabres. François Ier l'envoya en ambassade à Venise, en 1541, et puis à Rome, auprès de Paul III, qui le décora de la pourpre en 1544. Il devint plus tard conseiller d'Etat, archevêque de Toulouse, co-légat d'Avignon, et enfin archevêque de cette ville en 1576. Quelques biographes vantent son zèle et sa piété : d'autres le peignent comme un homme vain et ambitieux. Ce qui est certain, c'est qu'il aima les lettres et protégea les savants. La famille de Corneillan possède encore sa mitre, son pontifical et son missel, magnifiques manuscrits sur vélin, avec lettres ornées, son rochet en points de Venise, son portrait en miniature peint à l'huile sur cuivre, et quelques autres objets précieux. Le cardinal eut pour successeur, à Rhodez, Jacques de Corneillan, dont le neveu, Bernardin de Corneillan, et un des arrière-neveux, François de Corneillan, occupèrent aussi ce siége.

NOTE 12, PAGE 300.

La présence du roi et de la cour fut fêtée partout. Abel Jouan, dans son Itinéraire de Charles IX, nous a laissé le détail des réjouissances qui signalèrent leur séjour à Bayonne. Nous regrettons de ne pouvoir les transcrire ici.

NOTE 13, PAGE 560.

Outre les victimes que nous avons déjà mentionnées, les protestants égorgèrent dans le diocèse d'Aire plusieurs membres du clergé. A Pimbe, trois prêtres; à Miremont, deux; à Lauzet, le vicaire; à St-Louboué, Gaillard de Laporte; à Pontaut, deux religieux, Jean Primat et Jean Ducournau; à Mant, Thomas de Lafitte; à Geaune, le prieur et un religieux d'Orthez; à Samadet, trois prêtres, dont l'un était malade dans son lit; à Bats, Raymond Dutrey; à

Payros, Jean du Thausin; dans la commanderie de St-Antoine-de-Goloni, Bertrand Magi et Pierre de Bescuns; à Montgaillard et Boulin, Jean de La Maison et Dominique Joye, avec Barthélemy Du Broca; au Vigneau, le vicaire Martin Tarride; à Roquefort, Antoine Lantre; à Sarbasan, le vicaire; à Mauvezin, Pierre Gaillère; à Aissyn, Guilhem Tintanne; à Estang, Pierre Darque; à Toujouse, Jean de Lacroix; à St-Canne, Bertrand de Lannelongue; à Cère, le vicaire; à Audignon, Jean de Lafitte; à l'abbaye de Saint-Girons, Jean d'Abbatia, Dominique de Lapeyre, Pierre et Jean de Castagnon, Jean de Baradat et Arnaud de Minvielle, chanoines ou prébendiers: à Doazit, Jean Dizest; à Ste-Colombe, Pierre de Rouillier; à Mugron, Jean Du Perrier, Etienne de Laporte, Bernard Barrière et Etienne de Domenger; à Brassempouy, Ramond et Jean de Capdeville; à Lamothe, Etienne Bodigues, Etienne Dubroca et Jean de Bayle; à Morgas, Arnaud de Laforcade; à Momig, Etienne Dufourg; à Bougue, Raymond de Holong et son neveu; à Benquet, Jean Pescay et Bernard Denon; à Grenade, Jean Ducourneau; enfin à Villeneuve, Vital d'Estephen. Le procès-verbal constate qu'il périt sous les coups des religionnaires soixante-dix-sept prêtres ou religieux sans comprendre dans ce nombre ceux qui, ayant été rançonnés ou pris, moururent par suite des mauvais traitements ou perdirent la raison. Sur environ deux cents vingt-trois églises que comptait alors le diocèse d'Aire, cent quarante-trois furent brûlées ou ruinées, et quarante-huit furent simplement pillées: ainsi, vingt-trois seulement échappèrent à la rage des ennemis.

Une enquête fut aussi faite dans le diocèse d'Auch, par le lieutenant du bailli royal de la ville de Pavie. Elle constatait que les hérétiques avaient occupé et ruiné tout le diocèse, excepté les villes d'Auch, de Fleurance et de Marciac; qu'ils avaient fait prisonniers les chanoines de Nogaro et de Vic-Fezensac, etc. etc. Mais nous n'avons pu retrouver le procès-verbal de cette enquête, déposé jadis dans les archives de la métropole.

NOTE 14, PAGE 398.

Le manuscrit du chevalier d'Antras, que l'auteur avait intitulé: Mémoires d'un Cadet de Gascogne, était d'autant plus précieux, qu'à part Monluc, mort au commencement du règne d'Henri III, aucun écrivain ne nous a conservé le récit de ce qui se passa dans le diocèse d'Auch durant les guerres de religion. Après être passé dans une foule de mains, sans que personne ait jamais songé à en tirer une copie, il s'est égaré il y a à peine trente ou trente-cinq ans. Cent pages environ ont été sauvées. M. Clauzade, notaire à Marciac, et plus tard le descendant actuel du brave chevalier les ont mises à notre disposition. Jean d'Antras, seigneur de Pallane, dit le chevalier d'Antras, descendait d'un Bertrand d'Antras, à qui Géraud, comte d'Armagnac, donna, en 1278, les litges avec ses fiefs *pour plusieurs agréables services qu'il en avait reçus, tant à la guerre que dans d'autres occasions*, et qui eut pour petit-fils un autre Bernard, chancelier de la maison d'Armagnac. Il nâquit en 1548, de Simon d'Antras, seigneur de Samazan, et de Serène, fille de Bernard de Sariac-Canet, seigneur de Laguian. Il étudia au collége d'Auch avec quatre-vingts ou cent gentilshommes; mais les protestants ayant fait, en 1569, leur première levée de boucliers, il s'enrôla, quoiqu'il n'eût encore que quinze ans. Il acheta un bidet des Landes du prix de six écus, et avec une pareille somme dans sa bourse il partit pour le Languedoc, où le feu de la guerre était allumé. En 1564 ou 1565, il se laissa entraîner à la malheureuse expédition des Florides, où périt le jeune Monluc. Rentré en France, il prit part à toutes les guerres de son époque, en particulier au siège de La Rochelle (1573), où il fut blessé aux deux cuisses, au bras droit et à la main gauche, et où malgré tant de blessures et la perte de son cheval tué sous lui, il se battit longtemps contre un huguenot et le fit prisonnier; mais, après cet exploit, il fallut que St-Lary, Montesquiou-Pompignan et Laas-Pardiac vinssent à son aide. Le prisonnier lui-même eut un soin tout particulier de son vainqueur. Ces blessures l'ayant forcé quelque temps au repos, il se maria avec Françoise La Violette, dame de Cornac, dont il eut dix-huit enfants. Quand il fut guéri, il continua à servir sa patrie avec le même zèle et le même courage et reçut à cette occasion plusieurs lettres très flatteuses d'Henri IV. On ignore l'époque précise de sa mort. Elle arriva de 1623 à 1627.

———

NOTE 15, PAGE 459.

Lettre de Henri de Bourbon, roi de Navarre, à Messire Réné de Pins, seigneur de Montbrun, etc. etc.

Monsieur de Montbrun, parce que j'ay desjà estably et ordonné l'ordre que les habitans de ma ville de l'Isle-en-Jourdain ont tenu pour eulx conserver et madite ville sous l'obeyssance du roy monseigneur et mon commandement, sans recevoir autre garnison là dedans que d'eulx mesme, d'autant que je désire singulièrement leur bien et soulaigement et que l'on m'a faict entendre que vous tachiez d'y entrer avec quelque nombre de gens. Encore que je ne puisse ni ne doive croire si est-ce qu'il m'a semblé vous debvoir escrire ceste-cy pour vous prier et exhorter au cas où vous l'auriez entreprins vous en départir puisque vous n'avez rien à commander sur ce qui m'appartient, comme fait ladite ville. Autrement, ou vous vous oublieriez que de l'entreprendre vous pouvez penser que je ne suis pas pour le souffrir sans en avoir ma revanche. De quoy je seray d'autant plus marry d'estre occasionné que je désire vous faire plaisir en tous les endroits où j'en aurai le moyen. Priant Dieu, Monsieur de Montbrun, qu'il vous ait en sa sainte garde. De Sainte-Bazeille, le xxji de janvier 1577. Vostre bon ami, HENRY.

Monsr de Montbrun, pour ce que j'ay entendu que les srs de Mirepoix et de Terride ne sont d'accord du différend qu'ils ont sur la maison et terre de Terride, et que si elle revenoit entre leurs mains cela pourroit estre cause d'alterer le repos de tout le pais circonvoisin et commencer ung feu qui pourroit s'espandre par tout et embraser le reste, je vons ay bien voullu pour le desir que j'ay d'apporter tout ce qui sera en mon pouvoir et de mon debvoir pour l'establissement de la paix vous fere la presente pour vous prier de vous tenir encore en ladite place et la garder jusques à ce que par le roy mondit seigneur soit aultrement pourvou sans qu'il en puisse arriver aulcun inconvénient au public et que tout ce qui a esté accordé d'une part et d'aultre pour le regard de la dite place puisse estre du tout observé ce que m'asseurant que vous vouldrés faire suyvant la prière que je vous en fay. Je ne vous en diray davantage si ce n'est pour prier Dieu vous tenir, Monsieur de Montbrun, en sa sainte et digne garde; De Montauban, le 29e aoust 1578. Vostre bon et assuré amy Henry. La subscription est : Monsr de Montbrun, cher de l'Ordre du roy monseigneur.

Henri IV écrivit encore à Gui de Brunet, un des ancêtres du vicomte de Panat, l'un des représentants du Gers, la lettre suivante :

» Crapault que uoulés-uous dyre : *Il n'est pas temps peult estre de uenyr?* Vostre frère dyt que cy et Lauardyn est aussi gros (fort) que nous pour le moyns. Layssons rallycrye, ne uous escusés, ce n'en est pas la sayson; mais sy uous m'aymés, et sy uous uoulés que je le croye, monstrés l'exemple aux aultres. Je te prye, Crapault, uyen moy treuver et amène ce que tu pourras ou ce que tu uouldras, car en quelque façon que je te uoye tu seras le byen tenu. Ce que nous auons faict jusques icy n'est pour ryen comté au prys de ce que nous ferons asture (à cette heure), Adyeu, Viçouse uous uerra, Vyssouze uous dyra tout. Vostre plus affectyoné maistre et amy. Signé HENRY. A Saumur, ce 29 d'auryl. Suscription : *A mons. de Lestelle.* »

NOTE 16, PAGE 470.

En 1562, le roi Charles IX , en vertu d'une bulle de Rome , ordonna qu'il serait vendu sur le temporel de l'église de France jusqu'à
concurrence de 100,000 écus de rente. Le diocèse d'Auch fut compris
dans cette taxe pour 2,500, l'écu valant 3 livres 15 sols. L'archevêque
aliéna, à cette occasion, la terre et seigneurie de Sos pour 8,000 liv. ;
la justice et les droits seigneuriaux de Calian pour 550 l. ; le pré de
Claustre, à Marambat, pour 250 liv.; la métairie de Brouillas pour
6,900 l. Le chapitre aliéna la métairie du Berry pour 3,300 l., et un
pré à Auch pour 250 l. Les Chapelains de Maurini aliénèrent la métairie du Conté pour 1,175 l., et le moulin de Thouars pour 1,750 l.
L'archidiacre de Sos, une maison située à Sos pour 41 l. Les syndics
des Prêtres du Purgatoire de Jegun, la moitié d'un moulin situé au
Castéra, pour 412 l., et la moitié de la métairie d'Aspin dans St-Paul
de Bayse et d'une pièce de terre à Colanges pour 70 l. Le Chapelain
de Notre-Dame de Pitié, une pièce de terre pour 27 l. Le syndic des
chanoines de Jegun, un moulin avec ses dépendances situé au dimaire
de Ste-Candide, pour 1,100 l. Les chanoines de Nogaro , le moulin
de Nogaro pour 970 l. Les religieux de St-Orens d'Auch, la métairie
de Mousquères, pour 500 l. Les Bénédictins de Montaut, la métairie
de Laterrade, pour 2,500 l. L'abbaye de Saramon aliéna la justice
de Saramon pour 1,200 l., la justice et fiefs de Marseillan pour 600 l.,
et le moulin situé sur la Gimone pour 2,100 l. Les Chapelains de
St-Blaise, à Sos, aliénèrent un jardin et deux pièces de terre pour
125 l. Les Chapelains des Cinq-Plaies, une maison et un jardin situés
à Queysa, pour 200 l.; une autre petite maison pour 30 l. , et deux
petits jardins situés dans la paroisse de Sos, pour 26 l. Les Marguil-
liers de St-George, près Sos, une petite maison, jardin et deux petites
pièces de terre, pour 35 l. Tous ces biens furent rachetés dans les
trois années suivantes.

En 1576, le pape *permit au même roi d'aliéner du temporel de
l'église* jusqu'à concurrence de 50,000 écus de rente. Le diocèse
d'Auch fut taxé 811 écus de rente ou 63,258 l. en capital. L'archevêque aliéna de nouveau la terre et seigneurie de Sos, pour 5,000
écus. L'abbé de Berdoues, la grange de Boscardon, pour 666 écus; les
terres et bois de Lapeyrade situés en St-Elix, pour 141 écus. L'abbé
de Faget, la moitié du moulin de Seissan, pour 230 l. L'abbé d'Idrac,
les terres dépendantes de l'abbaye, pour 507 écus. L'abbaye de Gimont, le moulin des *Armitis* avec un pré sur la rivière de l'Arrats,

pour 333 écus, et les terres et droits seigneuriaux de Gaudous, pour 833 écus. L'abbé et couvent de Lacaze-Dieu, la grange de Sarambat, pour 840 écus. L'abbé et couvent de Pessan, le bois de Faget, pour 933 écus. L'abbé et couvent de Simorre, les terres appelées le jardin de l'abbaye, pour 100 écus : la justice de Mazerettes, pour 267 écus, et la terre et bois de Tournan, pour 100 écus. L'abbaye de Saramon, diverses terres, le jardin et quelques restes du château de Saramon, pour 211 écus. L'abbé et couvent de Bouillas, une pièce de terre et le pré du Pignoulat, pour 312 écus. L'abbé de Berdoues, la grange et moulin de Pavie, pour 2,500 l.; la grange de la Marre, pour 400 l. Les terres de St-Jean-de-Lezian, pour 250 l.; la justice de Mirande vendue aux consuls, pour 300 l. Le commandeur de Bonnefont à Barran, la grange de Bonnefont, pour 2,800 l. Les Barnabites de Lescar vendirent, sous Louis XV, la commanderie, pour 22 ou 23,000 l. Les Chapelains de Gorgolis aliénèrent la métairie de Bournac dans Barran, pour 1,450 l. L'abbé de Bouillas, les fiefs et agriers de Pauillac, Montastruc, Rejaumont, Miremont et la métairie de Fraxinet, pour 2,075 l., et les fiefs et rentes du moulin d'Aurenque, pour 800 l. Les chanoines de Condom, le quart de ce dont ils jouissaient à Lassauvetat, pour 800 l. Le prieur de St-Luper d'Eauze, la métairie du Pouy, la moitié du moulin sur la Gelise et le petit moulin de Coupe, pour 1,500 l. Les Chapelains de Sarraute à Eauze, une pièce de terre de 3 journals près de la ville, pour 30 écus. Les Chapelains du *Corpus Christi*, dans la même église, une pièce de terre de 5 journées, pour 60 l., et une autre pièce, pour 40 écus. Les Chapelains de Carpert, un pré, pour 12 écus; une vigne d'un tiers de journée, pour 10 petits écus. Les Chapelains de Lavardac, une maison dans la ville avec un petit jardin derrière, pour 42 l.; une autre petite maison pour 12 livres; une journée de vigne, pour 21 livres. Enfin, une vigne avec un petit champ, pour 41 l. L'abbé de Flaran, la grange et moulin de Jandicu, à Montréal, pour 2,000 l.; la pièce de terre dite la Sacristanie, près la ville de Valence, pour 80 l.; les droits seigneuriaux que l'abbé possédait à Valence, pour 500 l.; la grange et métairie de Seiches dans le St-Puy, pour 2,500 l. Quelques autres pièces de terre dans l'île d'Orbessan, pour 230 livres. Le prieur de St-Orens, les trois quarts du moulin et Bastan d'Endoumingou sur le Gers, pour 1,108 écus, avec la réserve de 20 sacs de blé pour l'abbé. Les religieux de St-Orens, une vigne, pour 110 écus. Le prieur d'Eauze, le pré de Pocorau, pour 81 écus. Le chapitre de Vic, la moitié du moulin de Vic, pour 253 écus. L'archidiacre de Pardaillan, les quarts de Marrast, pour 93 écus; et l'archidiacre d'Armagnac, les *quartels* de Viella, Laguyan et Maumusson, pour 46 écus.

En 1586, le diocèse d'Auch fut taxé à la somme de 31,200 livres.
L'archevêque aliéna à cette occasion, la terre, seigneurie et château
de Lamaguère avec la plus value de la métairie d'Aureillenserre
Aureliani Serra, dans Barran, et de celle de l'archevêque, le tout
pour 6,100 l., et sous la réserve de 5 sols de lief et l'hommage d'une
paire de gands à chaque mutation de prélat. Le chapitre métropolitain aliéna la métairie de Togey, pour 9,000 l., et celle du Berry,
pour 7,600 l. Les chapelains de Maurini aliénèrent la métairie du
Conté pour 2,500 l. Enfin, en 1593, l'archevêque aliéna la sixième
partie du moulin de Belloc, assis sur le Gers, pour 1,004 livres.

NOTE 17, PAGE 474.

La ville d'Auch destinait à Léonard de Trappes une brillante réception ; mais son voyage fut plus rapide qu'on ne l'avait cru. Les préparatifs n'étaient point terminés lorsqu'on apprit son arrivée à Agen.
Envain on essaya de l'y retenir quelques jours : il ne voulut entendre
à aucun retard, et fixa pour son entrée le 5 novembre, un dimanche,
fête de St-Léonard son patron. Dès le 2, il quitta Agen et alla coucher à Lectoure. A cette nouvelle, le conseil de ville s'assembla et
arrêta qu'on enverrait à sa rencontre quatre consuls et douze notables.
C'étaient, pour les consuls, Jehan Mascaras, Jehan Marioles, Dominique Vivent et Etienne Chassailles ; et pour les notables, Jean Blai-
gnan, Jean Bru, Isaac Limosin, avocat, Pierre Pithous, procureur du
roi au comté de Fezensac, Pierre Savoys, Jean Sonis Bourgeois, Jacques Lebè, Bernard St-Arroman, capitaine, Pierre d'Aurelle, Jean
Montaut, Jean Ladrix et Pierre Rouède, étudiant à l'Université de
Toulouse. La députation partit le 3, au lever de l'aurore, traversa
Fleurance et ne rencontra l'archevêque que bien avant dans le bois
du Ramier. On mit pied à terre de part et d'autre. Après les premiers
saluts échangés, Mascaras offrit au prélat un premier tribut de félicitations au nom des Auscitains. Mgr de Trappes répondit avec grâce
et abandon ; il ajouta qu'il maintiendrait les coutumes et les franchises de la ville, et qu'au besoin il en donnerait de plus étendues. On
remonta alors à cheval.
   L'escorte se grossit bientôt de François Catel, abbé d'Idrac, neveu
du célèbre historien de la ville de Toulouse, de Jean de Noguero, de
Bernard Dubarry, archidiacre d'Armagnac, et d'Arnaud de Mont,
archidiacre de Savanès, délégués par le chapitre pour *faire la révé-
rence* du diocèse. Catel porta la parole, et comme le temps était incer-

tain, l'orateur ayant aperçu un arc-en-ciel qui se formait à l'horizon, y vit un symbole de la paix qui devait régner entre l'archevêque et son chapitre. Le prélat répondit qu'il ne tiendrait pas à lui que l'harmonie ne fût complète, et il allait continuer ; mais la nuit qui commençait à tomber interrompit son discours et le força à poursuivre la route. Près de l'ancienne chapelle de Saint-Laurent, on rencontra Mr de Baratnau, avec six ou sept gentilshommes du voisinage. L'escorte s'élevait à quatre-vingts ou quatre-vingt-dix chevaux. On arriva ainsi en discourant jusqu'à un petit oratoire placé à environ deux cents pas de la ville. Jean Espiau, chanoine d'Auch et recteur de Fleurance, assisté de quelques prêtres, des quatre consuls de Fleurance et de deux ou trois cents personnes des deux sexes, y attendait l'archevêque. Il le conduisit processionnellement à l'église, au chant du *Te Deum*. Durant ce trajet, les deux plus anciens consuls de Fleurance marchaient aux deux côtés du pontife.

Les prières terminées, les consuls et les notables menèrent le prélat chez Mme de Bustard, où il soupa et où il reçut le bonsoir des consuls d'Auch, après avoir arrêté avec eux que la nuit suivante il irait coucher à Pavie. Le lendemain, il dit la messe à Fleurance, alla dîner au Baratnau avec dix ou douze gentilshommes et les consuls d'Auch et de Fleurance, et étant remonté à cheval après le repas, il trouva en avant de Casteljaloux Bernard d'Aignan, accouru malgré ses soixante-dix ans avec une trentaine de bourgeois d'Auch pour déposer à ses pieds les sentiments qui animaient la cité entière. Un peu plus près du château de Casteljaloux, on rencontra le baron de Montaut, jeune enfant de dix à douze ans qu'accompagnaient ou plutôt que menaient huit à dix gentilshommes. La cavalcade accrue ainsi successivement arriva aux portes d'Auch de quatre à cinq heures du soir, et sans s'arrêter elle longea les murs de la ville et accompagna le prélat jusqu'à Pavie.

Aux limites de cette paroisse, se tenaient MM. de Campeils, de Salenave, La Vaquant et de Serillac, plus près du pont les consuls de Pavie, et enfin un peu plus loin le gros des habitants en procession, qui tous conduisirent l'archevêque à l'église. Après la bénédiction du Saint-Sacrement, les consuls menèrent leur hôte dans la maison de Guillaume Abadie, bourgeois de la ville. Là, ils lui offrirent des fruits et du vin ; aussitôt après le souper, l'archevêque quitta la maison qui avait été disposée pour le recevoir, et alla passer la nuit dans le couvent des Carmes.

Le lendemain, les huit consuls partirent d'Auch en grand costume, vers sept à huit heures. Ils étaient accompagnés de quatre-vingts bourgeois à cheval comme eux, et précédés de leurs gardes et de leurs massiers devant lesquels marchaient quatre trompettes et six musiciens *jouant violes et violons* A quelques pas de la ville, ils rencontrèrent, vis-à-vis du moulin de St-Martin, un bataillon d'infanterie rangé en bataille et composé de six cents arquebusiers ou mousquetaires, et de deux cents *hommes à long bois*. Dans les rangs de cette belle et nombreuse garde urbaine flottaient au gré des vents quatre beaux drapeaux portés par Pierre Laveran, Jean Ladoix, Pierre Icart et Guillaume Sentoux. La musique seule laissait à désirer ; elle ne se composait que de quatre tambours et d'autant de fifres (1). Bernard Dufaur, sieur de St-Christau, vieillard octogénaire, mais adroit et dispos pour son âge, et sous lui son fils aîné et Jacques Lebè, commandaient la milice Auscitaine. A leur passage, les consuls furent salués d'une décharge d'arquebuses. Sur les confins de la paroisse, ils trouvèrent l'archevêque qui, à leur vue, descendit de cheval. Ils en firent aussitôt de même et lui rendirent les offices de bons vassaux.

Ce préliminaire accompli, ils remontèrent tous à cheval, et des huit consuls deux se placèrent aux deux côtés de l'archevêque, et les six autres allèrent se ranger deux à deux à côté de la croix archiépiscopale, portée par l'aumônier du prélat. Quand le cortége arriva devant le bataillon, le commandant demanda à l'archevêque s'il aurait pour agréable que le bataillon le saluât ; et Msr de Trappes ayant répondu qu'il le laissait à sa discrétion, à l'instant les arquebusiers firent leur salve, qui dura *un petit demi-quart d'heure*. Après cette décharge, la troupe se mut et accompagna l'archevêque jusqu'à l'entrée de la ville, d'où elle s'échelonna jusqu'à l'église métropolitaine. Cependant, l'archevêque était entré avec les consuls dans la maison des héritiers Lasmezas : il s'y chauffa un instant ; puis, il revêtit ses habits pontificaux et monta sur un petit mulet noir, harnaché de violet; les consuls étant, de leur côté, remontés sur leurs chevaux, reprirent leurs places accoutumées, et après eûx venaient à cheval les gentilshommes de la suite de l'archevêque et les bourgeois venus avec les consuls.

On s'avança ainsi jusqu'à la porte de Latreille. A quelques pas s'élevait un arc de triomphe, surmonté de quatre écussons aux armes du roi, du comte d'Armagnac, de l'archevêque et de la ville. Autour des écussons, on lisait l'inscription suivante : *Videant consules ne quid detrimenti respublica patiatur*. Les citoyens avaient-ils voulu faire entendre qu'ils étaient loin de sacrifier à qui que ce soit les priviléges de leur cité, ou n'avaient-ils fait que rappeler sans intention spéciale une formule généralement connue ? Nous n'oserions rien affirmer, car

(1) Le présent a vengé le passé. Au souvenir de ces fifres et de ces tambours, on songe involontairement à l'excellent corps de musique dont s'énorgueillit la ville d'Auch.

tout en respectant l'ordre établi, nos pères savaient autant et peut-être mieux que nous défendre et faire respecter leurs droits. Toutefois, nous inclinons d'autant plus volontiers vers un souvenir innocent que tous les esprits étaient à la paix et à la concorde autant qu'au plaisir et à la joie. L'arc de triomphe laissait voir un autel élégant sur lequel reposaient les reliques de saint Orens, apportées processionnellement par les Religieux, ayant à leur tête dom Pierre Moreau, sous-prieur du monastère, en aube et en pluvial. L'archevêque eut peine à pouvoir descendre de sa monture, tant était grande la foule rassemblée dans ce lieu. Le document, qui nous sert de guide, la porte à huit ou dix mille personnes.

Après avoir vénéré les reliques, le prélat s'assit sur une chaise et les consuls sur des bancs. Bientôt le premier consul Vivès, se levant, prit la parole et commença ainsi sa harangue : *Venisti tandem, tuaque expectata tot annis vicit iter durum pietas.* Il se réjouit ensuite de voir enfin terminé le veuvage de cinquante-trois ans qui avait affligé la métropole. Le prélat répondit qu'il avait déjà manifesté ses sentiments à l'égard des habitants d'Auch et de leurs privilèges, et qu'il était heureux d'en renouveler l'expression. A ces mots il se lève, place ses deux mains sur les reliques de saint Orens, le *Te Igitur*, la croix et le missel, et dit : Nous, Léonard de Trappes, jurons les franchises, libertés et coutumes écrites et non écrites de notre ville d'Auch, et promettons non seulement de les tenir, mais d'en donner de plus amples, si besoin est. Cela fait, l'archevêque prit le missel entre ses mains et les consuls se mirent à deux genoux, posèrent leurs mains sur le livre saint, promirent et jurèrent pour tous les habitants d'Auch, d'être bons, loyaux et fidèles vassaux de l'archevêque.

Le serment prêté, l'archevêque remonta sur son mulet et les consuls sur leurs chevaux. Sur le pont, ils trouvèrent le jeune de Montaut-Voisins, conduit par le sieur de Miremont et suivi d'environ quarante gentilshommes, tous ceints d'une écharpe verte et appuyés sur un bâton blanc. Le baron offrit au prélat les services que la maison de Montaut devait aux archevêques à leur entrée (1). Le prélat lui fit

---

(1) Dom Brugelles raconte ainsi son entrée : « Le jour de son entrée en la métropole, le baron de Montaut lui rendit le service accoutumé; et comme il avait fortement glacé la nuit précédente, le baron, à cause du froid, enveloppa la jambe, qu'il devait avoir nue, d'un bas de toile très-fine, couleur de chair ; mais le prélat s'en étant aperçu, il (sic) en reprit aigrement le baron devant toute l'assemblée. Celui-ci lui représenta que ce n'était pas tant le froid excessif qui lui avait suggéré ce stratagème, mais bien plus le respect qu'il avait pour la personne de son prélat devant

observer que le baron devait avoir, pour conduire l'archevêque, la tête découverte, et un pied et une jambe nus. Le baron prétendit que d'après des actes gardés dans son château, il suffisait qu'il mît à un de ses pieds une semelle de cuir attachée par-dessus avec des lacets. La contestation fut assez longue ; mais si nous la jugeons par les deux procès-verbaux qui nous ont été conservés et que nous avons suivis en racontant l'entrée des cardinaux de Tournon et de Clermont-Lodève, les deux parties émettaient des assertions erronées. Le baron n'avait pas dans cette cérémonie, comme le voulait Mgr de Trappes, un pied et moins encore une jambe nue ; mais en revanche, ce que ne voulait point le jeune baron, il avait la tête nue et à ses deux pieds la sandale espagnole. A la fin, l'archevêque se relâcha de ses prétentions. Il déclara qu'ayant égard au jeune âge du baron, au froid de la saison et aux boues occasionnées par les pluies, il se contentait de ce qui se faisait, sans toutefois vouloir rien préjuger pour ses successeurs. Alors le jeune baron prit une écharpe blanche qu'il noua à la rêne de la bride du mulet, puis il l'attacha à son bras et conduisit ainsi le prélat jusqu'à Sainte-Marie, précédé des gentilshommes qui marchaient deux à deux, leur bâton blanc à la main, les deux premiers consuls se tenant aux deux côtés de l'archevêque.

A la grande place de Latreille, on rencontra le chapitre en chappe, précédé de six chantres avec leurs bourdons. L'archevêque descendit pour baiser la croix portée par le chanoine hebdomadier, et remonta sur son mulet pendant que les Religieux de St-Orens, avec leurs reliques et leur procession, rentraient dans leur église. Après cette séparation, le cortége continua dans l'ordre suivant. D'abord venaient les Franciscains et les Dominicains, puis les officiers de la justice spirituelle et temporelle de l'archevêque, ensuite les gentilshommes du baron de Montaut. Après eux marchaient le chapitre et après le chapitre, l'archevêque entre les consuls. La marche était fermée par un grand nombre de gentilshommes du pays et de bourgeois de la ville, tous à cheval. La presse était si grande qu'à peine on pouvait passer au portail de l'hôpital et au portail de Cazenave, où s'ouvrait alors le chœur de la ville. Sur la Place-Neuve, on avait dressé un arc de triomphe soutenu par quatre grosses colonnes surmontées des mêmes écus-

---

lequel il avait cru ne devoir pas découvrir aucune nudité. » Cette forte glace au 6 novembre, le lendemain d'un jour de pluie où avait brillé l'arc-en-ciel, ce bas de toile couleur de chair, ce respect qui ne permettait pas de découvrir la jambe nue d'un enfant de dix ans, sont autant d'inexactitudes ; mais on sait que les inexactitudes ne sont pas très-rares chez le Bénédictin de Simorre. Du reste, dom Brugelles a encore suivi ici le P. Monggaillard, mais en l'outrant.

sons qui ornaient l'arc de triomphe de Latreille. Au haut on voyait les armoiries du roi; plus bas, côte à côte et sur le même plan horizontal, les armoiries du comte et de l'archevêque, et enfin au-dessous les armoiries de la ville. Ces écussons avaient pour devise ces mots écrits en gros caractère : *In valle clara erit sedes ejus.* Quand le cortége passa sous cet arc, les arquebusiers firent une décharge si bruyante, que les chevaux s'effrayèrent et l'un d'eux faillit à blesser l'archevêque et le jeune baron qui le conduisait, ce qui ne les empêcha pas de continuer leur chemin jusqu'au *portail neuf de l'église.* Là, le prélat descendit avec sa suite, en face d'un autel dressé sur la porte et couvert de reliques.

Le doyen du chapitre, François Catel, avant de présenter à l'archevêque la croix à baiser, lui dit, comme les anciens de Bethléem à Samuël lorsqu'il vint sacrer le jeune David, alors berger ignoré à la suite du troupeau de son père : *Pacificus-ne est ingressus tuus ?* L'archevêque, empruntant sa réponse au même texte, répondit avec le vieux prophète d'Israël : *Pacificus, ad immolandum veni, sanctificamini.* Après quoi il baisa la croix. Catel était un des hommes les plus érudits de ce siècle, où l'érudition fut si générale et si profonde. « Il harangua d'importance le prélat en quatre langues, hébreu, grec, latin et français , faisant un discours très éloquent où il déduisit la dignité et le poids de cette charge archiépiscopale. A dire vrai, son épilogue fut merveilleux et plein de civilité de la part du chapitre ; mais le témoignage du dit archevêque ne fut pas moindre en finissant tous ses discours, » c'est-à-dire que l'archevêque répondit dans les quatre langues et continua toutes les citations dont s'était servi le doyen.

Après cet assaut, qui ne se renouvellera sans doute jamais sur le parvis de Ste-Marie, l'archevêque entra dans l'église, appuyé sur le bras du baron de Montaut. Il alla baiser le maître-autel, fit une courte prière et se rendit à la stalle placée au fond du chœur , pendant que la musique chantait le *Te Deum,* qui fut suivi de la bénédiction archiépiscopale. La cérémonie terminée, le prélat, toujours conduit par la main, descendit les degrés du perron de l'église, entra dans le palais archiépiscopal et s'arrêta à la chambre rouge, où *les archevêques étaient accoutumés de loger.* Les consuls revinrent bientôt lui présenter leurs félicitations avec le petit présent d'usage. Ensuite on se mit à table, où le jeune de Voisins servit et trancha. Après le dîner, le baron demanda à l'archevêque s'il était content du service qu'il lui avait rendu; et ayant obtenu une réponse affirmative, il en fit dresser un acte public. En même temps, *il fit trousser la vaisselle d'or et d'argent et tout ce qui avait paru à table, communément appelé le buffet, et le prit comme sien. Ainsi fit-il du mulet caparaçonné* qu'avait monté l'archevêque, et il se retira. Ce fut la dernière entrée d'archevêque faite avec l'ancien cérémonial. Dominique de Vic, qui succéda à Léonard de Trappes, s'étant soustrait à cet honneur, fut imité par Henri de Lamothe-Houdancourt, et après eux, le moyen-âge et tout ce qui le rappelait étaient complétement abandonnés.

Le cérémonial de l'entrée des abbés de Simorre était presque le même que celui des archevêques d'Auch. Écoutons dom Brugelles, page 184 : « Lorsque l'abbé de Simorre fait sa première entrée dans cette ville ou à sa mise en possession, le baron de Boyssède est obligé de l'aller attendre à la porte de la ville, tête nûë, l'une jambe nûë et l'autre bottée, lui prendre la bride de son cheval ou mule, et le mener jusqu'à la porte du parvis de l'église, lui porter la robe, et le servir tout le jour, tant à l'église qu'à table, toujours vêtu de même : en recompense de quoi il a le buffet de l'abbé, dont la valeur a été reglée 300. liv. pour éviter les contestations sur ce sujet. Une des autres ceremonies de cette entrée est, que l'abbé prête le serment aux habitans de Simorre, au devant de la porte de la ville, promettant de les laisser dans leurs priviléges ; et à l'instant il destitue les consuls : ensuite il reçoit sous la Hale le serment de fidelité des habitans, et fait de nouveau les consuls : et devant la porte de l'église il prête le serment au chapitre, et après le reçoit de chaque religieux devant la chapelle du cloître. »

La ville de Simorre faillit à être prise en 1573. Durant la Semaine-Sainte, on apprit que les huguenots, maîtres de Mauvezin, avaient résolu de se jeter sur la procession que les Religieux de l'abbaye conduisaient tous les ans le lundi de Pâques, à la chapelle de Saintes, et d'enlever le buste d'argent de St-Cerat qu'on y portait en triomphe. Cette crainte retint les moines, et la procession ne franchit point l'enceinte murée. Les religionnaires, frustrés dans leur attente, essayèrent de se venger sur la ville. Ils allèrent l'assaillir quelques jours après, sous la conduite de N. de Vivés ; mais Jacques de Brugelles, qui commandait dans Simorre, donna promptement avis de cette attaque à l'intendant de la généralité de Montauban et à Carbon de Labarthe-Lassegan, gouverneur du pays. Ceux-ci firent aussitôt avancer des troupes dont l'approche suffit pour disperser les ennemis. Depuis cette délivrance, arrivée le 15 avril, les habitants fêtèrent cet événement par une procession qui s'est célébrée jusqu'à nos jours.

NOTE 18, PAGE 489.

La Gascogne possédait jadis et possède encore quatre lieux de dévotion très-révérés et tous consacrés à la Ste-Vierge. Betharam, Buglose, Garaison et Cahusac. Le premier appartenait au diocèse de
Lescar, le second à celui de Dax et les deux derniers à celui d'Auch.
La nouvelle circonscription donnée à la France, les a répartis entre
les quatre départements, ou les quatre diocèses qui se partagent la
province; les Basses-Pyrénées ou Bayonne possèdent Betharam;
les Landes ou Aire ont Buglose; Garaison a été attribué à Tarbes ou
aux Hautes-Pyrénées. Cahusac seul est resté à Auch ou au Gers.
   Betharam signifie évidemment beau rameau ou belle branche.
Voici ce qu'on raconte à cet égard. Il y avait déjà longtemps que la
chapelle existait sous une dénomination que nous ne connaissons plus,
lorsqu'une jeune fille tomba non loin de là dans les eaux du Gave.
Elle allait se noyer; alors elle s'adressa pleine de confiance à Marie,
et aussitôt une branche se trouva sous sa main pour l'aider à regagner
le rivage. Par reconnaissance pour la bonne vierge qu'elle regarda
comme sa libératrice, la jeune fille plaça sur son autel une branche
aux feuilles d'or, et de là le nom de Notre-Dame *de beau rameau : de
beth arram.* L'origine du pieux sanctuaire est elle-même enveloppée
de ténèbres. Nous transcrirons ici dans toute sa simplicité la légende
de Betharam, telle que nous l'ont conservée les anciennes chroniques.
« En ce temps-là, c'est-à-dire à une époque inconnue, mais déjà bien
loin de nous, quelques petits bergers du village de Lestelle se li-
vraient à leurs jeux enfantins pendant que leurs brebis paissaient
tranquillement et que les agneaux bondissaient sur les roches, qui
occupaient le bas de la montagne, au bord du Gave. Tout-à-coup,
les yeux de ces jeunes enfants furent frappés de l'éclat d'une vive lumière. Leur première impression fut celle de la frayeur; mais bientôt
rassurés par un sentiment intérieur de joie et de confiance, ils s'ap-
prochèrent et aperçurent avec surprise une belle image de la très-
sainte-Vierge. A cette vue, ils éprouvèrent des transports d'allégresse
qu'on ne saurait redire; ils coururent au village et racontèrent la
merveilleuse apparition à tous les habitants. Ceux-ci se hâtèrent
d'aller contempler le prodige de leurs propres yeux; un prêtre ne
tarda pas de les y suivre revêtu des ornements sacrés, et tous se pros-
ternèrent avec respect devant la miraculeuse statue, le visage mouillé
de pleurs et le cœur pénétré d'une sainte admiration.

On comprit sans peine qu'il y avait dans cette merveille une manifestation des desseins de Dieu pour la gloire de la sainte Mère de J.-C.; et chacun se trouva persuadé que le ciel voulait qu'un Oratoire fût construit en ce lieu. Mais comment bâtir sur ces âpres rochers? Cela parut à ces pauvres gens d'une difficulté insurmontable. En conséquence, ce fut de l'autre côté de la rivière qu'on dressa une niche où la sainte Image fut religieusement déposée. Mais, nouveau miracle! Autant de fois qu'on voulut l'y loger, autant de fois elle s'en retourna toute seule en sa première place; on ne put pas même la retenir dans l'église paroissiale d'où elle revint encore sur les bords du Gave. Les habitants de Lestelle virent bien que c'était l'unique lieu choisi du ciel; mais ils hésitaient toujours, lorsqu'une jeune villageoise nommée Raymonde, prenant en main la cause de la reine des Vierges, éleva la voix au milieu du peuple pour menacer ses compatriotes de la colère de Dieu s'ils n'obéissaient promptement à des ordres intimés d'une manière aussi positive. Elle parlait encore, et déjà une grêle affreuse tombait sur les moissons. A ce coup, tout le monde effrayé demanda grâce. On ne balança plus, et sans autre retard, on jeta les fondements d'une pauvre petite chapelle à laquelle Raymonde promit avec enthousiasme d'heureux accroissements. » La chapelle, relevée après le passage de Montgommerry, ainsi que les bâtiments adjacents qu'habitait une congrégation de prêtres attachés au service du sanctuaire, échappèrent à la tourmente de 1793. Les deux édifices ont encore leur destination primitive; mais la congrégation des prêtres a été remplacée par les missionnaires diocésains (1).

La chapelle de Buglose est située à deux lieues de Dax, dans la commune de Poy, qui vit naître St-Vincent de Paul. On ignore l'origine de cette dévotion; on sait seulement qu'elle précéda le passage de Montgommerry. A l'approche des soldats du terrible sectaire, quelques catholiques aussi zélés que courageux, ne pouvant soustraire la chapelle entière aux profanations, coururent du moins sauver l'image vénérée de Marie, et n'eurent que le temps de la précipiter dans un marais voisin, desséché depuis, à trente ou quarante pas de l'endroit où est maintenant la fontaine de Notre-Dame; mais, par des motifs que nous ignorons, ils couvrirent leur action d'un profond mystère, et moururent sans révéler le lieu où gisait la précieuse statue. Cin-

---

(1) Au passage de Montgommerry, un prêtre enleva la statue miraculeuse et l'emporta en Espagne. Celle que l'on voit aujourd'hui sur l'autel, fut donnée par le vénérable Léonard de Trappes. (Consulter l'histoire de la fondation de Betharam, par J.-P. Touton, et surtout la jolie Chronique de Betharam, par l'abbé Menjoulet).

quante ans s'écoulèrent ainsi, et l'on ignorait complétement ce qu'elle était devenue, lorsqu'il plut au ciel de la rendre aux fidèles. Un pâtre qui avait coutume de mener paître son troupeau dans les landes, près du marais, observa plusieurs fois qu'un de ses bœufs s'écartait du troupeau, qu'il entrait dans le marais et qu'il y poussait de longs mugissements. Il voulut en connaître la cause et monta sur un arbre, d'où il aperçut le bœuf prosterné devant une statue de la Vierge et interrompant ses mugissements pour la lécher. Il courut promptement faire part à son maître de ce qu'il avait vu. Le maître alla, à son tour, en instruire le curé de Poy, qui se rendit sur les lieux accompagné de plusieurs de ses paroissiens. Ils se frayent aussitôt un chemin à l'aide d'ais et de fascines, et parviennent jusqu'à la statue qu'ils retirent du marais ; puis ils la lavent, la baisent avec respect et la placent sur quelques pierres qu'ils rassemblent. C'était en 1620. Jean de Salettes occupait alors le siége de Dax. Il se transporta à Poy avec quelques membres du chapitre, vérifia lui-même les faits et en fit dresser un procès-verbal. En s'éloignant, il régla que la statue si miraculeusement retrouvée serait transportée à l'église paroissiale. On prit quelques jours pour préparer la pompe de cette translation. Le concours fut immense. Au moment convenu, on plaça l'image sur un chariot traîné par une paire de bœufs. Le peuple suivait en faisant retentir les airs de chants et de prières ; mais quand on arriva près des ruines de l'ancien Oratoire, les bœufs s'arrêtèrent, et il ne fut pas possible de les faire avancer. On comprit sans peine que la Ste-Vierge voulait être honorée dans le même lieu où elle avait jadis reçu les hommages des fidèles. L'évêque ordonna qu'on rebâtît la chapelle, dont il fit en grande partie les frais, et qu'il voulut bénir lui-même. Il y vint processionnellement de sa cathédrale, précédé de presque tout le clergé du diocèse et suivi d'une multitude innombrable de fidèles, parmi lesquels on remarquait le brave Bernard de Poyanne, gouverneur de Dax et de Navarrens, alors commandeur des ordres du roi. On appela le nouveau sanctuaire Notre-Dame-de-Buglose, de deux mots grecs qui signifient langue de bœuf. On bâtit à côté une maison que l'on donna aux Lazaristes ou pères de la doctrine chrétienne chargés de desservir la chapelle.

La statue miraculeuse existe encore. La chapelle restaurée et agrandie, vient d'être érigée en succursale, et la maison des Lazaristes, rachetée par Mgr Lanneluc, sert maintenant de demeure aux missionnaires du diocèse et d'asile aux prêtres que l'âge ou les infirmités ont forcé d'abandonner le saint ministère.

La dévotion à Notre-Dame-de-Garaison date de la fin du xve siècle ou des premiers jours du siècle suivant. La Ste-Vierge, sous les traits

d'une dame pleine de grâce et de majesté, apparut trois jours consé-
cutifs à une jeune bergère âgée de douze ans, qui gardait le troupeau
de son père, près d'une fontaine sur laquelle est bâti le maître-autel
de la chapelle, et qui se dégorge aujourd'hui dans un sanctuaire réservé. Ma fille, lui dit la Ste-Vierge, je suis la mère du Sauveur du
monde. J'ai choisi ce lieu aride et désert pour le combler de mes
bénédictions : je souhaite qu'on y bâtisse une chapelle en mon honneur. Allez en informer votre père, afin qu'il en donne avis aux habitants de Mauléon. Un double miracle opéré sur les bords de la fontaine,
en présence de plusieurs témoins, fit ajouter foi aux révélations de
la jeune bergère, et l'on bâtit au lieu indiqué une modeste chapelle.
Ce premier édifice se trouva bientôt trop étroit pour l'immense concours des fidèles qui y affluaient de toutes parts. On le démolit, et
sur ses ruines on jeta, en 1523, les fondements de la belle chapelle qui
subsiste encore. Anglése de Sagazan, ainsi se nommait la bergère,
n'attendit pas pour quitter le monde que ce second édifice fût achevé.
Elle se retira à l'abbaye de Favas, où elle prit le voile et où elle mourut en odeur de sainteté vers l'an 1589. A cette époque, la dévotion
à Notre-Dame-de-Garaison s'était refroidie. Le pieux Godefroy, que
nous avons vu concourir à la restauration de Bétharam, vint la raviver. Devenu curé de Mauléon, il établit près de la chapelle une communauté de prêtres destinés à accueillir les pèlerins et à leur prodiguer
les secours de la religion. Mgr de Trappes, que nous trouvons dans
toutes les œuvres religieuses entreprises sous son épiscopat, encoura-
gea cette fondation. Il traça lui-même le plan de la maison que devaient
habiter les chapelains, et en fit élever les murs à ses frais. Il s'y bâtit
une petite chambre qu'il venait occuper assez souvent, et où il passait
quelquefois des mois entiers. La révolution de 1790 n'épargna pas
plus Garaison que les autres sanctuaires de Marie. Les calices, les ornements sacrés et les *ex voto* furent portés au district voisin. On vendit
la chapelle et l'habitation des chapelains; mais, ni l'une ni l'autre ne
furent détruites. Mgr Double les a rachetées en 1834. Elles sont maintenant rendues à leur destination primitive, et le concours des fidèles
n'a jamais été plus grand.

L'origine de la chapelle de Cahusac remonte aux premières années
du seizième siècle. Un pâtre menait paître ses vaches sur les bords de
la Gimone, à quelques pas de la ville, le long de la haie d'un jardin.
Arrivées près d'un ormeau, les vaches s'arrêtèrent sans qu'il fût possible de les faire avancer, et le pâtre, s'étant approché pour voir ce
qui les effrayait, aperçut sur le tronc de l'arbre une petite figure de
Notre-Dame-de-Pitié, environnée d'une auréole lumineuse. Les reli-

gieux de l'abbaye de Gimont, aux oreilles desquels le bruit de ce prodige parvint en peu d'instants, s'empressèrent d'aller chercher avec
respect l'image sacrée pour la porter dans leur église ; mais le lendemain elle avait disparu. On la retrouva sur l'arbre. Les religieux
revinrent la prendre avec plus de respect que la première fois, mais
aussi vainement ; l'image abandonna de nouveau l'église pour retourner sur l'ormeau. On comprit alors que c'était là que Marie voulait
être honorée. Les dons et les aumônes affluèrent. On acheta le jardin
le 10 octobre 1513, et sur ce sol on bâtit en peu d'années une vaste
et gracieuse chapelle surmontée d'un joli clocher à flèche. Trois chapelains furent consacrés à son service. On construisit pour eux une
habitation agréable et commode que le temps et les révolutions (1)
ont respectée aussi bien que la chapelle près de laquelle elle s'élève.

Les habitants de Gimont ne furent pas longtemps à se féliciter de
leur pieuse générosité. La peste et la famine désolèrent la province.
Le double fléau envahit leur ville et y sema le deuil et les funérailles.
Dans leur désolation, ils recoururent à Marie. Ils allèrent processionnellement et pieds nus appendre une lampe d'argent dans le sanctuaire
qu'elle aimait, et en même temps ils s'engagèrent par un vœu solennel à renouveler leur pèlerinage tous les ans, le lendemain de Pentecôte. La peste cessa aussitôt, et la famine ne tarda pas à disparaître.
La reconnaissance publique n'oublia pas ce bienfait ; le vœu fut religieusement gardé. La procession se fait encore de nos jours.

Outre Garaison et Cahusac, l'ancien diocèse d'Auch comptait encore
deux sanctuaires de Marie depuis très longtemps révérés ; Aignan et
Pibèque. C'étaient là ses quatre palladium, placés aux quatre points
cardinaux. Nous ne savons rien du sanctuaire d'Aignan, joli et élégant édifice à voûte hardie qui avait traversé la tempête révolutionnaire, et que nous avons vu détruire dans notre enfance, alors qu'on

---

(1) Si la chapelle de Cahusac échappa aux violences du protestantisme dans le 16ᵐᵉ
siècle, ce n'est pas que les sectaires n'eussent plus d'une fois conspiré sa ruine. Ils
partirent un soir de Mauvezin et espérèrent l'envahir à la faveur des ténèbres ; mais
après avoir marché toute la nuit, ils n'avaient fait qu'une lieue. Ils renouvelèrent
leur tentative les deux nuits suivantes, et toujours avec aussi peu de succès. Ces
essais les découragèrent ; ils laissèrent en paix le sanctuaire de Marie. Le gouverneur de l'Isle-Jourdain, zélé pour la secte et attiré par l'appât des richesses que
renfermait la chapelle, se flatta d'être plus heureux. Il parvint jusqu'aux portes du
sanctuaire ; mais quand il toucha le seuil, il se sentit atteint d'un mal aussi violent
que subit ; il n'osa pas pénétrer plus avant. Sa retraite, toutefois, ne put fléchir le
courroux du ciel. Il périt tristement peu de temps après. (Tableau de la miraculeuse
chapelle de N.-D. de Cahusac, par Jean Duclos, prêtre.

pouvait si facilement le sauver. Le sanctuaire de Pibèque a disparu comme celui d'Aignan. Il s'élevait près de Castelnau-d'Auzan, dans la paroisse d'Arech ; un chapelain était attaché à son service. Après ces quatre chapelles, deux autres plus récentes étaient aussi visitées. Celles-ci, plus heureuses que les deux dernières, sont encore debout. Le village de Biran possède l'une : l'autre se voit à quelques pas de la ville de Marciac.

L'église de Notre-Dame de Biran ne fut d'abord qu'une petite chapelle construite en forme de grotte. Quoique peu éloignée de l'église de St-Martin, alors paroissiale et maintenant en ruines, on y disait fréquemment la messe, preuve manifeste que déjà les fidèles reconnaissaient que la Mère de Dieu se plaisait à y être honorée. Un événement ménagé par la Providence vint, plus tard, augmenter le concours. Bernard Cornac, habitant de Biran, avait fait le pèlerinage de Notre-Dame-del-Pilar de Saragosse, si célèbre alors dans tout le midi de l'Europe. Il en revint portant une image de Marie, prise au saint pilier lui-même. Elle était en bois doré, et tenait sur son bras un petit Jésus paré d'un collier de perles. Au-dessus de la Mère et du Fils, planait un Saint-Esprit, aussi en bois doré, et soutenu par un pilier en bois marbré. Le dévot pèlerin et sa digne épouse, Philippine de Lespins, firent hommage de l'image sacrée à leurs concitoyens et la déposèrent d'abord dans l'église de St-Martin. Le 24 juillet 1667, conformément à une ordonnance de Mgr de Lamothe-Houdancourt, qui réglait le jour, l'ordre et les prières de la translation, M. Savoye, curé de Biran, accompagné des consuls en habits de cérémonie, la transféra solennellement à la chapelle de la Vierge, au milieu d'une multitude immense accourue de toutes les paroisses environnantes. Dès ce moment, Notre-Dame de Biran devint une des plus célèbres dévotions du diocèse, et en peu d'années les dons offerts par la confiance et la piété, ou provoqués par la reconnaissance, se multiplièrent au point qu'on put bâtir l'église actuelle avec les bas-reliefs qui la décorent, et l'enrichir d'ornements rehaussés d'or et d'argent.

La chapelle de Notre-Dame de Marciac fut bâtie vers le milieu du XVIIe siècle. La peste sévissait dans la ville. Le terrible fléau enleva depuis le 1er janvier 1653 jusqu'au 9 juin, 104 personnes. L'année suivante, du 14 au 26 décembre, on compta 32 décès : le chiffre total se portait alors à 427. Dans le mois d'octobre, trois prêtres moururent victimes de leur zèle et de leur charité : le chanoine Bernard Laroze, le dominicain Gélas, et Ogier de Voisins, curé de la paroisse. La nièce de celui-ci, Claire de Voisins, fut emportée en quelques heures le jour même de ses noces. Pendant que tous les cœurs étaient plongés dans la consternation et le deuil, la Ste-Vierge apparut à une pieuse femme

du peuple qui était sortie de la ville pour cueillir du bois mort le long
des haies. Elle annonça que le fléau ne cesserait que lorsqu'on lui aurait
élevé une chapelle dans ce lieu même sous le vocable de Notre-Dame-
de-la-Croix. Les habitants de Marciac refusèrent d'abord d'ajouter
foi à la vision ; mais, comme la mortalité ne tarda pas à augmenter,
ils crurent voir une punition du ciel dans cette recrudescence, et
mirent la main à l'œuvre. A peine avaient-ils posé la première pierre
que le fléau s'arrêta, et peu de temps après il disparut sans retour.
(Voir la Notice de M. Casimir Clauzade.)

NOTE 49, PAGE 521.

Le temple de Layrac fut démoli à la requête de Pierre Ferret, curé
de St-Pierre de Condom, par arrêt du conseil du roi, tenu le 21 janvier 1671; celui de Labastide-d'Armagnac, par arrêt du 27 septembre de la même année; celui de Geaune, par arrêt du 11 mars 1672;
celui de Bazas, par arrêt du 20 février 1673. A Vic-Fezensac, le
chapitre se plaignit, en 1682, que les protestants troublaient ses offices par les chants dont ils faisaient retentir leur temple. Celui-ci s'é-
levait à quarante-six pas de l'église, tandis que les réglements faits
par Louis XIV voulaient qu'il en fût éloigné au moins de cent. Le
juge royal Darquier accueillit les plaintes du chapitre, et ayant cons-
taté en présence des chanoines, des consuls, des notables de la ville,
des ministres protestants et des anciens du consistoire, l'espace qui
séparait les deux édifices, il ordonna que le temple serait détruit et
assigna aux Religionnaires un local situé hors ville où ils pourraient en
élever un second. Le local fut refusé et les choses traînèrent en longueur durant trois ans. Enfin, le 5 mars 1685, M. de Tartanac, syndic
du chapitre d'Auch, obtint du parlement de Toulouse un arrêt défendant l'exercice public du culte protestant dans Vic-Fezensac. Dès
que cet arrêt lui fut notifié, l'intendant de la généralité La Berchère
donna des ordres pour qu'on abattît le temple, ce qui fut exécuté le
28 octobre. Le ministre Bovillard dut alors faire les cérémonies dans
une maison particulière. Louis XIV déployait contre les protestants
l'intolérance dont ceux-ci, aux jours de leur puissance, avaient usé à
l'égard des catholiques. Les malheureux sectaires ne pouvaient
réunir leurs consistoires que tous les quinze jours, et encore fallait-il
que ce fût toujours en présence du juge royal chargé de surveiller
leurs actes et leurs paroles. A Eauze, le sénéchal ordonna la destruction du temple. Les protestants appelèrent de cette ordonnance au

parlement de Toulouse, qui rejeta leur appel, les condamna aux frais et à une amende, et leur enjoignit de procéder eux-mêmes à la démolition dans le délai de quinze jours, après lequel terme, il y serait procédé à leurs dépens (12 juillet 1685).

Le temple de Puycasquier avait été établi en vertu d'une lettre d'Henri IV, datée du 24 août 1571. Il fut démoli, le 5 juillet 1685, à la diligence de Jean-Sylvestre de Mauléon, juge de Mauvezin. M. Lafont, vicaire-général d'Auch, alla planter solennellement une croix sur ses ruines. Le temple du Houga et la plupart des autres, que l'on voyait dans le diocèse, n'avaient pas d'existence légale. Ils avaient été bâtis à la suite des prédications que les seigneurs voisins faisaient faire dans leurs châteaux. Leur démolition ne souffrit aucune difficulté. Le temple de l'Isle-Jourdain fut détruit le 16 juin 1684. Le chapitre, accompagné de *messieurs du sénat* et des consuls, alla processionnellement planter la croix sur son emplacement. *Il y avait deux cents hommes sous les armes pour la joie de la délivrance.*

A Mauvezin, la démolition du temple protestant fut entourée d'un certain appareil. Ce temple avait été bâti en 1597, avec les débris des édifices catholiques et surtout du couvent des Jacobins. On y lisait l'inscription suivante : 1597, *regnante Henrico* IV, *post noctem dies, à Fonteraillo hoc templum fondatum est, consulibus* Bariau, Besolles, Lalanne, Gimat. Le juge-mage, Bernard d'Aspe, se transporta à Mauvezin le 10 septembre 1684. Le vice-sénéchal Ladevèze, et Laroque, lieutenant de la compagnie de M. de Rastignac, l'escortèrent, suivis de seize cavaliers, d'un trompette et de cinq archers. Le juge et les consuls de Mauvezin l'attendaient devant le temple dont il fallut enfoncer la porte. On attaqua aussitôt les murailles, et l'œuvre ne fut terminée que le 18. On renvoya au dimanche la cérémonie religieuse qui devait signaler le triomphe de la vérité sur l'erreur. L'évêque de Lombez voulut y présider lui-même; il y invita tous les prêtres de son diocèse. La veille du jour choisi, il s'avança jusqu'à Gimont où il coucha; mais dans la nuit, la rivière ayant extraordinairement débordé, il ne put atteindre Mauvezin. Charles Castérès, un de ses vicaires-généraux, le remplaça. Il planta la croix au milieu d'un immense concours de fidèles, parmi lesquels on remarquait quarante prêtres en chapes ou en surplis, le juge de la ville, Jacques-Sylvestre de Mauléon, les quatre consuls en robes, noble Louis de Percin, seigneur de Noguès, et nobles François et Arnaud d'Usech, seigneurs de Bouvées. Cette croix a depuis été enlevée du lieu qu'elle occupait, où l'on a creusé un puits, et a été transportée à l'extrémité de la promenade. Le couvent des Jacobins, dont les débris avaient servi à bâtir le temple protestant, fut rebâti en 1624, comme l'atteste l'inscription à demi dégradée que l'on voit encore sur un mur extérieur : *ecclesia hæc ab hæreticis eversa fuit anno Domini 1576 et hoc anno 1624 reædificatur ad Dei optimi maximi gloriam, beatæ auxilio Virginis Mariæ et beatorum Dominici et Georgii, regnante Ludovico decimo tertio justo.* Ce dernier édifice, vendu durant la révolution de 1789, vient d'être racheté par le curé actuel de Mauvezin, et va servir de salle d'asile et de maison d'éducation pour les filles pauvres.

COUTUMES D'ORDAN.

Anno Domini mccccl.xj et die decimá mensis maii, et intús castrum baroniæ Ordani in Fezensiaco existens , et personaliter constitutus inclitus ac potens vir , dominus Joannes, comes Armaniaci, Fezensiaci, Pardiaci, Ruthen., vicecomes Leomaniæ, Altivillar., Ripariæ, Auri et Montanorum Ruthen. , et baronius Ordani, ut successor Bernardi avunculi sui qui gratis pro se suisque successoribus baroniis in futurum in dictâ baroniâ, fecit, concessit, construxit consuetudines dicti loci Ordani, in modo et formâ *dùm* tenores sequuntur.

In primo loco, a confirmat et confirme eus Cossous et habitans d'Ourdan, toutes las anciennes coustumes escriutes et non escriutes d'exerça la Justicio hauto et criminelle, da esmendos et coudamna a mort. Item loudit seignou comté confirmo et da facultat ausdits Cossous d'exerça la policio et estimos de toute sorte de fruts, gras, semensos, domatgés de prats, vignes et boscs, usurpations de terres, arrasoments de barats, et aultres usurpations, et seran tenguts en aguet cas lous acguerens paga deu dret de visite dex sols Morlas. Item tout homme, ou hemne quj tuara, blassara ou folara un boéu, bacquo ou arroussin, cabalo, porc, mouton, mulo ou mulet, sera tengut paga so que sera estimat, et dex sols Morlas ausdits Cossous, de la visito. Item tout homme ou hemne que blassara dap espazo ou autés herroments, que y ajo sang, pagara désmendo cinquante sols Morlas audit seignou, et quinzé aus Cossous, et a la partido so que lou drét voulera , et sera iugeat peus d. Cossous. Item tout homme, ou hemno que blassara d'ap bastou ou auto armo de hust, que n'ou y ajo sang, pagara d'esmendo vint cinc sols Morlas audit seignou, et dex sols aus Cossous et a la partido, so que sera jutgeat peus dits Cossous. Item loudit seignou comté renonço aus drets de la tauerno et bouchario, ausdits Cossous, a la reseruo que quado annado lou més de may loudit seignou forrendara lad. mezado, et sera audit seignou. Item loudit seignou da au bosc d'Ourdan lou peychatgé, et podé de he leigno morto, et mort bois, toujo, brano et brocs, aus habitans d'Ourdan, despuch lou prumé de lan donguio au prumé de setempmé annuellement.

Item loudit seignou da podé ausdits Cossous de partatja soun bosc de Lespou, dap lou noble homme Dominiquo de Cassaigno, soun escudé, et loudit de Cassaigno prenera sa part, que conteno enuiron quaranto houiel arpansou casaux deu coustat que toque au bosc d'Auch et de Bazeillac, et la part deudit seignou comté sera de darré, que toquo à la bordo et heritatgé de Fourcau, et vers Ourdan et Barran. Sa part pot monta enuiron autant, que lousdits Cossous bailharam a rason d'un diné Morlas a fieus ou a rendo annuello per casau et arpent. Item loudit seignou comté da facultat a Jean Castera de basti un colomé dap pilas, ou en sa maison dito de Hourquet, assizo au heit d'Ourdan, a la charge de da et paga quado annado deus pareils de coulomé ou seitze dines Morlas au seignou, et ensemble da medich priuiletge a tous autres habitans que bouleran tengué couloms, sio en coulome, ou trauez en las maisous, en paga medicho arrendo. Item tout habitan maridat pagara de questo demi sac de blat, demi sac de siuaze, mesure de Vic Fes^ac, deus sols sies dinés Morlas et uno poulo de questo, et hoüegatgé aud. seignou annuellement. Item tous hommes veusés ou hemnos veuzos, enfans orphelins, bourdelés et loucataris, nou pagaran questo, més deus sols sies dinés et uno poulo de hoüegatgé. Item cado habitant ou bentenant pagara mey diné Morlas de fieu per casau ou concado, percho de Vic Fezensac, de tout fons rural que tenguera au heyt d'Ourdan. Item tous bés nobles que nou pagaran fieu, taillo, questo, hoüegatge, ou auto arrendo, soun Espuiols, dou labouratgé dun pareil, Paucaran, la capellanio de Gimbol, ny lou seignou de Cassagno, patron de ladito capellanio deu bosc de Lespou, ny lou seignou de Baseilhac deud. Bazeilhac.

Item loudit seignou comté per et et sous successous barous et seignous d'Ordan à l'aduengué a reduzit et reduzis tous lousdits drets de questo a vint houeit questos, qu'es quatorze sacs de blad, et vint et houeyt sacs de siüaze, *mesure de Vic-Fezensac, et cinc cens sols Morlas* d'argent, per tout dret de hoüegatge, fieus, vendos, acaptes et arrecaptes, que lousdits Cossous imposaran, leüaran et pagaran annuellement, audit seignou comté ou à son perceptou. Lou restant des drets que loudit seignou preng à Ourdan soun la baillie, peatgé, lou grasté, cueil de son jutgé, la mesade, drets desmendos, certains agrés, et la rende de tres prats aperats l'un à la Barthero, l'autre de la Goulevigno, et lauté deu Comté, de tous lousquaux drets lousdits Cossous joüiran et en pagaran d'arrendo cent sols Morlas, a Toussants annuellement; et en paga comme es dit cy dessus, peusdits Cossous, cadan a Toussants quatorze sacs de blad, vint houyt sacs de siuaze, mesure de Vic Fesensac, et cinc cens sols Morlas, que quado sol Morlas vau trés sols Tournés de quate ardits, lousdits Cossous et

habitans seran quittis de toutos arrendos et drets seignouriaux, et que
loudit seignou nou pouyra arrenda ladito terro d'Ourdan, ny sous
successous seignous a lauentgué a nat auté fermier qu'en cas que
lousdits Cossous et habitans nou pagaran a Toussans annuellement
lousdits quatorze sacs de blat, vint houeit sacs de siuaze et cinc cens
sols Morlas. Sy'a proumés loudit seignou comté per et et lous sous suc-
cesous seignous et barous d'Ourdan, dentretengué et hé entretengué
a jamais a lauentgué, a fé et paraoulé de prince et seignou, las pre-
sentos coustumes, et a l'obligation de sous bes presens et abengue.

De quibus omnibus et singulis superius contentis, tam dictus Dominus comes, quam dicti consules Ordani, requisierunt fieri et retineri
hoc publicum instrumentum consuetudinis, quod et feci, et in meis
protocollis inserui. Acta enim fuerunt per me Joannem Molerii, no-
tarium publicum villæ Vici-Fezensiaci, anno, die, mense, loco, ut
suprà, in absentia secretarii dicti Domini nostri comitis, testes nobi-
lis et miles Gaillardus de Insula Barranis, Joannes de Montelugduno,
Dominus Sancti Joannis Potgia, Bertrandus de Monteclaro, Dominicus de Bazeilhaco, Dominicus de Cassaneà, scutifer dicti domini
comitis, et Fortunerius de Palanco, Dominicus deu Bouté, et ego Joannes Molerii, notarius publicus prædictæ villæ Vici-Fezensiaci, qui
requisitus fieri et retineri unum duo aut plura dupla seu continentia
dicti instrumenti consuetudinis, quæ feci et extraxi. In fidem omnium
et singulorum præmissorum signum meum authenticum apposuj.

MOLERII, signé.

Copié sur un extrait collationné.

ARMOIRIAL DE LA GASCOGNE.

COMTÉ D'ARMAGNAC : d'argent au lion de gueules. La maison d'Armagnac portait écartelé 1 et 4 d'argent au lion de gueules, 2 et 3 de gueules au lion léopardé d'or. *Aquitaine ancienne* : fuselé d'or et d'argent. *Aquitaine moderne* : d'or au léopard de gueules. *Albret ancien* : de gueules plein. *Albret moderne* : écartelait 1 et 4 de France. — ASTARAC : écartelé d'or et de gueules, d'autres disent d'azur et de gueules. — ARMAU : d'or à 3 bandes de sable à 2 pieux d'argent brochants sur les bandes; un autre d'ARMAU porte écartelé 1 et 4 d'or au lion de gueules, 2 et 3 d'azur à trois faces d'argent. — ANGOSSE : d'azur à 3 épées d'argent, garnies d'or posées en pal, les pointes en haut, au chef d'or, chargé d'un cœur de gueules, acosté de deux merlettes affrontées de sable, couronnées d'argent. — ASPET (en Comminges) : d'azur à une meule de moulin, chargée de son anille de sable. — AIGREFEUILLE : d'azur à 3 étoiles d'or, 2 et 1, au chef cousu de gueules. — ANTRAS : d'argent à 3 roses de gueules boutonnées d'or. — ARRICAU : parti au premier d'argent à 3 bandes de gueules, accompagnées en chef d'un arbre de sinople, et au 2 de... à 1 levrier rampant de gueules en chef et à 2 limiers passants de même l'un sur l'autre en pointe — AGOS : de gueules à la main apaumée d'argent, reposant sur une terrasse de sinople, acostée de deux lions rampants et affrontés d'or, soutenant de leur pate ainsi que la main une couronne de France, à la champagne d'argent chargée de trois étoiles posées en face. — AUXION DE LA BARRÈRE : écartelé 1 et 4 ... r à 2 étoiles d'argent, accompagnées en chef d'un croissant de m... e et 2 et 3 de gueules au chevron d'argent accompagné en pointe d'une canète de même.

ASPE : d'or au pin de sinople au chef d'azur, chargé d'un croissant d'argent, acosté de deux étoiles d'or. — ASTUGUE : d'argent au lion rampant de gueules, portant à la pate un cœur du même, au chef d'azur, chargé en franc-quartier d'une ombre de soleil. — AYMARD DE PALAMINI : d'azur au chevron d'argent, accompagné de 3 besants d'or, au chef d'argent, chargé d'une croix engrelée de gueules. — AYDIE : de gueules à 4 lapins d'argent 2 et 2. — ANTIST : d'argent à la croix patée de gueules. — ASTORG-AUBARÈDE : d'azur à l'aigle éployée d'argent. — ASTARAC-FONTENILLES, écartelé d'Astarac et de Comminges.— ASTAIN : d'azur à 3 fleurs de lys d'or 2 et 1, au chef d'or. — ASSON-ARGELÉS : de gueules à la tour, ajournée d'argent, sommée de deux donjons de même. — ANGLES : de gueules plein, un autre, d'or billeté d'azur au lion de même. — ASTORG : de sable au faucon d'argent, longé et grillé d'or, porté sur une main gantée de même. — ALBIS : de gueules à la bande d'argent, accompagnée de deux cœurs d'or, l'un en chef et l'autre en pointe. — ARTIGOISE D'OLERON : d'azur à un anille d'argent. — ARCISAC : d'azur au merle d'argent. — ARROS : de sable à la bande d'argent, chargé de 3 molettes d'éperon de gueules. — ANGLADE : d'azur à l'aigle éployée d'or, d'autres disent de sable. — ANTIN : d'or à une clé de sable, adextrée de 3 tourteaux de gueules.

ABBATIA : d'azur au phénix d'or, adextré en chef d'un soleil de même. — ARROUX : écartelé 1 et 4 de sable au lion d'argent, 2 et 3 d'or au chevron d'azur sommé d'une roue de sable de six rayons. — AUBERT DE PEYRELONGUE : d'azur au pal d'argent, acosté de 4 étoiles d'or, aussi en pal deux à dextre et deux à senestre, au chef de gueules, chargé d'une fasce ondée d'argent. — ANDOUINS : écartelé 1 et 4 de gueules, à la main apaumée d'argent posée en face, 2 et 3 de sinople à l'agneau passant d'argent. — ARMENDARITS : écartelé 1 et 4 de... au château de... 2 et 3 d'or à 2 vaches passantes de gueules. — ADOUR DE SAILLAS : de gueules à la face ondée d'or, chargée d'une tourterelle d'azur, becquée et membrée d'argent. — ARRAC DE VIGNES : écartelé 1 et 4 d'argent à un sanglier de sable passant, 2 et 3 d'azur à l'aigle éployée d'or au vol abaissé. ARRAS : d'argent au lion de sable; un autre Arras : semé de France, au lambel de gueules, chargé de 12 châteaux d'or.— ARBERATS : de... à 9 coquilles de... 3 3 et 3... — ARCAMONT : de... à une montagne de... surmonté d'un croissant de.... — ARBIEU : d'azur à un lion d'argent, accompagné de 3 étoiles d'argent. — AUX-LESCOUT : parti au 1er d'or à 3 rocs d'échiquier de gueules, au 2 d'or à 3 fasces de gueules.— ARZAC : d'argent à trois bandes de gueules, au chef cousu d'or, chargé d'une aigle éployée de sable. — AUGA : écartelé 1 et 4 d'argent, à 3 fasces de gueules, 2 et 3 d'or au lion contourné de gueules. — AURE-ANCIEN : d'argent au levier de sable. Aure-Larboust porte : d'or au levrier rampant de gueules, à la bordure de sable, chargée de 8 besants d'or.

ASTÉ : de gueules à 3 flèches tombantes et rangées d'argent, empennées d'or. Les ducs de Grammont, qui sont des d'Aure, écartèlent au premier d'or au lion d'azur, qui est de Gramont, au 2 et 3 d'Asté et au 4. — LE PRÉSIDENT D'AIGNAN, d'Orbessan : d'or au lion de gueules au chef d'azur, chargé de trois croissants d'argent. Les d'Ai-

gnan du Sendat portaient : de gueules au chevron d'or, accompagné
en pointe d'un agneau passant et contourné d'argent, au chef d'or. —
ANGOS : d'or au fer de lance de sable, la pointe en bas, accompagné
de 3 corneilles de même. — AGUERRE DE CAMBO : d'argent à l'arbre de sinople, accompagné de 2 chaudières de sable à la bordure
d'azur, chargée de 6 flanchis d'or. Un autre Aguerre porte : d'or à
3 pies au naturel. — ARCANGUES : de gueules à 3 chevrons d'or. —
ARQUIER D'USTARITS : écartelé 1 et 4 d'or à 2 poissons d'azur rangés en fasce, 2 et 3 d'argent à 2 croix pattées de gueules aussi en fasce.
— ARREGUY : d'azur à une ruche accompagnée de 5 abeilles d'or, au
soleil rayonnant de même en chef. — ABADIE DE BARRAU : d'argent à
la bande d'azur chargée de 3 étoiles d'argent.. de deux lions de même.
— ARBLADE DE SÉAILLES : écartelé 1 d'or au lion couronnée de... 2
d'argent à 3 pals de gueules, 3 d'or à 3 fasces ou 2 d'azur, 4 d'argent
à 3 flammes enfumées de gueules mouvantes du bas de l'un, et sur
le tout d'or au château sommé de trois tours de gueules, surmontées
de 3 têtes de mores de sable, tortillées d'argent. — APREMONT : de
gueules à la croix d'argent. — ALBERT DE LAVAL : échiqueté d'or et
d'azur. — AMBLARD : d'azur à la martre d'argent rampante sur
une palme de sinople en pal, au chef de sable, chargé de 3 étoiles
d'or. — ARANCE DE NAVARRO : d'azur à 3 chevrons d'or. — AROUX
DE LA SERRE : écartelé 1 et 4 d'azur au besant d'or, 2 et 3 d'or à
l'aigle éployée de sable. — ABADIE : d'argent au chef de gueules
chargé d'une rose d'or. — ABOS : de sable au chevron d'or, accompagné de trois roses d'argent. — ADHEMAR : d'or à 3 bandes d'azur.
— AUBETERRE : losangé d'or et d'azur, au chef de gueules. — ALSATE
D'URTUBIE : d'argent à 3 fasces de gueules, chargées chacune de 3
loups de sable. — ARQUIER : d'or à 3 genêts de sinople. — AURE DE
BARRAN : d'argent à 3 pals de gueules. — AUCU (la ville) parti au 1
de gueules, à l'agneau de saint Jean d'argent, au 2 d'argent, au lion
de gueules.

LE VICOMTÉ DE BÉARN : d'or à deux vaches passantes de gueules,
accornées, accolées et clarinées d'azur. Les BÉONS ET LES BARÈGES
portent de même. — LE COMTÉ DE BIGORRE : d'or à 2 lions léopardés
de gueules armés et lampassés d'azur. — BAAS : d'argent à deux cou-
leuvres au naturel, affrontées et posées en pal. — BARADAT : d'azur
à la fasce d'or, accompagné de 3 roses de même. — BARBASAN : d'azur
à la croix d'or. — BARBENEGRE : d'azur au dextrochère d'or, bras-
sardé du même, mouvant du flanc senestre et tenant 3 drapeaux d'argent. — BARRAULT : d'azur à la croix cantonnée de 4 soleils de
même. — BASTARD : d'or à l'aigle d'empire, mi-partie d'azur à la
fleur de lys d'or. — BAULAT DE ST-LAURENT : d'azur au lion d'or.

— BAURE : écartelé 1 et 4 d'argent à trois mouchetures d'hermine, de sable, 2 et 3 d'argent à 3 fasces de gueules. — Bayonne : d'argent à la bande de gueules chargée de 3 alérions d'or et un lambel de 5 pendants d'azur. — BEAULAC : de sinople à la herse d'argent. — BEAUVILLE : d'or à deux vaches de gueules, accornées, onglées et clarinées d'azur. — BEDOS : d'azur à la bande cousue de gueules, accompagnées en chef d'un lion d'or et en pointe d'une épée haute en pal.— BELSUNCE : ils portaient originairement de Béarn : Ils écartèlent 1 et 4 d'argent à une hydre de sinople à 7 têtes dont l'une est coupée et tient encore un peu au col avec quelques gouttes de sang qui coulent de la blessure. — BENQUE : de gueules à la croix d'or. — BEZOLLES : d'azur à 3 étoiles d'argent, 2 en chef et 1 en pointe qui est de Bezolles, écartelé de Béarn. — BERAUD : d'argent au chevron de gueules, à la bande de même brochant sur le tout.

BERNADOTE : coupé au 1 d'or à l'épée en fasce la pointe dextre d'azur, au 2 d'azur, au bouclier d'or chargé en bande d'un sabre d'or dans son fourreau de sable. — BIDERAN · de gueules au château d'argent. — BISE : d'or plein. — LA PROVINCE DE BISCAIE : d'argent à un chêne de sinople et 2 loups de gueules courant l'un sur l'autre en pointe, le tronc du chêne derrière leur flanc dextre.— BLANCAFORT : de gueules à 3 lions d'or. — BON : de gueules à une bande d'or chargée d'un ours de sable. — BORDA..... — BOURBON-BARBASAN : au 1 de Bourbon et au 2 d'Autin et sur le tout d'or à la clef de sable attachée à la serrure de même. — BOURBON-BASIAN : d'azur à 3 fleurs de lys d'or à la bande de gueules et une barre d'or.— BOUZET : d'or au lion d'azur, armé et lampassé de gueules et couronné d'or. — BRASSAC : d'or à 3 cornets de sable enguichés de gueules et posés 2 et 1. — BUDOS : bandé d'or et de sinople de 6 pièces. — BIRAN-GOUAS : écartelé 1 et 4 d'argent au lion de gueules, 2 et 3 d'or à 3 corneilles de sable, 2 et 1, membrées et becquées de gueules. — BARBOTAN : écartelé 1 et 4 d'argent à 4 pals de sable, 2 et 3 de sinople plein. — BALAGUIER : d'or à 3 fasces de gueules. — BOUSSOLS D'ESPE AN : écartelé 1 et 4 d'or à une merlette de sable, 2 et 3 d'Astarac. · - BARREAU : d'azur à 3 sceptres royaux d'or mis en 3 barres à la bande de gueules brochant sur le tout. — BARRAU D'ESPARRON : d'or au lion de gueules ; d'autres disent d'argent au lion de gueules. — BARRAU : d'argent à 3 fasces de sinople.—BARRAU : d'argent à la bande de gueules chargée de 3 étoiles d'argent posées en pal et accompagnées de 2 lions rampants de gueules. — BAGNÈRES-DE-LUCHON : de gueules à 2 otelles d'argent en demi sautoir et 1 otelle de même en pointe.— BIGOS DE BELLOC : d'azur au levier d'or accolé de gueules, annelé d'argent.

BARDOS : losangé d'or et d'azur.— BRISCONS (De Lasalle de) : d'or au griffon de gueules. — BONFONTAN · de gueules à la tour ouverte et crénelée d'argent, surmontée en chef de trois fleurs de lys d'or.— BARÈGE : d'or à la vache de gueules onglée, accornée et clarinée d'azur. — BEOST DE MONDEGORAT : d'or au lion de gueules, armé et lampassé de sable. — BASCLE DE LAGRÈZE : d'argent à 3 bandes de gueules, au chef d'azur chargé de 3 étoiles. — BEAUPUY : de gueules au lion d'argent, au chef cousu d'azur, chargé de 3 étoiles d'or. — BELLAING DE POYANNE: d'azur à la bande d'argent, chargée de trois mouchetures d'hermine posées en pal. — BOURROUSSE DE LAFORE de sinople au léopard d'or.— BORDA : écartelé au 1 d'or, à 3 chevrons de gueules, au 2 d'azur, au paon rouant d'argent, au 3 d'azur à 3 poissons d'argent posés en fasce, au 4 d'or, à la levrette de gueules colletée d'argent.— BUDOS : d'azur à trois bandes d'or. — BASIGNAN d'azur à une tour d'argent maçonnée de sable, soutenue de deux lions affrontés. — BROCAS : écartelé 1 et 4 d'argent au lion de gueules, 2 et 3 d'azur à 3 chevrons d'or. — BLANCHEFORT : d'or à deux lions léopardés de gueules.— BLAYE : d'azur au château d'argent maçonné de sable. — BONNE : de gueules au lion d'or, au chef cousu d'azur, chargé de trois roses d'argent. — LABARTHE DE TERMES : d'or à quatre vergettes de gueules. — LA BOULBÈNE : écartelé 1 et 4 de Montesquiou, 2 et 3 de gueules à la croix d'argent. — BOUSSOST : d'argent à la fasce de sable, chargée de deux merlettes du champ, les Boussots écartent d'Astarac. Les Boussots-Campels portent : d'argent à deux flèches de gueules passées en sautoir, la pointe en haut, accompagnées au chef d'un arbre de sinople, en pointe d'une croix pattée de gueules, et à dextre et à senestre d'une corneille de sable, becquée et pattée de gueules. — BESIADE DE D'AVARAY : d'azur à la fasce d'or, chargée de deux étoiles de gueules et accompagnée en pointe d'une coquille d'or à l'écusson de France, brochant sur la fasce.— BRUGEL- LES: d'azur à trois faucons d'argent.

BERNÈDE ou VERNÈDE : écartelé 1 et 4 de Corneillan, 2 et 3 de gueules, à la croix tréflée d'or. — BERAUT DE COLOGNE : de gueules à la tour donjonnée d'argent, maçonnée de sable, au chef cousu d'azur, chargé de 3 étoiles d'or 2 et 1. — DU BOUSQUET : d'or à la croix vuidée et cléchée de gueules. — BERRAC : au 1er fascé d'or et de gueules, au deux, de gueules à trois chevrons d'or. — BONNE- FOUX : d'azur à trois rocs d'échiquier d'argent. — DU BROCA : écartelé 1 et 4 d'argent au lion de gueules, 2 et 3 d'azur à 3 chevrons d'or.— BROSSIÉ-ST-SIMON : de gueules au monde d'argent croiseté d'or, reposant sur une rivière d'argent, au chef cousu d'azur, chargé de 3 étoiles d'or.— BOYSSET : d'azur à 2 fleurs de lys d'or accompagnées en pointe d'un bois de sinople. — BRISAC : d'argent au cheval effaré de gueules. — BARRÈRE, près Nérac : d'azur au léopard d'or armé et lampassé de sable.— BEAUMONT : de gueules à la fasce d'argent chargée de 3 fleurs de lys d'azur.— BARRIÈRE : d'or à la fasce de gueules, accompagnée de 6 fleurs de lys d'azur. — BRUN : d'or à la croix de gueules.

BEGOLE : de gueules au lion d'or, accompagné de trois flanchis d'azur. — BIAUDOS : Écartelé 1 et 4 d'or au lion de gueules, 2 et 3 d'argent à trois merlettes de sable.— BORDEAUX : d'or plein.— BAR : d'azur à deux bars d'argent : les bars de Limousin, fascés d'argent et de gueules de six pièces. — BELLOC DE POUYLEBON : d'argent à l'arbre arraché de sinople, au chef d'azur chargé d'un croissant d'argent accosté de deux étoiles de même. — BORRY : d'argent à la croix de Lorraine, d'azur.— BELLEFOREST : d'argent à 3 chênes de sinople, accompagnés en cœur d'un lion de gueules. — BATZ-CASTELMORE : écartelé 1 et 4 d'or à l'aigle éployée de sable, 2 et 3 d'azur au château à deux tours d'argent. — BOULOUCH : d'azur au lion couronné d'or accompagné de 3 pots bouillants d'argent, au chef d'or chargé de 3 corneilles de sable becquées et membrées de gueules.— BLANQUEFORT : contre-fascé d'or et de gueules de 4 pièces.— BALZAC : d'azur à 3 flanchis d'argent, au chef d'or, chargé de 3 flanchis d'azur.—BASTARD de Lectoure et de Fleurance : écartelé 1 et 4 d'azur à 2 outardes affrontées d'or, becquetant dans un fourneau de sable et accompagnées en pointe d'un croissant d'argent, au 2 tiercé en bande d'argent à 3 étoiles de sable, de gueules plein, et d'azur à 3 hures de sanglier, au 3, tiercé en fasce d'argent à 3 tourteaux de sable, de gueules plein et d'azur à 3 aiglettes d'or ; la première et la dernière essorantes et affrontées. — BELLIARD : écartelé 1 d'azur à l'épée d'argent, garnie d'or, 2 de gueules aux débris d'un temple d'argent, 3 de gueules à 3 pyramides d'Egypte d'argent, 4 d'or au cheval effaré de sable. — BONNEFONT : de gueules à la bordure d'or. — BONY : d'azur frété d'or, semé de 12 lionceaux du même.— BASTARD D'ESTANG : d'or à l'aigle d'empire mi-parti d'azur, à la fleur de lys d'or. — BLACHON : de gueules à 3 billetes d'argent 2 et 1.— BONNEGARDE : d'azur à 2 vaches passant sur une terrasse de sinople, accompagnées de 3 étoiles mal ordonnées, accostées de 2 croissants d'argent.

BIRAN : d'or à 3 corneilles de sable 2 et 1, becquées et membrées de gueules. — BARRAT : d'argent à une croix ancrée de sable. — BONENFANT : de gueules à la fasce d'argent, accompagnée de 6 roses 3, 2 et 1. — BELLEMARE : de gueules à une fasce d'argent, accompagnée de 3 carpes de même 2 et 1. — BAUDÉAN : d'or au pin arraché de sinople. — BENAC : d'azur à 2 lapins d'or courant l'un sur l'autre. — BINOS : d'or à deux vaches passantes de sinople au chef d'azur, chargé d'une roue de Ste-Catherine d'argent, un autre binos

porte d'or à la roue de gueules, soutenant un chardon de sinople. —
BRUYÈRES-CHALABRE : d'or au lion morné de sable, la queue four-
chue, nouée et passée en sautoir. — BAYLENS : d'or au levrier rampant de gueules, bouclé et colleté d'argent. — BAZILLAC : écartelé
1 et 4 de gueules à un anille d'argent, 2 et 3 d'azur au lion d'or, aliàs
1 et 4 d'argent au lion d'azur et 2 et 3 d'or à l'anillet de gueules. —
BIDOU : d'argent à l'arbre de sinople, adestré d'un ours de sable rampant au fust de l'arbre. — BATZ-TRENCALÉON et MIREPOIX : parti
au 1er de gueules au St-Michel d'argent, au 2e d'azur au lion d'or,
gravissant un rocher de 5 coupeaux d'argent. — BATZ D'AURICE :
d'azur au chevron d'or, accompagné de 3 mouchetures d'hermine, 2
en chef et une en pointe, au chef d'argent chargé d'un lion naissant
de gueules. — BOUSSOLS : d'argent à deux flèches de gueules posées
en sautoir et accompagnées en chef d'un arbre de sinople, accosté de
2 corneilles de sable, becquetées et patées de gueules et en pointe,
d'une croix patée de gueules. — BARCIET DE LA BUSQUETTE : d'azur
au lion d'or, tenant dans ses pates une croix d'argent, au chef de
gueules, chargé de 3 étoiles d'argent posées en pal. — BARRI DE RO-
QUEBRUNE : d'azur à 3 éléphants d'argent 2 et 1. — BONNEFONT : de
gueules à la bordure d'or. — BOUBÉE DE GRAMONT : d'azur au chevron d'argent, sommé d'une étoile du même, accompagné en pointe
de 5 clous de la Passion mouvante du bas de l'écu. — BROQUEVILLE :
d'azur à la croix d'or, accompagnée en chef d'une rose de même.

BROQUEVILLE DE MONTFORT ET DE MAUVEZIN : d'azur au bouton
d'or, cantonné en chef d'une étoile d'argent.— BEYNAC : burellé d'or
et de gueules de 10 pièces, aliàs d'or à 5 burelles d'argent. — BOU-
LOC : de gueules à trois tours d'argent, rangées sur une terrasse de
sinople. — BRUET DE PEYRECAVE : écartelé 1 et 4 de gueules au
lion d'argent, 2 et 3 d'argent à la croix de Malte de gueules, bordée
de sable. — BOUBÉE DE LECTOURE : d'argent à deux palmes adossées de sinople, au chef d'azur, chargé de 3 étoiles d'argent, posées
en face. — BUROSSE : écartelé 1 et 4 d'or à la couronne d'épines de
sable, 2 et 3 d'azur à 3 besants d'or posés 2 et 1.— BERNARD D'AS-
TUGUES ; d'or à 3 cors de chasse de gueules liés d'argent 2 et 1. —
BERNET : d'azur au chêne de sinople, soutenu de deux lions rampants et affrontés d'argent, un autre de sinople à la croix d'argent.
— BOUSSES-LAGRANGE : d'argent au lion rampant de sable, accompagné en chef d'une étoile d'argent. —BOURROUILHAN : de gueules
à la croix d'or. — BOUIL-COLLONGUES : de gueules à 3 levriers courants d'argent colletés de gueules, écartelé, aliàs parti d'argent à 3
canards de sable l'un sur l'autre. — BOUIL-CLARAC : d'azur à l'étoile
d'argent. — BUSCA : de gueules à la bande d'or. — BIVÈS : d'azur à

3 fleurs de lys d'or, 2 et 1 — Bouloucu : d'or à 3 colombes de sable. — Berail : émanché de gueules et d'argent. — Brux : de gueules à la tour ajourée et sommée de 3 donjons de .... au chef cousu d'azur, chargé d'un croissant d'argent, accosté de deux étoiles de même. — Bonaud : d'azur au fer de lance d'argent en bande.

Les ducs de Candale écartelaient de Foix et de Béarn. — Coarrase : d'or à deux brebis paissantes de sinople, accolées et clarinées d'argent. — Cassagnet : d'azur à la bande d'or. — Castelbajac : d'azur à la croix d'argent, abaissée en pointe sous trois fleurs de lys d'or en chef 2 et 1. — Castelnau : d'azur au château d'argent maçonné de sable, sommé de trois tours, parti d'or au château de gueules. — Castelpers : écartelé 1 et 4 d'argent à un château de sable, sommé de trois tours de même, au 2 d'azur au sautoir d'or, au 3 d'or au lion de gueules. — Caplane de Pimbe : d'argent au pin de sinople, accosté de deux lions grimpant de gueules, au chef d'azur chargé d'un croissant d'argent, posé entre 2 étoiles d'or. — Camon : écartelé 1 et 4 d'argent au lion couronné ; d'autres disent au loup-cervier de gueules, au 2 de .. à 9 losanges de.. 3, 3 et 3, au 3 de .. à 3 coquilles de ... 2 et 1. — Castex : parti au 1er de sable à 3 molettes d'éperon d'or, au 2e d'azur au cheval gai, galoppant d'argent. — Castillon-Médoc : d'or au château sommé de 3 tours de gueules, surmontées de 3 têtes de mores de sable tortillées d'argent. — Castillon : porte de gueules au lion d'argent, soutenant de sa patte dextre un château d'argent. — Castillon de Moucham : écartelé 1 et 4 de gueules à trois tours d'argent posées 2 et 1 et maçonnées de sable, 2 et 3 d'azur à un rocher d'argent.

Comia de Baylens : écartelé 1 et 4 d'azur à la tour d'argent, maçonnée, ouverte et ajourée de sable, 2 et 3 d'argent à trois flammes de gueules rangées en face. — Caumont La Force, d'azur à trois léopards d'or, couronnés, lampacés et armés de gueules. — Caze (La) : d'azur au chevron d'or, accompagné en chef de 2 losanges et en pointe d'un lion aussi d'or. — Cazeneuve : d'azur au chevron de gueules, accompagné en chef de 2 étoiles d'or et en pointe d'une maison d'or ouverte et ajourée de sable. — Cazenave : d'azur au bras naissant d'une tour d'or tenant une clef et un lion armé et lampacé de même, soutenant des 2 pattes de devant ladite clef.

Charrite : d'azur à 3 épées d'or en pal, aboutées d'un trèfle de même, celle du milieu en pointe vers le chef, les deux autres vers la pointe. — Charroy : d'azur à la bande de gueules. — Chattenet-Puysegur : d'azur au chevron d'argent, accompagné en pointe d'un lion léopardé de même, au chef d'or. — Cuse : parti au 1er d'azur à 3 fasces d'or, au 2 de gueules au lion d'or, armé et lampassé de sable.

— COMMINGES : de gueules à 4 otelles d'argent posées en sautoir ou mieux d'argent à la croix patée de gueules. — COQUET : d'azur au chevron d'or, accompagné en pointe d'un coq de même, crêté et barbé de gueules, au chef cousu de gueules, chargé de 3 étoiles dargent. — COURCELLES D'AUVILLARS : écartelé 1 et 4 d'azur à la fasce d'or, surmontée de 3 étoiles de même, 2 et 3 de gueules à 2 épées d'argent en sautoir, les gardes d'or.— CUGNAC : gironné d'argent et de gueules de huit pièces. — CAILLAVET : d'azur à 3 serres d'or. — CASTILLE : de gueules au château d'argent. — CHESNAY : de gueules à trois coquilles d'or en fasce, pendantes de trois chaînettes de même. — CASTANET : écartelé 1 et 4 de gueules au levrier d'argent, accolé de gueules, bouclé et cloué d'or, bordé de 8 crénaux d'or, au 2 et 3 d'argent à une cotice de pourpre bordée de gueules à six crénaux d'argent. — CARDAILLAC-SARLABOUS : d'azur au chardon d'or, tigé de 3 pièces à la bordure d'or, chargée de 8 allérions de sable.— CARDAILLAC : porte de gueules au lion d'argent, armé, lampasse et couronné d'or et à 13 besans d'argent mis en orle. — COMET DE MONT-DE-MARSAN : écartelé au 1er de gueules, à l'épée d'argent la pointe en haut; senestré d'un besant chargé de 3 flanchis, au 2 et 3, contre-écartelé, au 1er et 4 d'argent à 3 corneilles de sable, 2 et 3 de sable à 2 vaches passantes d'or, au 4 de gueules à l'épée d'argent sur le tout fuselé de sable et d'argent. — CORNEILLAN : écartelé 1 et 4 d'or à 3 corneilles de sable, 2 et 3 de gueules à la croix tréflée d'or. —CHAMBON : d'azur au lion d'or.

CARRÈRE DE VERDUN ET ST-ANDRÉ : d'azur au pal abaissé d'argent, sommé d'un croissant du même, cotoyé de 2 lions, celui de dextre surmonté d'un chevron d'or. — CORTADE-NOEL : d'or au cor de chasse de gueules, au chef de gueules, chargé de 3 tierces-feuilles d'argent posées en face. — COS DE LAHITTE : d'azur au cœur d'argent, traversé par une épée en bande aussi d'argent, la pointe en haut, accompagnée de 3 étoiles 2 et 1. Les Du Cos-St-Barthélemy ne portent point le cœur. — CADANES, baron de Cauna : d'azur à une tour d'argent, crénelée de quatre pièces; ouverte et ajourée d'azur, sommée d'un lion naissant d'or. CAP BRETON (la ville de): d'azur au chevron d'or. — CHAUTON DE TARTAS : de sable au sautoir d'argent, d'autres disent d'azur au chevron d'or, accompagné de 3 tortues 2 et 1. — CORTADE DE MOUSSARON : de gueules à la croix d'or catonnée de 12 besants de même.— CHANCÉAULME DE CLARENS : d'azur à 3 heaumes de chevalier d'argent. — CAUPENNE DE ROQUEBRUNE : d'argent à 2 fasces d'azur, accompagnées de 6 besants, 3 en chef et 3 en pointe. — COUMEAU : d'or à la montagne de gueules, accostée de

2 lions affrontés et contre rampants de même, au chef d'azur, chargé d'un croissant d'argent, accosté de 2 étoiles de même. — CLAIRMONT DE PILES : d'azur au soleil d'or. — CAUPENNE DE CHALOSSE : d'azur à 6 plumes d'autruche posées en sautoir. — CAPIN : d'azur à une tour d'argent maçonnée de sable. — CANDAU DE NAYS : d'or à la croix ancrée d'azur. — CAZAUX-LARAN : d'azur à 4 pointes de giron d'or à la devise ondée d'argent, chargée d'un cygne de même. — CAHUZAC : d'or à 3 pals, ondes d'azur, aliàs d'azur au chef cousu de gueules, chargé de 3 lions d'or, armés et lampassés de gueules. — CABARRUS : de gueules au chevron d'or, accompagné de 3 étoiles, 2 en chef et 1 en pointe. — COLOMBOTS : d'argent à 2 colombes, affrontées d'azur, posées sur une terrasse de même, au chef d'azur, chargé d'un fleur de lys d'or. — CORNULIER : d'azur à la rencontre de cerf d'or, surmontée entre les deux bois d'une hermine d'argent. — CORTADE-GISCARO : de gueules au besant d'argent, accompagnée en chef de 3 étoiles d'or et en pointe d'un lion de même. — CATEL (l'Abbé) : d'azur au chevron d'or, accompagné de 3 coquilles de même, 2 en chef et une en pointe. — CHAUMONT : d'azur à 3 huchets ou cornets d'argent. — COMARQUE : d'azur à l'arche d'alliance d'argent, surmontée de 2 étoiles d'or.

CASTÉRA-LALOUBÈRE : d'azur au château sommé de trois tours, pavillonné et girouetté d'argent.— LACASSAGNE-ST-PAU : écartelé 1 et 4 d'azur au dauphin d'argent couronné de même, 2 et 3 d'or au chêne arraché de sinople. — COLOMÈS D'ARSIZAS : d'azur à la montagne de 3 copeaux de sinople, au chef d'azur, chargé de 3 colombes d'argent. — CASTÉRAS : écartelé 1 et 4 de gueules à la tour d'argent 2 et 3 d'or à 3 massues de gueules, les têtes en haut. — COUCI, de Casteljaloux : vairé et fascé de gueules de trois pièces.— CASTAING : d'argent au châtaigner de sinople.— CLARAC : écartelé 1 et 4 d'azur au lion d'or, 2 et 3 de gueules à la cloche d'argent.— CASTEL-VERDUN : d'azur au chevron d'or, accompagné de 3 tours d'argent maçonnées de sable à la bordure d'argent.— CHASTENET : d'azur au chevron d'argent accompagné en pointe d'un lion léopardé de même, au chef d'or.— CONSTANTIN : d'or à l'aigle éployée de sable, au chef d'azur, chargé de trois croisettes d'argent. — COURS : écartelé au 1 et 4 d'azur au lion d'or, 2 et 3 de gueules à une meule de moulin d'argent.— CANOLLE : d'azur au lion léopardé d'argent, au chef cousu de gueules, chargé d'une tour d'argent, accostée de deux croissants, l'un tourné l'autre contourné, chacun accompagné en croix de 4 croisettes, le tout d'argent. — CASENAVE ou CASENOVE, du Condomois : d'argent à deux chevrons d'azur.— CHANTEGRIL : d'or à la faux de sinople.— CALMELS : de gueules à 3 troncs d'arbre d'argent, au chef cousu d'azur chargé de 3 étoiles d'or.— CHAUMON : d'azur à 3 cornets d'argent. — CASTELJALOUX : de sable au château d'argent. — CAZES : d'argent à 3 têtes de corbeau arraché de sable. — CAMPAIGNO : de gueules à la croix d'argent. — COLOMÉS DE JULIAN : écartelé 1 et 4 d'azur à la main apaumée d'argent, 2 et 3 de..... à la tour d'or maçonnée de sable, et sur le tout d'azur à la colombe d'argent.— CASSAND : d'azur à deux levriers rampants et affrontés d'argent, surmontés en chef d'un croissant de même. — CHASSAGNE : d'azur à 2 fasces d'or accompagnées de 5 étoiles de même, 2 en chef, 2 en pointe et 1 entre les fasces. — CAULET : de gueules au lion d'or à la fasce de sable chargée de 3 étoiles d'argent brochante sur le tout. — CONTADES : d'or à l'aigle au vol abaissé d'azur, becquée, languée et armée de gueules. — CAMPAGNOLE : de gueules à la croix d'argent, parti d'azur au lion d'argent.

DARADIE : parti au 1 d'or, au chêne de sinople terrassé de même, au 2 d'azur à 3 chevrons d'or l'un sur l'autre.— DAGUIN : d'azur à la croix alésée d'argent. — DARRICAU : écartelé au 1 d'azur à la pyramide d'argent, 2 et 3 de gueules au vol d'argent sur lequel broche un cœur d'or, au 4 d'azur au pont d'or, adextré d'une tour de même, le tout soutenu d'une fleur d'argent. — DEJEAN : d'azur à un aigle éployée d'or, au chef cousu de gueules, chargé de 3 fleurs de lys d'or, 2 et 1. — DE LAAGE : d'or à la croix de gueules, au chef engrelé d'azur.— DILLON : d'argent au lion rampant de gueules, accompagné de 3 croissants d'azur et autant d'étoiles entre les cornes de ces croissants, à la bande d'azur brochant sur le lion. — DROUILLET DE SEGALAS : d'or au chêne de sinople, planté d'or, senestré d'un lion contre-rampant de gueules, armé, lampassé et couronné d'azur, le tout soutenu d'une terrasse d'azur.

DU DEVANT : parti au 1 d'azur, au casque taré de profil d'or, surmonté d'une branche d'olivier en bande d'argent, au 2 de gueules à la fasce d'or, accompagnée en pointe d'une étoile d'argent. — DUFORT DE DURAS ET DE LORGES : écartelé 1 et 4 d'argent à la bande d'azur, 2 et 3 de gueules au lion d'argent. — DULAU-BELIN-MARSAN : losangé d'or et d'azur.— DUCLOS : d'argent à 3 fasces ondées d'azur— DUFAUR : d'azur à deux fasces d'or accompagnées de six besants d'argent, 2 et 1 en chef, et 2 et 1 en pointe. — DUPLEIX DE CADIGNAN : d'azur au lion d'or affronté à une couleuvre d'argent. — DU LYON, de Campet : d'or au lion d'azur. — DELORT : d'azur au lion d'or lampassé et armé de gueules, adextré en chef d'une étoile d'argent. — DELORT, de Fleurance : de gueules émanché d'or, chargé en chef de 5 étoiles d'or posées en fasce et en pointe de 3 arbres arrachés de sinople aussi en fasce. — DES PERIERS DE LA GELOUZE : d'azur au lion d'argent accompagné en chef de deux croissants de même. — Doazit (la ville de) : d'azur à 3 tours d'or, 2 et 1. — Delmas de Grammond : d'argent à la croix ancrée de gueules, surmontée d'une couronne murale, par concession du roi Charles VII à Guillaume Delmas de Grammond, écuyer du comte de La Marche, pour être monté le premier sur la brèche au siège de Pontoise, en 1444.

Dupleix : d'azur à une palme d'argent adextre d'un lion, senestré d'une chèvre aussi d'argent. — Domesain : écartelé 1 et 4 de gueules au geoi au vol abaissé d'argent, 2 et 3 d'argent au lion rampant de gueules. — Doat : d'azur à 3 hérons d'argent membrés et becqués de gueules. — Dufourg d'Antist : d'azur à 3 croissants d'argent au chef cousu de gueules chargé de 3 glands renversés d'argent. — Dufourg, de Montastruc : d'or à 3 corbeaux de sable. — Day, de Castillon : parti au 1 de.... au levrier rampant de.... accolé de.... au 2 d'argent, à 3 chevrons d'azur. — Dumont, diocèse de Lombez : d'azur au monde d'or, surmonté d'une croix de même. — Degère : d'azur au chevron d'or, accompagné de 3 roses de même, 2 en chef et 1 en pointe. — Dumoulin, de Labarthère : écartelé au 1 d'azur au soleil d'or à 6 rais d'argent, au 2 d'or au lion de sable, au 3 d'azur à 3 bandes d'argent, au 4 d'azur à 3 gerbes d'or liées de gueules. — Durand : d'or à la bande d'azur chargée de 2 étoiles du champ. — Durieu : d'argent à 3 fasces ondées d'or, au chef de même chargé de 3 fleurs de lys d'or.

Delpech : de sable à l'aigle d'or, à l'épée de gueules brochante sur le tout. — Du Fau : de gueules à la croix d'or cantonnée de 4 faucilles d'argent. — Du Perier, de Larsan : d'azur à l'épervier d'or, accompagné de deux poires de même, 1 en chef et 1 en pointe. — Dembarrère : coupé, au 1er d'azur à la tour d'or et d'azur, à la bannière d'or, au 2 d'azur au compas d'or ouvert en chevron accompagné en pointe d'une épée d'argent garnie d'or. — Depère : de sable au poirier arraché d'argent, fruité d'or. — Dessolle : d'azur à l'aigle d'argent, au chef d'or chargé de 3 étoiles d'azur. — Durfort d'Eyme . de gueules à 3 fasces d'argent. — Du Haut, de Salies : comme les Salinis. — Darrich : d'azur à 3 croissants d'or, au chef de gueules, chargé de 3 étoiles d'or. — Du Lin : écartelé 1 et 4 d'argent à la levrette passante ..... 2 et 3 de gueules au lion morné, et vilainé d'argent. — Ducasse : écartelé 1 et 4 d'argent au chêne de sinople, 2 et 3 de gueules à 3 couronnes d'argent. — Dupré : d'azur à la fasce d'argent, accompagné de 3 besants d'or, 2 en chef et 1 en pointe. — Dubois de la Grèse : d'argent à l'aigle au vol abaissé de sable membrée de gueules. — Descanaux : parti, 1 de sinople à 3 chevrons brisés d'argent posés l'un sur l'autre, 2 d'azur à la licorne effarée d'argent.

Espagnet : de sinople à la croix ancrée d'argent, chargée en cœur d'une étoile de sable.— Esclaux-de-Mesples : d'azur à 2 faces d'or, surmontées d'une étoile enjambée d'une canette essorante de sable sur une rivière d'argent. — Espagne-Montespan : d'argent au lion de gueules armé et lampassé d'azur accompagné de 7 écussons de sinople posés en orle, et chargés chacun d'une face d'or. — Les Ramefort brisent d'un croissant sur la cuisse du lion et les Durfort d'une étoile sur l'épaule. — Esparbés : d'argent à la fasce de gueules accompagnée de 3 éperviers de sable 2 et 1. Les Esparbés-Lussan mettent des merlettes.— L'Espinasse : fascé d'argent et de gueules. — Estaing : de France, au chef d'or. — Estrades : de gueules au lion d'argent couché sur une terrasse de sinople, sous un palmier d'or. — Estresses : d'azur au chevron d'or accompagné de 3 fers de lances de même, 2 en chef et 1 en pointe. — Estissac : pallé d'argent et d'azur de 6 pièces. — L'Estrade de Nérac : écartelé, 1 et 4 de gueules au lion d'argent, 2 et 3 d'azur à 3 étoiles d'or. — Espagnet : d'argent à une autruche de gueules avec sa vigilance de même et 3 étoiles d'or en chef. Un autre Espagnet, porte d'azur à 3 soucis, tigés et feuillés d'or mouvants de la même plante, au chef cousu de gueules, chargé d'un soleil d'or.

Escorneboeuf : d'azur à 3 corbeaux de sable becqués et membrés de 6 gueules. — Esclignac : d'argent au lion de gueules. — Elicerry de Gaas : d'argent à un arbre de sinople, terrassé de même et surmonté d'une colombe, essorante d'argent. — Espelette : d'argent au lion de gueules. — Etcheverry : d'argent à 2 chaudières de sable, accompagnées chacune en pointe d'un oiseau de même. — Espériés : d'or à un poirier de sinople, fruité d'argent acosté de 2 étoiles d'azur et soutenu d'un croissant de gueules.

Comté de Foix : d'or à 3 pals de gueules. — Ferbeaux : de gueules a 3 faulx d'argent. — Fabas : d'or à 3 pals de gueules. — Faget de Quennefer : d'argent au hêtre terrassé de sinople, senestré d'une fontaine à 2 jets du même, au chef d'azur, chargé d'un croissant accosté de deux étoiles, le tout d'or. — Faudoas : d'azur à la croix d'or. Les Faudoas-Barbazan mettaient un parti de France. D'autres Faudoas-Barbazan : 1 et 4 d'azur à la croix d'or, 2 et 3 d'argent au lion de gueules. — Faulong : d'or au chevron de gueules, accompagné de 3 faulx de sable emmanchées de même et posées 2 en chef et 1 en pointe. — Ferragut : d'azur à un fer de lance en pal d'argent, la pointe en haut. — Ferrières : d'azur à 3 pommes de pin d'or 2 et 1. — Fimarcon : d'argent au lion de gueules, armé, lampassé et couronné de sable. — Fortisson : d'azur à 2 tours d'argent, posées sur une même ligne. Fournets-Gonez : de gueules à la croix d'argent, chargé en cœur d'un écu d'or au lion léopardé de gueules. — Fourquet-Lustard : d'or au chevron de gueules accompagné en chef de 2 mouches de sable et en pointe d'une coquille d'azur, au chef d'azur, chargé de 3 étoiles d'or. — La Fargue : de gueules à 2 fasces d'or, accompagnées en pointe d'une flèche d'argent. La Fitte-Montaigut : d'azur à une montagne d'argent, surmontée d'un croissant d'or : — La Forgue de Bellegarde : coupé au 1 d'or à 2 lions affrontés de gueule, au 2 pallé d'argent et d'azur de 6 pièces.

La Font de Jean st-Projet : d'argent à la bande de gueules.— Fourcés : écartelé 1 et 4 d'or au lion de gueules, 2 et 3 d'argent à une corneille de sable, becquée et membrée de gueules. — Franclieu : d'azur au chevron d'or, accompagné en chef de deux têtes de more de sable, tortillées d'argent et en pointe de trois paquerettes d'or terrassées de même. — La Fargue de Barran : d'argent à trois flambeaux allumés de gueules, au chef d'azur, chargé en chef de 2 étoiles d'argent et en pointe d'une tour de..... — Forgues : écartelé 1 et 4 d'or à trois corbeaux de sable, 2 et 3 d'argent à trois chevrons d'azur. — Florence : d'argent au pin de sinople, accosté d'un lion rampant au fust de l'arbre. — Du Faur : d'azur à deux fasces d'or accompagnés de six besans, 1 et 2 en chef, 1 et 2 en pointe.—Favars. d'or à une plante de fève, de deux tiges de sinople. — Filhol : écartelé, 1 et 4 d'azur à trois pates de griffon d'or, 2 et 3 de Monlezun. — Foucaud : d'or au lion morné de gueules. — Lafitte-Pellerore : d'azur au lion d'or couronné d'argent, lampassé et armé de gueules, à la bordure d'or chargée de deux merlettes affrontées de sable. — La Fourcade : d'azur à deux lions d'or lampassés et armés de gueules, appuyés sur deux colonnes d'argent.

La Font : de gueules au lion d'or accompagné de 12 besants de même en orle. — Fosseries : de gueules à la croix d'argent chargée d'un léopard d'azur.— Ferrabouc : parti au 1 d'or à l'arbre de sinople, senestré d'un bouc contre-rampant de sinople, 2 fascé d'or et d'azur de 4 pièces, la première fasce chargée de 3 merlettes de sable, et la seconde de 3 étoiles d'argent, au chef d'azur chargé de 6 étoiles d'argent. — Forcade-du-Pin : écartelé 1 d'argent au lion de gueules armé et lampassé de sable, 2 et 3 d'azur à 3 étoiles d'or 2 et 1, 4 d'argent à 3 bandes de gueules.— La Fargue-de-Montcrabeau : parti 1 d'argent à 3 flammes de gueules 2 et 1, 2 d'azur à la bande d'or accostée de deux cors d'argent. — Fleurance (ville de) : porta d'abord d'argent à l'aigle éployée de sable ; par concession du roi Jean, elle ajouta depuis un chef d'azur à 3 fleurs de lys d'or 2 et 1.

Guienne : de gueules au Léopard d'or, armé et lampassé de gueules. — La Gascogne (province) : écartelé 1 et 4 d'argent au lion d'argent.

2 et 3 de gueules à la gerbe d'or liée d'azur. — Les ducs de GRA-
MONT ET DE GUICHE : écartelle 1 d'or au lion d'azur, 2 et 3 d'Asté.
4 d'Aure, et sur le tout de gueules à la croix patée d'argent. — GA-
LARD : d'or à 3 corneilles de sable, becquées et membrées de gueules.
— Les GALARD-BÉARN : écartèlent 1 de Galard, 2 d'azur à l'aigle
éployée d'or, 3 de la Roche-André, 4 de Béarn. — GESTAS : d'azur à
la tour d'argent maçonnée et crénelée de sable. — GIMAT : d'azur à
un épervier d'or. — GOTH OU GOUTH : d'or à 3 fasces de gueules. —
GRAVIER DE LA CROSE : écartelé, 1 et 4 échiqueté d'argent et de
gueules, 2 d'argent à 3 ours de sable passant l'un sur l'autre, au 3
d'argent au lion d'azur couronné d'or, armé et lampassé de gueules.—
GROSSOLES-FLAMARENS : de gueules au lion d'or couronné de même,
naissant d'un lac d'argent, au chef cousu d'azur chargé de 3 étoiles
d'or. — GUINARD : d'azur à un soleil naissant d'or, surmonté de 3
étoiles, 2 en chef et 1 en pointe.— GELAS : d'azur au lion d'or armé,
lampassé et couronné de gueules. — GARROS : d'azur au lion d'argent accompagné de 3 étoiles de même, 1 en chef et 2 en pointe, et
abaissé sous un chevron aussi d'argent. — GARAUD : d'azur à la fasce
d'or, accompagnée de 3 coquilles d'argent, 2 en chef et 1 en pointe.—
GONTAUD-BIRON. : écartelé en bannière d'or et de gueules. — GOI-
RAN : écartelé 1 et 4 de gueules au lion d'or, 2 et 3 d'azur à 3 bandes
d'or.

GAMARDES : d'azur au sautoir d'or. — GEMIT DE LUSCAN : d'azur
à 3 chevrons d'or. — GENSAC : de gueules à la croix d'argent chargée
en cœur d'un léopard d'azur. — GENSAC-LAROCHE : d'or à 3 roses de
gueules. — GRANVILLE : d'azur à 3 croissants d'argent. — GODON :
de gueules au cygne d'argent, accolé d'un anneau d'or. — GENI-
BROUX : de gueules à 3 fasces ondées d'or. — Les GENIBROUX-CAS-
TELPERS : portent de même. — GRAMOND-CADEROUSSE d'or au lion
d'azur, armé et lampassé de gueules. — GUERS : d'azur au croissant
d'argent. — GRANDIDIER : d'argent au sautoir de gueules, chargé
en cœur d'une étoile d'or et cantonné de 3 hures de sanglier, arrachées de sable. — LA GRANGE-ST-PESSERRE : écartelé au 1er d'azur
à l'épée haute en pal d'argent, montée d'or, au 2 de gueules au lion
d'or à l'orle de 9 merlettes d'argent, au 3 d'argent à 3 pommes de pin
au naturel, au 4 d'argent à 3 têtes de loup arrachées d'azur. — GRE-
NIER : de gueules à la fasce d'or, accompagnée en chef de deux molettes d'éperon de même et en pointe d'un agneau passant d'argent.
— GOULARD : d'azur au lion d'or membré, couronné et lampassé de
gueules.

GASSION : écartelé 1 et 4 d'azur, à la tour d'or, au 2 d'or à 3 pals de
gueules, au 3e d'argent à l'arbre de sinople, traversé d'un levrier de

gueules courant et colleté d'argent. — Gramont de Mauvezin : d'argent au sautoir dentelé d'azur, cantonné en chef et en pointe d'un lion de sable et à dextre et à sénestre d'une tour de même. — Guilhem de Lansac : losangé d'argent et d'azur. — Gavarret : d'argent à 3 lions de sable, armés et lampassé de gueules, 2 et 1, les deux premiers affrontés. — Gardouch : d'or à la croix de sable. — Gervain de Roquepiquet : d'azur au chevron d'or, accompagné de 3 roses de même, 2 et 1. — Genestet de Chairac : d'azur au lion d'argent, accompagné en pointe d'un croissant du même. — Guichené : d'argent au chevron de gueules, accompagné de 3 roses ou quintefeuilles, 2 en chef et une en pointe. — Gaston : d'argent à une cage de sable, au chef de même. — Gravier de la Crose : écartelé 1 et 4, échiqueté d'argent et de gueules, 2 d'argent à 3 ours de sable, l'un sur l'autre, 3 du Bouset.

Gaujac : de gueules à 2 tours d'argent posées en fasce, au chef d'azur, chargé de 3 étoiles d'or. — Goudin : de sinople à 3 champignons d'argent. — Gasc de Plaisance : d'or au lion léopardé de sable, sur une terrasse de sinople. — Gasc-Cocumont : d'azur au lion d'or, au chef d'argent chargé de 3 molettes d'éperon d'azur. — Gasc-Mialet : de gueules à la bande d'or, accompagnée de 5 molettes d'éperon du même, posées en orle, 3 en chef et 2 en pointe. — Gramond : près Lavardac, d'azur, au lion d'or armé et lampassé de gueules. — Giscard : d'azur à la bande d'or. — Garic-d'Usech : d'or au chêne de sinople, fruité d'or au chef d'azur, chargé de 3 étoiles d'or. — Gauran : d'azur, à 3 flèches d'argent posées en pal. — Garro : d'argent à la croix de gueules, cantonnés de quatre loups passants de sable. — Grandidier : d'argent au sautoir de gueules, chargé en cœur d'une étoile d'or, cantonné de 4 hures de sangliers arrachées de sable. — Gourgue : d'azur au lion d'or lampassé et armé de gueules. — Garrané : parti, au 1er d'argent au lion de gueules, au 2e d'azur à 3 fasces d'argent. — Grailly : d'argent aliàs d'or à la croix de sable, chargée de 5 coquilles d'argent. Les Foix-Grailly portaient de Foix-Béarn. — Guerre : de gueules à 3 fasces d'argent, aliàs d'argent au chevron de sable. — Garac-St-Christau : d'azur à 3 gardes d'épée d'argent en bande. — Gironde : d'or à 3 hirondelles de sable, 2 et 1, les deux en chef affrontées, la dernière au vol étendu.

Haitz : d'argent à un arbre terrassé de sinople, au sanglier de sable brochant sur le fust de l'arbre. — Haraneder : d'argent au prunier de sinople, fruité de pourpre, le tronc de l'arbre servant de stangue à une ancre de sable. — Hureaux (Lespès de) d'azur au lion d'or, accompagné de 5 coquilles de même posées en orle. — Hebert : d'azur au cerf passant d'or sur une terrasse de même. — Hebrail :

d'azur à deux lièvres d'or passant l'un sur l'autre. — HARAMBURE : d'or à l'arbre de sinople arraché, cotoyé à senestre d'un ours de sable, contre-rampant au fust de l'arbre, à la bordure de gueules chargée de 8 sautoirs d'or 3, 2 et 3. — HARISPE : d'azur au cheval d'or passant, terrassé de sable et surmonté de 3 étoiles d'argent en chef. — HAUT-POUL : d'or à deux fasces de gueules, accompagnées de six coqs de sable, crêtés et barbés de gueules , 3, 2 et 1. — HUGUES : d'azur à 2 coquilles d'or posées en fasce. — HAGET : d'or à un hêtre de sinople, accosté de quatre épées posées en pal, les pointes en haut et les poignées garnies d'or. — HÉRAIL : d'azur au navire d'or fretté, voilé et équipé d'argent, et voguant sur une mer de même. — HÉRICI : d'argent à 3 hérissons de gueules. — HÉRON DE MALAUSANNE : d'azur au héron d'argent. — HITTON : d'or au lion de gueules. — HAUSSEZ : d'azur à 3 merlettes d'argent, coupé de même à la feuille de scie de gueules, ses dents tournées à senestre. — HOCQUART : de gueules à 3 roses d'argent. — HARDOUIN DE CHALONS : d'or au chevron de gueules, accompagné de 3 cœurs de même. — HUNAULT DE LANTAR : d'azur à 3 fasces d'or.

ISLE-JOURDAIN : de gueules à la croix cléchée , vuidée et pommetée d'or. La ville de l'Isle-Jourdain, écartèle 1 et 4 des comtes d'Armagnac, 2 et 3 de cette croix. — ISALGUYER : de gueules à un isalgue d'argent. — INCAMPS : d'argent au chêne de sinople, une levrette de gueules passant au pied. — Un autre porte d'or au pin de sinople, fruité de six pommes d'or, au chef d'azur chargé d'un aigle d'argent. — IRUMBURY : coupé au 1er de Béarn, au 2e d'azur à la croix d'argent pommetée d'or, à la bordure d'azur chargée de 8 sautoirs. d'or. — IBOS DE TALASAC ET DE LAGARDE : d'or au pin de sinople, accosté de deux lions rampants et affrontés de gueules, au chef tiercé au 1er d'azur, chargé d'un croissant d'argent surmonté de 3 étoiles de même, au 2 d'argent à la tête de maure de sable tortillée d'argent, au 3 de sable chargé de 3 de losanges d'argent, surmontés de 3 étoiles d'argent aussi. — L'ISLE OU LILLE : d'argent à 3 roses de gueules. — L'ISLE-LA-BOUTIÈRE : d'azur à 2 épées d'argent, posées en sautoir, la pointe en haut et la poignée d'or, accompagnée en chef d'une couronne de marquis d'or, et en pointe d'une tour aussi d'or.

JAUSSELIN : de gueules au chevron d'argent accompagné de 2 étoiles d'or, posées l'une en chef et l'autre en pointe, parti d'azur au lion d'or, surmonté d'une étoile du même. — JAULIN : d'argent au lion rampant de gueules : une autre porte parti d'or et de gueules.— JOANNAS : de gueules au sautoir d'or, cantonné de quatre fleurs de lys de même. — JAUBERT DE BARRAULT : d'or à la croix de sable chargée de 6 coquilles d'argent. — JUNCAROT : d'azur à deux lions affrontés d'or, au chef d'argent chargé d'un pin de sinople.—JAUBERT : d'azur à la fasce d'or, accompagnée de 6 fleurs de lys de même.

KERCADO-MOLAC : d'azur à 9 macles d'or, accostées et arc-boutées, rangées en trois fasces, chacune de 3 macles.

LABBAY DE VIELA : d'or à deux sangliers de sable. — LAMESAN : d'azur à une main d'argent mouvante du flanc dextre, et tenant une fleur de lys d'or. — LANNES DE MONTEBELLO ; de sinople à l'épée d'or en pal, la pointe en haut, au chef cousu de gueules, semé d'étoiles d'argent. —- LART : de gueules à trois bandes d'argent. — LAUR : d'argent à une tour d'azur, accompagnée en chef d'un croissant de gueules; d'autres disent d'or au rameau de laurier de sinople mouvant du flanc senestre.—LAUZUN : tiercé en bande d'or, de gueules et d'azur. — LAVEDAN : d'argent à 3 corbeaux de sable.— LEBERON : d'azur au levrier courant d'argent en bande, accolé de gueules. — LEDOUX DE MONTIGNY : d'azur au lion d'or accosté de deux bras, armés chacun d'une épée d'argent. — LESCUN : écartelé 1 et 4 d'argent à 3 bandes de gueules, 2 et 3 d'or à 9 losanges en pal, mis 3, 3 et 3. LESCUN ANCIEN portait de gueules au cœur d'or. — LESPARRE : d'azur au lion d'or. — LEVIS-MIREPOIX : d'or à 3 chevrons de sable pour devise : *Dieu aide au second chrétien Levis.* — LONS : d'argent au pin de sinople, cotoyé à dextre d'une étoile de sable et à senestre d'une once de gueules. — LORT DE SERIGNAN : d'azur au lion d'or, accompagné d'une étoile d'argent. — LUSSAN : d'or au lion de gueules. — LUSTRAC : écartelé 1 et 4 de gueules à 3 fasces d'argent, 2 et 3 d'azur au lion d'or couronné de même, lampassé et armé de gueules. — LAGONDE : d'azur à un chevron d'argent, chargé de deux rats de sable, accompagné, en chef, de 2 grenades tigées d'argent, et en pointe d'un arbre de sinople terrassé de même. — LASSERRE DE MONTRÉAL : d'or au lion de gueules, soutenant de ses deux pates un lys de jardin. — LAVIGNE : d'argent au cep de vigne, terrassé de sinople, fruité de pourpre, au chef d'azur, chargé de 3 étoiles d'or. — LUSAREV : écartelé 1 et 4 tiercé en fasce, au 2 et 3 d'argent au chevron de sable, accompagné, en chef, de 3 tourteaux de gueules.

LABORDE-ST-LOUBOUÉ : écartelé 1 et 4 d'azur au chevron d'or, accompagné en pointe d'un lion naissant, 2 et 3 d'azur à 3 pommes de pin. — LINGUA DE ST-BLANCAT : de gueules à 3 bandes d'or, au chef d'argent, chargé de .... à l'écusson d'azur, chargé d'une croix d'argent, surmontée de 3 mitres d'évêque, d'argent. — LARLENQUE : de gueules au château flanqué de deux tours donjonnées d'argent, maçonné et ajouré de sable, au chef d'azur, chargé d'un croissant d'argent. — LAU DE LUSIGNAN : losangé d'or et d'azur. Un autre LAU portait d'or un laurier à 3 branches de sinople au lion léopardé de gueules, brochant sur le fust de l'arbre, à la bordure d'azur, chargée de 15 besants d'argent. — Lussi : d'or au château d'azur, terrassé de sinople et ajouré d'argent, au chef de sable chargé de 3 étoiles d'argent posées en fasce.—Lacroix : de gueules à la croix pommetée d'or, cantonnée en sautoir d'un besant d'argent et d'une étoile d'or. — Lavedan-Cazaubon : d'argent à 3 chevrons de gueules, accompagné de 3 .. 2 en chef et 1 en pointe.—Las : d'azur à l'agneau pascal d'argent à la banderole de gueule, croisée d'or. Lacarry : d'azur à une serrure à 4 clous d'argent, accostée d'une clef d'or. — Lavedan Ancien : d'azur à 3 cœurs d'or, 2 et 1. — Labarthe : écartelé 1 et 4 d'or à 3 pals de gueules, qui est Labarthe, 2 et 3 d'azur à 3 flammes enfumées d'argent, partant du pied de l'écu, qui est de Fumel.

Lissalde : parti au 1 d'argent à la salamandre d'azur, couronnée d'or et posée sur un bûcher de gueules, 2 et 3 d'or à 3 merles de sable, becqués et membrés de gueules, 2 et 1.— Lordat : d'or à la croix alésée de gueules. — Loubens : de gueules au loup ravissant d'or.—Lapenne : écartelé 1 d'azur à 3 pals d'or, 2 et 3 de gueules au lion d'or, 4 d'azur à 3 fleurs de lys d'or. — Le comté de Gaure : d'or au lion de gueules, à la bordure dentelée de sable.—Laroche-Fontenilles : d'azur à 3 rocs d'échiquier d'or. — Lupiac : d'argent au loup ravissant de sable. — Laclaverie : écartelé 1 et 4 de gueules à 3 besants d'or, 2 et 3 d'argent à une couronne d'épines de sinople, sur le tout d'argent à la bande d'azur, chargée de 3 têtes de lion d'or, lampassées de gueules. — Lesat : d'argent au chevron de sable, accompagné de 3 molettes d'éperon de même. — Laçoouan : de gueules au roc d'argent, au chef de même, chargé de 3 orties de gueules. — Lasudrie : de gueules au lion couronné d'argent à l'orle de 14 besants d'argent. — Laroque-Ordan : d'azur au sautoir d'or.

Lapeyrie de St-Orens : parti, au 1 de gueules, au chevron d'or, accompagné en chef de 2 étoiles d'argent et en pointe d'une tour aussi d'argent maçonnée de sable et au 2 d'azur au levrier d'argent. — Laas : écartelé 1 et 4 d'or au lion de gueules, 2 et 3 d'azur à la levrette rampante d'argent. — Laborde-Lassale ; d'or au chevron de gueules, accompagné en pointe d'un levrier rampant d'argent. — Lamarque de St-Sever : coupé au 1 d'or à la tête de cheval coupée de sable, à la bordure dentelée d'azur, parti de gueules à l'épée d'argent en pal, la pointe en haut, au 2 d'or à l'arc bandé avec sa flèche de sable. — Lartigue-Lassale : de gueules au lion d'or. — Lambert de Labarrère : d'azur au lion d'or traversé en barre d'une flèche d'argent, la pointe en haut. — Lambert des Granges : d'ar-

gent à la fasce de gueules, accompagnée en chef de 3 étoiles et en
en pointes d'un levrier passant. — LARROUX : d'azur à la rose d'argent. — LAMARQUE : d'azur à la bande accostée de deux lions rampants de même. — LACASSAGNE EN BIGORRE : écartelé 1 et 4 d'azur
au dauphin d'argent, 2 et 3 d'or au chêne arraché de sinople.

LARROQUE-ST-ORENS : d'azur à un roc d'échiquier d'argent. —
LAROQUE-NÉBOUSAN : de gueules à trois rocs d'échiquier d'or 2 et 1.
— LALANNE : coupé au 1 d'argent au sautoir d'azur, parti d'azur à 2
léopards passants d'or, au 2 d'argent au pin de sinople. — LA RUÉE :
d'azur à un ray d'argent. — LAMBES DE SAVIGNAC : d'azur au lion
rampant d'or. — LAMAZÈRE : de gueules à 2 loups passants d'or. —
LAFITTE-MONTÉGUT : parti au 1 d'azur à une montagne de 6 copeaux
d'argent, surmontée d'un croissant de même qui est Laflite, au 2
d'azur à la tour d'or qui est Montégut. — LUSSAN-D'AUBETERRE :
écartelé au 1 et 4 d'argent à la fasce de gueules, accompagnée de 3
merlettes de sable, deux en chef et 1 en pointe, au 2 losangé d'or et
d'azur, au 3 de gueules à 3 léopards d'or l'un sur l'autre. — LÉAU-
MONT : d'azur au faucon perché et grillé d'argent. — LOMAGNE ;
d'argent au lion de gueules, d'autres disent de gueules au lion d'argent.
— LARUAUX-BRION : écartelé au 1 et 4 d'azur à la croix patée, au 2
et 3 d'or, à l'aigle éployée de sable. — LUPÉ : d'azur à 3 bandes d'or.
— LANNEFRANQUE. — de gueules à 3 chevrons d'or. — LAVARDAC :
d'argent au lion de gueules, issant d'une montagne dans une rivière,
au chef de gueules, chargé d'une fasce d'or, à la bordure d'or. Un autre
Lavardac portait : parti au 1 d'azur à 3 gerbes d'argent, au 2 d'argent
à l'agneau paissant entre deux serpents noués. — LASSUS-LADEVÈZE :
d'or à la bande engrelée d'azur, accompagnée de deux grenades de
gueules, 2 en chef et 1 en pointe. — LASSALE : de gueules au lion
rampant d'argent, couronné d'or, au chef d'argent chargé de 3 ramiers
d'azur, becqués et membrés de gueules.

LASCASES : d'argent à la bande d'azur. — LEQUIEN DE LA NEUF-
VILLE ; écartelé 1 et 4 de sinople à un chien braque d'argent accolé
de sable, surmonté d'une palme d'argent posée en fasce, au 2 et 3 bandé
de vair et de gueules de 6 pièces. — LABBADIE DE VILLENEUVE : de
gueules à la montagne d'argent, accostée de deux lions affrontés et
contre-rampants d'or, au chef cousu d'azur chargé d'une colombe
essorante d'argent. — LE SUEUR : d'azur au pommier arraché de
sinople. — LADOUE : écartelé 1 d'argent au lion de gueules, 2 d'azur
à 3 larmes d'argent 2 et 1, au 3 d'argent à trois rivières de gueules,
4 d'argent à la merlette de sable. — LA MOTHE-D'ISAULT : d'argent
à 3 cyprès de sinople, terrassés de même, posés en pal. — LESPARRE
d'azur au lion dor. — LASSERAN : d'argent à la fasce de gueules

chargée de 2 tours d'or. — LATRAU : parti au 1 d'argent au lion de gueules, au 2 d'azur à 3 fasces d'argent. — DELHOM : d'argent à l'orme de sinople. — LESCOUT : d'or à 3 trèfles d'azur. — LESPÉS de gueules à la fasce d'argent, accompagnée de 3 roses de même.

LABAT : d'azur au pal d'argent, accolé de 2 molettes d'éperon d'or. — LAGE : d'or à la croix de gueules. — LOUPIAC : d'argent à 3 fasces d'azur, au chêne arraché de sinople, brochant sur le tout, et un loup de sable passant au pied du chêne. — LA MARQUE OU MARCA : d'azur à une palme d'or en pal, accompagnée de 3 montagnes de 6 copeaux d'argent, 2 en chef et 1 en pointe. — LAUGNAC : de gueules à 3 bandes d'argent.

LORDATS : d'or à la croix alaisée de gueules. — LUR-SALUCES : écartelé 1 et 4 de gueules à 3 croissants d'argent au chef d'or, 2 et 3 d'or, au chef d'azur. — LEVESOU DE VESINS : d'or à la croix engrêlée d'azur. — LAFON : d'argent à la bande de gueules. — LESTRADE : d'or à la fasce d'azur chargée de 3 étoiles d'argent. — LAMOTHE PARDIES ET TARREBREN : d'argent à 3 cyprès terrassés de sinople. — LAVARDAC : d'azur à la molette d'éperon d'argent. — LUPIAC : écartelé 1 et 4 d'azur au lion d'or, 2 et 3 d'argent au loup ravissant de sable à la bordure d'argent chargée de 9 canettes de sable. — LALANDE : écartelé d'argent et d'azur. — LACOSTE : taillé d'argent et de sable à 4 lévriers courants de l'un à l'autre. — LANUSSE : de sable à l'agneau pascal d'argent, au chef cousu d'azur, chargé de 3 étoiles de même. LASSERRE : d'azur à l'aigle d'or au vol abaissé. — LACTREC : de gueules au lion d'or, écartelé 1 et 4 de Toulouse. — LASSALE : d'azur à 3 chevrons d'argent, chacun chargé d'un fer de lance de sable. — LACARRE : écartelé 1 et 4 de Navarre, 2 et 3 d'argent au lion d'azur, armé, lampassé et viléné de gueules. — LACARRE, d'Auch : écartèle ainsi : 1 d'azur à la croix fleurdelisée d'argent, 2 de Navarre, 3 de gueules, au lion couronné d'or, lampassé de gueules, 4 de Béarn.

LALANDE DE HINS : de gueules à 4 fasces d'argent. — LESSEPS : d'argent à un cep de vigne terrassé de sinople, fruité de deux grappes de sable et surmonté de 2 étoiles d'azur. — LURE DE CAMBO : de gueules au lion léopardé d'argent, à la bordure componée d'or et de gueules. — LABORDE-LISSALDE : écartelé 1 et 4 d'or au chevron de gueules, accompagné en pointe d'un lion rampant de même, au 2 et 3 d'argent à un arbre de sinople, accosté de deux lions affrontés d'azur, et accompagné en pointe d'un croissant de même. — LARRAST : parti au 1 d'argent, au chevron d'azur accompagné de 3 coquilles de sable, 2 en chef et 1 en pointe, au 2 d'or, au chevron de gueules, accompagné en chef de 2 merlettes de sable, et en pointe d'un pin de sinople. LASCASES OU LAS CASAS : d'or à la bande d'azur, à la bordure de

gueules.— LAURÈS : d'or à 3 branches de laurier de sinople en pal, 2
et 1, au chef de gueules, chargé de 3 foudres d'argent. — LIVRON :
fascé de gueules et d'argent, de 6 pièces au franc-quartier d'argent,
chargé d'un roc d'échiquier de gueules. — LAMBÈS DE SAVIGNAC :
d'azur au lion d'or, écartelé d'argent à trois fasces ondées de gueules,
surmontées de deux tourteaux de même. — LUBERSAC : de gueules
au loup passant d'or. — LALANNE : d'azur au demi-vol d'argent.
— LAHET : écartelé 1 et 4 de gueules à 2 poissons d'or posés en pal,
2 et 3 de Béarn — LAHIRE-VIGNOLLES : écartelé 1 et 4 d'azur, au
paon d'or, 2 et 3 de sable, au cep de vigne d'argent, soutenu d'un
échalas de même. — LASSUS : de sable au chevron d'or, chargé de
trois étoiles d'azur. — LISSALDE-CASTERON : parti, 1 d'argent à la
salamandre d'azur, couronnée d'or, 2, d'or à 3 merlettes becquées et
membrées de gueules.

LESTRADE DE NÉRAC : de gueules au lion d'argent, au chef cousu
de gueules, chargé de 3 étoiles d'or. LAVILLE : de sinople à la bande
d'argent, chargée de 3 roses de gueules. — LACHAUSSADE : écartelé
1 et 4 d'azur à la croix d'or, 2 et 3 d'argent à 3 chevrons brisés de
gueules. — LARY-LATOUR : d'azur à 7 lames ou barres d'or, au chef
d'argent chargé de 3 merlettes de sable. — LERAT DE MAGNITOT,
préfet du Gers : d'azur à la fasce d'or, accompagnée en chef de 2
étoiles d'argent et en pointe d'une licorne de même.— LART DE BOR-
DENEUVE : parti, au 1 d'azur, à 3 pals d'argent, au 2 écartelé, au 1 et
4, bandé d'or et de gueules, au 2 et 3 d'argent à 1 lion d'or et sable,
armé et lampassé de gueules.

MONLEZUN-PARDIAC : d'argent au lion couronné de gueules, à
l'orle de 9 corneilles de sable, becquées et membrées de gueules, 4, 2,
2 et 1. Les Tossat, les Betplan et les Monlezun, de Gimont, portent
les mêmes armes. — MONTRÉAL, seigneur de Sault : d'argent à la
croix de gueules, chargée en fasce et en cœur d'un léopard lionné
d'argent, accosté et assailli de deux griffons rampants aussi d'argent.
— MORTIER-TREVISE : écartelé 1 d'or à la tête de cheval contourné de sable, 2 d'azur au dextrochère d'or, armé d'une épée d'argent mouvant de senestre, 3 aussi d'azur au dextrochère d'or mouvant de dextre, 4 d'or à la tête de cheval de sable, au chef de gueules,
semé d'étoiles d'azur. — MUN : d'azur au globe d'argent, cintré et
croisetté d'or, l'écu en bannière.— MAINE : de gueules à la fleur de
lys d'or. — MANAS : de gueules à la croix d'or. Un autre Manas portait écartelé d'or et de gueules. — MONT D'UZER : écartelé au 1
d'azur à 3 lions d'or, au 2 d'or à 3 pals de gueules, au 3 d'or, à 3
flammes de gueules, au 4 d'or, à 2 vaches de gueules, et sur le tout de
gueules au monde cintré et croisetté d'or.— MONDA-MANSAN : d'a-

zur à 3 lions naissants d'or 2 et 1. — MÉLIGNAN : écartelé 1 et 4 de gueules au lion rampant d'or, armé et lampassé de ... 2 et 3 d'argent à la plante d'artichaud sauvage de sinople. — MONTESQUIEU-SECON- DAT : d'azur à 2 coquilles d'or en chef et au croissant d'argent en pointe. — MONTFAUCON : de gueules au faucon d'argent. — MAU- LÉON-SEREMPUY, LA SALLE ET GENSAC : de gueules au lion d'or armé et lampassé de sable. Un autre Mauléon porte d'argent au lion de gueules.

MALARTIC : d'argent à la croix pommetée de gueules, cantonnée en sautoir, de dextre à senestre, d'une molette de sable. Les Massas portaient de même. — MANIBAN : de gueules à deux bourdons de pèlerin posés en sautoir, cantonnés en chef d'un croissant d'argent, et sur les 3 autres faces d'une larme de même. — MARESTANG : d'or au lion de gueules, armé et lampassé d'azur à la bordure d'azur. — MIOSSENS : écartelé 1 et 4 d'azur au lion d'or, 2 et 3 d'or plein. — MONS DE BELLEGARDE : de gueules à 2 globes d'or. — MONTRON : écartelé 1 et 4 d'azur au lion de gueules, 2 et 3 d'azur à fasces d'or.— MERITENS DE LAGO : d'argent à l'arbre de sinople, au levrier de gueules attaché au fust de l'arbre. Meritens de Béarn porte d'azur au levrier d'argent arrêté contre un arbre de sinople. — MATHAS, COMTE DE BI- GORRE, portait losangé d'azur et de gueules. — MONET : d'or à 3 colonnes de sable 2 et 1. — MAIGNÉ DE SALNAVE : d'azur à la main dextre apaumée d'argent. — MAJORAN : de gueules à la croix alésée d'or , surmontée en chef de 3 étoiles d'argent, celle du milieu plus élevée. — MIRAMONT : de gueules à 3 têtes de lion d'or. — MALLAC : échiqueté d'azur et d'or de seize pièces, chargées chacune d'une étoile de l'une en l'autre. — MAUVEZIN : écartelé 1 et 4 de gueules, à 3 tours d'argent 2 et 1, au 2 et 3 d'azur à 1 rocher d'argent.

MENOU : de gueules, à la bande d'or. — MARAVAT : d'argent, au pal d'azur.— DU MONT : de gueules, au chevron d'or.—MONTBERON : fascé d'argent et d'azur. — MEILLAN DE LAHITTE : de gueules au lion d'argent, au chef cousu d'azur chargé d'un croissant, accosté de 2 étoiles de même. — MAZIEU : de gueules à la fasce dentelée d'or, accompagnée de 3 étoiles de même, 2 en chef et 1 en pointe.— MAC- MAHON : d'argent à 3 lions léopardés et contournés de gueules, armés et lampassés d'azur, l'un sur l'autre; quelques branches écartellent de France. — MAIGNAUT : d'azur à 3 besants d'or. Les Maignaut-Mon- tégut changeaient les émaux. Un autre Maignaut porte de sable à la croix d'or. — MARCHEL : d'argent à deux lions de sable, affrontés et soutenant un croissant. — MARRENX : parti, au 1 d'or à 2 tourteaux de gueules, au 2 de gueules, à 2 pals d'argent.— MAZADE : d'azur au chevron d'or accompagné, en pointe, d'un lion de même, lampassé et armé de gueules, au chef cousu de gueules, chargé d'un croissant d'argent accosté de deux étoiles d'or. — MÉLET : d'azur à 3 ruches de miel d'argent 2 et 1. Un autre Mélet porte d'azur au chef passant d'or. — MONCADE : de gueules à six besants d'or mis en pal 3 et 3. — MOMAS. — d'argent à deux ours en pied de sable. — MONT-DE-GELENAVE : d'or à 3 monts, ou copeaux de montagne d'or 2 et 1. — MONTAUT (les anciens barons d'Armagnac) : losangé d'argent et d'azur. Les Montaut, de Normandie, de Lisse et de Sion, portent de même.

MONTAUT DE L'ARIÉGE ET DE XAINTRAILLES : d'azur à 2 mortiers de guerre d'argent allumés de gueules, posés en pal. — MORTEAUX : de gueules à l'olifan d'or surmonté de 3 chevrons d'argent, au chef d'azur chargé d'un croissant d'argent et accosté de 2 étoiles d'or. — MONTCASSIN : écartelé au 1er d'or, au loup passant de sable, 2 et 3 d'argent à 5 canettes de sable posées en sautoir, 4 d'azur au lion d'argent. — MONTAU : de gueules au lion d'or, au chef d'azur chargé de 3 étoiles. — MONTCLAR : d'azur à 3 losanges d'or posés en pal. — MONTESPAN : d'or à 3 tourteaux de gueules senestrés d'une clef de même posée en pal. — MONTESQUIOU-FEZENSAC : parti au 1 de gueules plein, au 2 d'or à 2 tourteaux de gueules l'un sur l'autre. Les d'Artagnan ne prennent que le second parti. Les Monluc écartelaient 1 et 4 d'azur au loup ravissant d'or. — MARSAN, dans les Landes : losangé d'or et de sable. Un autre Marsan porte losangé d'argent et de gueules.

MORANCY : parti, au 1 d'azur à la fleur de lys d'or, accompagnée de 3 billettes d'argent, 2 en chef et 1 en pointe, et au 2 de pourpre à la tête de mort, accompagnée en pointe de 2 os de mort passés en sautoir, le tout enfermé dans un 6 de chiffre, au chef de sable chargé d'un lambel d'argent. — MALVIN : d'azur à trois étoiles d'or, alias d'argent, 2 et 1. — MONDENARD : écartelé d'argent et d'azur. — MONTPESAT : écartelé 1 et 4 de gueules à la balance d'argent, 2 et 3 d'azur au monde cintré et croisetté d'or. — METIVIER : d'azur à la gerbe d'or liée de sinople, au chef d'or, chargé de deux fleurs de pavot de gueules. — MAN : écartelé à 1 d'azur, au soleil d'or, au 2 d'or, au lion de gueules, au 3 d'azur, à 3 bandes d'argent, au 4 d'azur, à 3 flammes d'or. — MALATESTE : d'or au buste d'homme. — MUGRON (la ville de) : d'azur au château d'or. — MONTHEILS : d'or à la bande de gueules, cotoyée de 2 roses d'argent, l'une en chef et l'autre en pointe. — MAUVEZIN (la ville de) : d'azur à 3 barres d'or, accostées de 3 vaches de même. — MONDINI : de gueules au cerf d'argent, surmonté de 3 étoiles d'or. — MONT (de Vic-Bigorre) : 1 et 4 d'azur au lion d'argent, 2 et 3 de ... à 3 torches de .... surmontées de 3 merlettes de .... — MIGLOS : écartelé 1 et 4 de gueules au lion d'or, 2 d'argent au château à 3 tours de sinople, maçonné de sable, 3 d'azur à la croix d'or. — MARIBAIL : d'azur au rocher d'or, posé sur une onde d'argent, au chef chargé d'un croissant accosté de deux étoiles. — MADAILLAN : tranché d'or et de gueules. — MARAVAT : d'argent au pal d'azur. — MONT DE PLEHOT : de gueules au chevron d'or. — MONTAZET : écartelé de Malvin de Monpesat.

MAS : d'azur à 2 mâts de vaisseaux, rangés d'argent; d'autres disent d'azur à une tige de 3 roses d'argent, au chef d'or, chargé de 3 étoiles d'argent. — MONTALAMBERT : d'argent à la croix ancrée de sable. — MESME : d'or au croissant de sable. — MONTBERON : 2 écartelé, 1 et 4, fasce d'argent et d'azur, 2 et 3 de gueules plein. — MEDRANE : d'argent à la bande d'azur; d'autres disent d'azur à 3 fusées, ondées d'argent. — MARMIESSE : écartelée 1 et 4 d'or au lion de sable lampassé de gueules, au chef d'azur, chargé de 3 étoiles d'or, 2 et 3 d'argent à la fasce de gueules accompagnée de 3 merlettes de sable. — MEGRET-D'ETIGNY : d'azur à 3 besants d'argent, au chef d'or chargé d'une tête de lion arrachée de gueules. — MONTESQUIOU-ROQUEFORT : d'argent à 3 chevrons de sable. — MONTGOMMERRY : d'azur au lion d'or, lampassé et armé d'argent. — MARCELLUS : d'azur à la tour d'argent donjonnée à dextre d'une tourelle de même, le tout maçonné de sable. — MALLEVILLE : d'azur à 3 molettes d'éperon d'or. — MONCADE DE CONDOM : d'argent au lion de gueules, atteignant de ses deux pâtes de devant une herse sarrazine posée au canton dextre de l'écu. — MONTLAUR-ESCOUBÈS : de gueules au monde d'argent cintré de gueules, croiseté d'argent et soutenu par deux lions affrontés aussi d'argent.—MOLLEVILLE-DE-PONSAN-SOUBIRAN : d'or à l'arbre terrassé de sinople au cerf couché de gueules, brochant sur le fust de l'arbre, au chef d'azur chargé d'une étoile d'argent accostée de deux vanets de même.— MIRANDE (la ville de) : d'azur à 3 besants d'or, 2 et 1, couronne de comte, surmontée d'une mitre d'abbé avec une épée et une crosse passées en sautoir derrière l'écu.

MORET : d'or à la herse de sanglier de sable, accompagnée de cinq merles de gueules, 3 en chef et 2 en pointe.—MIRAUMONT : de gueules à 3 têtes de lion d'or. — MARRENX : parti, au 1 d'or, à 2 tourteaux de gueules, au 2 de gueules, à 2 pals d'argent. — MONEINS : de gueules, à la croix d'argent. — MONTAUT-MUCIDAN : d'argent au chef denché d'azur. — MOLIER : au pin de sinople, accompagné en chef de deux lions de gueules, et en pointe de deux pigeons. — MADRONET : d'azur au lion d'or, au chef cousu de gueules, chargé de 3 glands d'or. — MAZELIÈRES : d'or au chevron brisé de gueules, accompagné de 3 lions de sinople, 2 en chef et 1 en pointe.— MASSAS : d'azur à 3 fasces d'or, accompagnées en chef de 3 cloches d'argent bataillées de sable, et en pointe de 3 demi-losanges aussi d'argent. — MORLAS : d'azur à 9 besants d'argent. — MIRAIL : d'azur à l'aigle éployée d'argent, becquée et membrée de gueules, au chef d'argent.— MONTBEL : d'or au lion de sable, armé et lampassé de gueules à la bande componnée d'hermines et de gueules brochant sur le tout. — MARCIAC (la ville) : voir p. 419.

NAVAILLES : d'azur, à la levrette d'argent, colletée de gueules, accompagnée de 3 bouquets de cerises au naturel. — NAVARRE (royaume de) : de gueules, aux chaînes d'or, posées en orle, en croix, en sautoir. — NOÉ : losangé d'or et de gueules, l'écu en bannière. — NOGUÉS : d'or au noyer de sinople, fruité de même, accosté de 2 ours contre-rampants et affrontés de gueules.— NOROY : d'azur, au croissant d'or, surmonté d'une étoile de même. Un autre Noroy : d'argent à la fasce de gueules, sommée d'un lion issant de sable. — NARBONNE-LARA : de gueules plein. Les Narbonne-Fimarcon écartelaient de Fimarcon. — NOAILLES : de gueules à la bande d'or.— NAVAILLES-LABATUT : écartelé au 1 d'azur au lion d'or, au 2 de France, au 3 de gueules, à 3 flèches d'or, ferrées d'argent, posées en pal, la pointe en bas, au 4 d'or, à une épée à l'antique posée en pal, qui est de St-Jacques. Cette branche avait conservé la commanderie héréditaire de Bessant, dans le département des Landes, appartenant à l'Ordre de St-Jacques ou de la Foi, dont nous avons parlé dans le 2e volume de cette histoire. — NAVAILLES-BANOS : écartelé 1 et 4 d'azur au lion d'or, 2 et 3 losangé d'argent et de gueules. — NAYS : d'or, à la croix potencée d'azur. — NOSKILHES : d'or, au chevron d'azur, chargé de 3 quintefeuilles ou roses d'argent. — NOAILHAN : de gueules à la croix vuidée et tréflée d'argent. — NAJAC : d'azur, au château d'argent, crénelé de même, maçonné et ajouré de sable, donjonné de 3 tours de même, sommé d'un aiglon éployé d'or, becqué et membré de gueules.— NOGARET DE LA VALÈTTE : d'argent au noyer de sinople, au chef de gueules, chargé d'une croix alésée, aliàs potencée d'argent. — NUX : d'argent au chevron de gueules, accompagné en chef de 3 croissants de même 2 et 1, et en pointe d'un noyer terrassé de sinople.

ORBESSAN : d'azur au vase ou aiguière d'or. — ORNESAN DE ST-BLANCART : d'or à 3 fasces de gueules; d'autres disent d'azur au lion d'or.— OLCE : écartelé, 1 et 4 de gueules à 4 fasces d'argent, 2 et 3 de gueules à 3 chevrons d'argent, adextré en chef d'une étoile d'argent. — ORNEX DE VILLEMAGE : d'argent, à la bande d'azur. —

Ossun : d'or, à un ours de sable passant sur une terrasse de sinople.
— Ounoux : de gueules, à la croix alésée d'argent. — Oudinot (duc
de Reggio) : parti, au 1 de gueules à 3 casques d'argent tarés de
profil, au 2 d'argent au lion de gueules, tenant de la pate dextre une
grenade de sable enflammée de gueules. — Oms : d'or à 3 fasces de
sable.

Pardiac (comte de) : portait comme les Monlezuns. — Pardaillan : d'argent, à 3 fasces ondées d'azur. Un autre Pardaillan portait
fascé d'argent et de gueules. Enfin, Pardaillan-Gondrin portait 1 et 4
d'or à la tour de gueules maçonnée de sable, donjonnée de 3 pièces,
surmontée de 3 têtes de more, de sable tortillées d'argent, 2 et 3 d'argent, à 3 fasces de gueules. — Peguilhem : de gueules, à 3 épées
d'argent posées en pal, les pointes en bas, les poignées garnies d'or.—
Persil : émanché en bande de gueules de 3 pièces et 2 demie sur
argent. — Pontac : de gueules au pont à cinq arches d'argent sur
une rivière de même, ombrée d'azur et supportant deux tours aussi
d'argent, sommé en chef d'une étoile de 4 fleurs de lys. — Pouy-
d'Avenzac, écartelé 1 et 4 d'azur au lion d'or, gravissant un rocher
d'argent et surmonté de 3 étoiles d'argent posées en fasce, 2 et 3 de
Montlezun-Pardiac. Un autre porte d'argent au sautoir d'azur chargé
de 5 roses d'or. — Polastron : d'argent au lion de sable, armé et
lampassé de gueules. — Pujolé : de gueules au porc-épic d'or. —
Parrieu : de gueules à 3 écus posés 1 et 2, le premier d'argent à 5
tourteaux d'azur, rangés en sautoir, le second et le troisième d'or à
un lion de gueules, affrontés l'un à l'autre.

Pomyers : d'or au chevron d'azur chargé de 7 mouchetures d'hermine, accompagnées en chef de deux dards de gueules et en pointe
d'un pommier terrassé de sinople.— Preissac : parti, au 1 d'argent,
au lion de gueules armé, lampassé et couronné d'azur, coupé d'azur
au pal d'or, au 2 d'azur à 3 fasces d'argent. — Pujo de la Fitole :
d'azur au chevron d'or accompagné de 3 croissants de même, 2 en
chef et 1 en pointe. — Puységur-Chastenet : d'azur au chevron
d'or accompagné de 3 croissants de même, 2 en chef et 1 en pointe.
— du Pac : d'or à l'arbre terrassé de sinople, à la vache de gueules,
clarinée d'azur brochante sur le fust de l'arbre.— Pelagrue de Miramont : d'azur à une grue d'argent avec sa vigilance. — Podenas-
Laroque : d'argent à 3 fasces ondées d'azur. Un autre Podenas porte
fascé ondé de 10 pièces avec une cotice. — Prielé : écartelé à 1 et
4 d'argent à une palme de sinople, 2 et 3 d'azur à 3 flèches d'argent
posées en fasce et mal ordonnées. — Piedefer : échiqueté d'or et
d'azur : Patras de Campagno : de gueules à la croix d'argent. —
du Plessis : d'argent à 3 chevrons de gueules. — Pins-Monbrun :

de gueules à 3 pommes de pin d'or. — POTHON DE XAINTRAILLES :
écartelé 1 et 4 d'argent à la croix alésée de gueules, 2 et 3 de gueules
au lion d'argent.

POYANNE : d'azur à 3 canettes d'argent, 2 et 1. — PERPIGNA :
d'azur à cinq molettes d'éperon posées en croix. — PEYRECAVE-
POMÉS : d'or au chêne de sinople accosté au pied de 2 oies essorantes
et affrontées de sable, au chef d'azur chargé de 3 étoiles d'or. —
PERRON : parti, 1 d'argent à l'arbre terrassé de sinople, senestré d'un
levrier contre-rampant au fust de l'arbre, 2, de..... au lion de..... —
PUYMIROL DE SIRAC : d'azur au croissant d'argent accompagné de
5 têtes de béliers de même, 3 en chef et 2 en pointe. — DU PUY :
écartelé 1 et 4 d'or à 3 poissons de gueules, l'un sur l'autre en fasce,
2 et 3 d'or à 3 écrevisses de gueules. Une autre porte de gueules au
lion d'argent au franc canton burelé d'argent et de gueules.— POUL-
HAUT : échiqueté d'or et de gueules. — PIRÉ (comte) : d'argent au
poirier arraché de sinople, fruité de 3 poires d'or. — PÉRIGNON :
d'azur au bélier d'argent paissant sur une terrasse de même, accorné
d'or et portant sur la tête une croix de Lorraine de même. — PENNE-
VILLEMUR : de gueules au lion d'or, armé et lampassé de gueules.
— DU PUCH : de gueules à 3 fasces d'argent. —· PERCIN : parti, au
1 d'azur à la tour d'argent, surmontée d'une colombe de même, au
2 coupé d'or au lion de gueules et d'argent, à la fasce de gueules. —
PUYBERSAC : de sinople à 3 tours.

PEYRUSSAN : d'azur à une tour d'argent maçonnée de sable, sup-
portée par 2 lions affrontés d'argent. — PEYRE : d'argent à l'aigle
éployée de sable.— VICOMTE DE PANAT : (de Brunet de Castelpers) :
écartelé, 1 et 4 d'argent au soutoir de gueules, qui est de Panat, 2,
de Castelpers, 3 de Levis, et sur le tout d'or au levrier rampant de
gueules à la bordure componnée d'argent et de sable, de 16 copeaux,
qui est de Brunet. — PORTAL : d'argent au lion de sable, au chef
d'azur chargé de 6 étoiles d'or, posées 3 et 3. — PONS : d'argent à la
fasce bandée d'or et de gueules. — PICHON : d'azur au chevron d'or.
PICHARD : de sable à 3 poissons d'argent mis en pal. — PLAISANCE-
GAYO : d'or à 3 losanges de gueules posés en fasce, au chef cousu de
gueules. — PELOT : de sable à 3 bandes d'or. — PARTARIEU : parti,
d'or et de gueules à la fasce ondée d'argent brochante sur le tout. —
POMMIERS : fascé d'argent et d'azur à la bordure de gueules.— PAN-
NEBOEUF : de gueules au bœuf passant d'or, au chef cousu d'azur
chargé d'un paon rouant accosté de 2 étoiles.

LA ROCHE DE CONDOM : d'azur au chevron brisé d'argent, potencé et
contre-potencé de sable, accompagné en chef d'un croissant d'argent
à dextre et d'une étoile d'or à senestre, et en pointe d'un lion rampant

armé de sable et lampassé de gueules. RABASTENS : d'azur au lion
d'argent, armé et lampassé de gueules. — ROQUELAURE : d'azur à 3
rocs d'échiquier d'argent. — RIVIÈRE-LABATUT : d'or à 3 épées de
gueules en pal, la pointe en haut soutenant une couronne fermée de
même. Un autre Rivière avait changé les émaux. — RESSEGUIER :
d'or au chêne arraché de sinople, au chef de gueules chargé de trois
roses d'argent. — ROQUEFORT : échiqueté d'or et d'azur, au chef
d'azur chargé de trois rocs d'échiquier d'or, dont l'un bordé d'une
bordure componée d'or et de gueules. — ROCHECHOUART-FAUDOAS :
fascé anté d'argent et de gueules de 6 pièces, écartelé de Faudoas.
— ROLLET : d'azur à 5 losanges d'or, 2, 2 et 1, au chef cousu de
gueules, chargé de 3 lions d'argent. — RIGAUD : d'argent au lion de
gueules. — ROQUEMAUREL : d'azur à 3 rocs d'échiquier d'or, 2 et 1,
au chef d'argent, chargé d'une levrette passante de sable, aliàs d'or,
accolée de gueules. — RAVIGNAN : d'azur à la croix d'or, cantonnée
de 4 roses d'argent, aliàs d'or à la croix de gueules. — ROQUEFUEIL :
d'azur à la cordelière d'or passée en sautoir. — RAFIN : d'azur à une
fasce d'argent, accompagnée en chef de 3 étoiles d'or. — RANCE :
d'argent à 3 tierces d'azur mises en sautoir, accompagnées de 4 merlettes de sable. Un autre Rance porte d'argent au croissant de sinople,
accompagné de 3 roses de gueules. — RAILLAC : de gueules au chevron d'or. — ROLLAND : d'azur au lion léopardé d'or couronné
d'hermine. — ROSES : d'or au levrier passant d'argent, attaché à un
arbre de sinople terrassé de même. — RAYMOND : d'or à 3 mondes
de gueules, au chef d'azur chargé d'un croissant d'argent, accosté de
2 étoiles. Les Raymond, d'Agen, portent d'azur semé de losanges
d'or.

RIQUET-CARAMAN : écartelé 1 et 4 d'azur à la bande d'or, accompagnée en chef d'une demi-fleur de lys de même, défaillante à dextre
et florencée d'argent, et en pointe de 3 roses de même, 2 et 3 de gueules à la bande d'or. — RAULIN : de gueules à 3 clefs d'or. — ROLL.-
MONTPELLIER : d'or à une montagne de 6 copeaux de sinople, accompagnée en chef de deux roses de gueules, au chef d'azur chargé d'un
soleil rayonnant d'or. — REDON : d'azur à 2 tours d'argent juxta-
posées. — ROQUETAILLADE : de gueules à 3 chevrons d'or. — RO-
QUETTE : écartelé 1 et 4 d'azur à la bande d'argent, 2 et 3 d'or à 2
fasces de gueules. — ROUILLAN : d'azur à la montagne d'argent,
accostée de 2 lions affrontés et contre-rampants d'or, au chef cousu
de gueules, chargé de 3 étoiles d'argent. — ROBERT : d'argent à 3
pals d'or. — ROSSIGNOL : d'azur à 3 épées d'argent en pal, les pointes
en bas. — LA ROCHE DE ST-CLAR : écartelé 1 et 4 de gueules à 3
bandes componées d'argent et d'azur, 2 et 3 d'azur au château cré-

nelé d'argent, et sur le tout d'azur au rocher de 6 copeaux d'argent. — RUBLE : d'azur à 2 bandes d'argent, au chef d'or chargé d'un lion léopardé de sable.

SADIRAC : de gueules au chevron d'argent, accompagné de 3 étoiles de même. — SALABERRY : écartelé 1 et 4 d'or au lion de gueules, 2 et 3, parti, au 1 de Béarn, au 2 de gueules à la croix pommetée d'argent, à la bordure d'azur chargée de 8 sautoirs d'argent, d'autres disent d'or. — SERIGNAC : d'or à 3 pointes de rocher de sinople, surmontées chacune d'une corneille de sable, becquée et membrée de gueules, celle du milieu plus élevée. — SARIAC : d'argent à une corneille de sable, becquée et membrée de gueules, au chef d'azur chargée de 3 étoiles d'argent. — SERILLAC OU SEDILLAC : d'argent au lion de gueules. — SÉRVAN : d'azur à un épervier d'argent, perché sur une main gantée de même. — SERS : d'azur au lion d'or. Un autre Sers porte écartelé 1 et 4 d'azur, au lion d'argent, armé et lampassé de gueules, 2 et 3 d'azur à 3 étoiles d'or. — ST-SIVIÉ : de gueules au bras d'argent mouvant du flanc dextre de l'un, et tenant une croix d'argent. — SALINIS : d'argent au hêtre de sinople, senestré d'un ours au naturel contre-rampant et jetant avec sa pate du sel avec ces mots : sic sale viresco. La famille de Salinis ou de Salies, a donné, y comprenant l'évêque actuel d'Amiens, 5 prélats à l'église de France.

SANSOT DE BODÉAN : 1 et 4 contre-écartelée, 1 et 4 de gueules à 3 pals d'or, 2 et 3 d'or à l'ours passant de sable, 2 et 3 d'argent au cerf de gueules, la tête contournée, couché au pied d'un olivier de sinople, au chef d'azur, chargé d'une étoile d'or accostée d'un vannet d'argent — ST-MARTIN : d'azur au rocher d'or. Un autre d'azur à un épi d'argent en bande, la pointe en haut, accompagnée de 3 trèfles d'or 2 et 1. Un autre porte de gueules au sautoir d'or. — SERRES : d'argent au chevron d'azur chargé de 3 étoiles d'or, et accompagné de 3 trèfles de sinople. — SEVIN : d'azur à la gerbe de blé d'or. — ST-JULIEN : de gueules à 2 lions affrontés d'argent. — SAUBOLE : d'or à la bande de gueules. — SAVIGNAC : parti, au 1 de....... à la barre de.... au 2, de.... à 2 tourteaux de gueules. — SIBURAS : d'azur au chevron d'or, accompagné en pointe d'un lys d'argent. — ST-JEAN : parti, d'argent et de gueules, au chef d'argent chargé d'une croix fleuronnée de sable.

SABATERY : d'azur au chevron d'or, accompagné en chef de 2 étoiles de même, et en pointe d'un pelican d'argent. — ST-GERY DE CORNÉ : d'or à la croix de gueules. — SERIS : de gueules au lion d'or, lampassé d'azur. — ST-ARAILLES : de gueules à la croix d'argent. — SAUVERICK DE CAMPEL : de gueules au château d'argent maçonné de sable. — SAGE : parti, au 1 d'or à l'aigle éployée de sinople, au 2 d'azur, à deux cornets d'or l'un sur l'autre, au chef cousu d'argent, chargé de 3 étoiles de gueules. — SADIRAC : de gueules au chevron d'argent, accompagné de 3 étoilesde même. — STE-COLOMBE : d'azur à 3 colombes d'argent 2 et 1, et un croissant du même en chef. — SÉGUR : écartelé, 1 et 4 de gueules au lion d'or, 2 et 3 d'argent plein. — ST-JEAN DE PONTIS : d'azur à 2 lions affrontés d'or soutenant une cloche d'argent. — SOLAGES : d'azur au soleil d'or. — SOUBIRAN : d'argent et la bande de gueules. — SENIGON : d'or à 2 lions affrontés d'azur. — SEIGNAN : d'azur au payrle d'argent, accompagné de 3 cygnes de même. — SONIS-D'ESPUJOS : d'argent à la bande de gueules, accompagnée en chef de 3 étoiles d'or, et en pointe d'un lion de même. — STE-CHRISTIE : d'argent à l'aigle de sable, au chef d'azur chargé d'un croissant d'argent accosté de 2 étoiles de même. — SALVANDI : écartelé au 1 d'argent à 2 lions affrontés de..... au 2 d'azur à 3 étoiles d'or 2 et 1, au 3me d'or à deux taureaux de sable passant l'un sur l'autre, au 4 de gueules à la barre d'argent.

SENDAT (baron) : écartelé, 1 et 4 d'argent au lion de sable, au chef d'azur chargé de 3 coquilles d'argent, 2 et 3 de gueules au lion d'or. — ST-SEVER-CAP (la ville de) : d'azur à une fleur de lys d'or. — ST-ESTEVEN : d'or à l'arbre de sinople chargé d'une pie de sable. — ST-MARTIN DE LA RESSORE : d'argent à 2 loups passants de sable. — ST-PÉE : de gueules à deux clefs d'argent, mises en pal. — SALHA DE BURDOS : écartelé 1 et 4 d'azur à 3 colombes d'argent posées 2 et 1, 2 et 3 de gueules à la croix d'argent, sur le tout de gueules à 3 chevrons d'or. — SILHOUÊTE DE BIARRITS : de sinople à un vaisseau d'argent voguant sur une mer de même, mouvante de la pointe de l'écu, au chef parti au 1 de gueules à la croix d'or, au 2 d'or, au lion de gueules. — SORHOUET : d'argent à l'arbre de sinople, chargé d'une traverse ou croix de même, supportant à dextre un lion de gueules, et à senestre une aigle au vol éployé. — SOUHY : écartelé 1 et 4 d'azur au lion d'argent, 2 d'or à l'arbre de sinople, 3 de gueules à 3 coquilles d'or 2 et 1. — SAISEVAL : d'azur à 2 bras adossés d'argent. — SAHUGUET : de gueules à 2 épées d'or, les pointes en bas, accompagnées en chef d'une coquille d'argent, et en pointe d'un croissant de même. — ST-LARY-BELLEGARDE : d'azur au lion couronné d'or.

ST-MARSAULT : de gueules à 3 demi-vols d'or. — SCORAILLE : d'azur à 3 bandes d'or. — SUDRIE : de gueules au lion couronné d'argent à l'orle de 12 besans de même. — SUS : pallé d'or et de gueules. — SARRIEU : d'argent à 2 branches d'olivier de sinople, liées et passées en sautoir, surmontées en chef d'une corneille becquée et membrée de gueules. — SARRAMEA : d'azur au cerf passant d'or. — SERMET DE SEOURAC : de gueules à la tour d'argent, senestré d'un lion rampant d'or de même, contre-rampant. — St-Cric : d'argent à 2 posés en sautoir au chef d'azur chargé de 3 étoiles d'or. — SAUVAN : de gueules au lion d'argent. — SEISSAN DE MARIGNAN : d'argent à l'arbre terrassé de sinople, au chef d'azur chargé d'une merlette d'argent accostée de deux cœurs d'argent. — St-Etienne : d'azur à la bande d'or, accostée de deux cloches d'argent. — SABATIER : d'azur à 3 étoiles d'or 2 et 1. — St-Gresse : d'or à la levrette de gueules accolée d'argent accompagnée en chef d'un heaume de chevalier aussi d'argent et taré de front.— SIMORRE (ville de) : parti au 1 d'azur à 2 fleurs de lys d'or, au 2 de gueules, à la crosse d'argent surmontée de 3 étoiles de même.— SAISSAC : burelé de gueules et d'argent.

SALETTE : écartelé 1 et 4 d'azur au lion d'or, 2 et 3 d'or à l'arbre de sinople.— SERRES DE St-SIMON : écartelé 1 et 4 d'or à 4 vergettes de gueules, 2 et 3 d'argent à 4 flammes de gueules mouvantes du bas de l'écu. — SAUVAGE : d'azur au tronc de chêne d'argent accompagné en chef et en flanc de 2 feuilles de chêne et de 2 glands d'or. — SAINTOURS : d'azur à l'ours passant d'or, surmonté d'un croissant d'argent. — SALLES : d'argent à la tour d'azur. — SAUVIN : d'or à 2 loups affrontés d'azur. — SELESSES DE MARSAC : d'azur au chevron d'or, accompagné de 3 lions, 2 en chef et 1 en pointe. — SAMBUCY : d'or à l'olivier de sinople, reposant sur un croissant de sable, au chef d'azur chargé d'un soleil de 8 rais.

TARTAS (la ville) : écartelé, 1 et 4 de sable fretté d'or de 10 pièces, 2 d'azur à la fleur de lys d'or, 3 d'azur à la demi-fleur de lys de même. — THESAN DE LESCOUT DE BIRAN ET DE St-CHRISTAU : d'azur à l'aigle d'argent. — TIMBRUNE : d'azur à la barre d'or, accompagnée de 2 fleurs de lys de même.— TOURNEMIRE : d'azur à la tour crénelée d'or, à l'orle de 7 hermines d'argent. — TERRIDE : écartelé 1 et 4 d'argent, au treillis d'azur, 2 et 3 de gueules, à 9 besants d'argent, 3, 3, 2 et 1, aliàs d'argent au lion de gueules et d'azur, au treillis de 4 pièces d'or, cloué de même. — TOUGES : d'azur à 2 besants d'or en pal. — THORON : d'azur, au chien passant d'argent, accompagné en chef de 3 besants de même, posés en fasce.— TARSAC : tiercé au 1 de France, au 2 de ... à la fasce d'or, au 3 de gueules plein.— THONEL-ORGEIX : d'azur à 3 épis de blé ou d'orge, posés en pal, accostés de 2 tours d'argent, sommées de 3 tourelles de même, le tout crénelé, ajouré et maçonné de sable. — TENET : parti au 1 de gueules à l'épée d'argent en bande, au 2 d'azur, à 9 merlettes d'argent, au lion d'or brochant sur les merlettes. — THOMAS : d'azur au poisson d'argent en bande, au chef cousu de gueules, chargé de 3 étoiles d'or.— TRI-

DESSE DE CABIDOS : d'or à l'aigle de sable tenant dans ses serres une épée posée en fasce, et dans son bec une flèche. — TARTANAC : écartelé 1 et 4 d'or au lion de gueules, 2 et 3 de gueules à la tortue d'or, au chef chargé de 3 molettes d'éperon de sable. — LE MARÉCHAL DE TRIE, fondateur de la ville de ce nom : d'or à la bande d'azur. — DU BROCA-TRENCALÉON : écartelé 1 et 4 d'argent au lion de gueules, armé et lampassé de sable, 2 et 3 d'azur à 3 chevrons brisés d'or. — TOU-CHEBŒUF : d'azur à 3 bœufs d'or.

UHART : de gueules à 3 besants d'argent, chargés chacun d'une étoile d'argent. — UHALDE : coupé au 1 de Navarre, au 2 d'azur à 5 otelles d'argent posées en sautoir. — USTOU : d'or, au taureau effarouché ; d'autres disent à la vache de gueules colletée et clarinée d'azur. — URTUBIE : d'argent à 3 fasces de gueules, accompagnées de 9 loups de sable, 3, 3 et 3.

VILLAMBITS : de gueules à la croix d'argent.—VILLEMUR : d'azur au lion d'argent.—VOISINS-MONTAUT : d'or à 3 losanges de gueules rangés et accolés en fasce, écartelé de Montaut. — VICMONT : d'or à 3 corneilles de sable. — VILLÈRES : écartelé 1 et 4 d'argent à la croix de gueules, 2 et 3 de gueules au besant d'argent.—VERDUZAN : d'azur à 2 besants d'argent posés en pal. — VESINS DE LUGUAGNAC : écartelé 1 et 4 d'azur au lion d'argent, 2 et 3 de gueules à 3 clefs d'argent. — VERGÉS DE TARBE : d'argent à l'arbre de sinople, à la bande de gueules chargée en cœur d'une rose d'argent brochant sur le fust de l'arbre. — VERD ou VERN : d'argent à l'aulhe de sinople, tigé de même et fruité de sable. — VIC : d'azur à la foi d'argent, surmontée en chef d'un écusson d'azur, chargé d'une fleur de lys d'or à la bordure de même.—VIGNOLES : écartelé 1 et 4 d'azur, à 3 étriers d'or, chacun surmonté de 1 besant d'argent, 2 et 3 d'azur au lion d'or surmonté d'une croix de même. — VAQUÉ : d'argent à la vache de gueules, colletée d'or et clarinée de sable.— VARAGNE : d'or à la croix de sable —VIGNES : d'azur, à la vache de gueules, accornée, colletée et clarinée d'azur.— VIVIE DE REGIE : d'azur au chevron alésé d'argent, accompagné de 3 grenades de même, 2 en chef et 1 en pointe. — VIDAILLAN : d'azur au chevron d'argent, accompagné en chef de 2 étoiles de même, et en pointe d'une tour de..—VANDUFFET : parti, au 1 d'or à 3 croix patées de gueules posées en pal, au 2 de sinople à 3 merlettes d'argent, posées aussi en pal. — VIDART : écartelé 1 et 4 de gueules au sanglier de sable, brochant sur un cyprès de sinople, accompagné de 8 croix de St-André posées en orle, 3, 2 et 3, au 2 de gueules à 3 dards d'argent jectés et empennés d'or, l'un en pal, les deux autres passés en sautoir, au 3 de gueules, à 3 dards d'or rangés en pal, jectés et empennés d'argent, les pointes en bas, devise aux mores. La devise et les 8 croix de St-André rappellent la part qu'un membre de cette famille prit à la victoire remportée sur les Sarrazins d'Espagne, dans les plaines de Las Navas, le jour de la fête de St-André. — VILLENEUVE : d'azur à une épée d'argent, garnie d'or et posée en bande, la pointe en bas. —VASSAL : d'azur à la bande d'argent, chargée de 3 besants d'or et accompagnée de 2 étoiles de même. —VESINS : de gueules à 3 bandes d'or, celle du milieu chargée de 3 corneilles de sable. — VÉSIAN : d'azur à la bande d'or, accompagnée de 2 croissants d'argent. — VENDOMOIS : d'hermine, au chef d'or chargé de 3 fasces de gueules. — VERDUZAN : d'azur à 2 besants d'argent. — VALETTE : parti, 1 de gueules au gerfaut d'argent, 2 de Morlhon. — VIENNE : de gueules à l'aigle d'or. — VIDEAU : d'or au pal de gueules.—VERGÈS-D'AIGNAN : de sable au cerf d'argent chargé à l'épaule d'une fleur de lys de gueules. — VIC-FEZENSAC : de gueules au pal abaissé d'azur, sommé d'une fleur de lys d'or.—VIVANS : d'or au lion couronné de gueules.

YBARRAT : coupé au 1 d'argent, à 3 chevrons de gueules, au 2 d'or, au lion de gueules. — YRIGOYEN : d'azur à la bordure d'argent chargée de 9 billettes d'or.

BLASONS DES ARCHEVÊQUES ET ÉVÊQUES

DE LA PROVINCE.

AUCH. — Nous avons inséré, dans les volumes précédents, les Armoiries des Archevêques d'Auch jusqu'à LÉONARD DE TRAPPES. Ce prélat portait écartelé 1 et 4 d'argent au chevron de gueules, accompagné de 3 chausse-trappes de sable, 2 et 3 d'azur à la fasce d'argent chargée d'une croix de Jérusalem posée entre une coquille et un croissant de gueules, et accompagnée de 3 molettes d'or. — DE VIC : voir ailleurs. — LAMOTHE-HOUDANCOURT : écartelé 1 et 4 d'azur à une tour d'argent, 2 et 3 d'or à la levrette rampante de gueules, accolée d'azur bouclée d'or, et accompagnée de 3 besants de gueules. — LA BAUME DE SUZE : d'or à 3 chevrons brisés de gueules, au chef d'azur, chargé d'un lion issant de gueules.—MAUROU : d'or au porc-épic de sable. — DESMARETS : écartelé 1 et 4 d'azur au dextrochère d'argent tenant une plante de 3 lys de même, 2 et 3 d'azur à la couleuvre de sinople tortillée en pal. — POLIGNAC : fascé d'argent et de gueules de six pièces. — MONTILLET :

éeartelé 1 et 4 d'azur au chevron d'argent sommé d'un croissant de même, 2 et 3 de gueules à 2 bandes ondées d'argent. — D'APCHON : d'or semé de fleur de lys d'azur. — LATOUR DU PIN-MONTAUBAN : écartelé 1 et 4 d'azur à la tour d'argent, au chef cousu de gueules, chargé de 3 casques d'or, 2 et 3 d'or au dauphin d'azur. — DE MOR-LHON : de gueules au lion d'or, accompagné de 3 besants de même, 2 en chef et 1 en pointe. — D'ISOARD : d'or à la fasce de gueules, accompagnée de trois loups naissans de sable, lampassés et armés de gueules, 2 en chef et 1 en pointe. — M⁒ DE LA CROIX D'AZOLETTE porte de gueules à la croix de St-André d'argent, cantonnée de 4 roses de même.

CONDOM. — Les deux GALARDS, GROSSOLES, GONTAUT-BIRON, MONLUC et D'ESTRADES, portaient comme leur famille. — BER-NARD D'ALLEMAND : d'azur à trois vaisseaux d'or voilés d'argent ; 2 et 1, d'autres disent de gueules semé de fleurs de lys d'or à la bande d'argent brochante. — GUILLAUME D'ESTAMPES : d'hermine à la bordure de gueules. — GUI DE MONTBRUN : d'azur à la bande d'or chargée de 3 mouchetures d'hermines. — ANTOINE DE POMPADOUR : d'azur à 3 tours d'argent maçonnés de sable 2 et 1. — MARRE : d'azur à l'agneau de St-Jean-Baptiste d'argent. — CHARLES DE PISSELEU : d'argent à 3 lions de gueules. — JEAN DE MONLUC : écartelé 1 et 4 d'azur au loup ravissant d'or, 2 et 3 d'or au tourteau de gueules. — DU CHEMIN : de gueules au lion d'hermine. — DE COUX : d'argent à 3 fasces d'azur à la bande de gueules, brochant sur le tout chargée de 3 alérions d'argent. — CHARLES-LOUIS DE LORRAINE : d'or à la bande de gueules. — BOSSURT : d'azur à 3 fermeaux ou roues d'or 2 et 1. — MATIGNON : d'argent au lion de gueules couronné d'or. — D'HERVAUT : d'argent à 2 fasces d'azur. — MILON : de gueules à la fasce d'or chargée d'une merlette de sable, et accompagné de 3 crois-sants d'or, 2 en chef et 1 en pointe. — COSSÉ-BRISSAC : de sable à 3 fasces d'or denchées par le bas. MONTMORENCY-LAVAL : d'or à la croix de gueules, brisée de 5 coquilles d'argent, et cantonnée à chaque quartier de 4 alérions d'azur. — BRIENNE : d'or à l'arbre de sinople, reposant sur un tourteau de sable, au chef d'azur chargé de 3 losan-ges d'argent. — D'ANTEROCHE : d'azur à la bande d'argent chargée en pal de 3 mouchetures d'hermine et accompagnée en chef et en pointe d'une croisette d'argent, cantonnée de 4 besants aussi d'ar-gent, au chef de même, chargé de 3 fasces ondées d'azur.

LECTOURE. — Pour MONLEZUN, FERRIÈRE, DES BORDES, D'AR-MAGNAC, LABARTHE, D'ESPAGNE, DUFAUR, D'ESTRESSES, LUSTRAC, POLASTRON et CUGNAC, voir leur famille. — D'ARSAC : d'argent à la bande d'azur, chargée en abîme d'un besant d'or, à la bordure aussi d'azur chargée de 8 besants d'or. — LOUIS POT : d'or à la fasce d'argent.— LES TROIS BARTHONS : d'azur au cerf en repos d'or, au chef échiqueté d'or et de gueules. — DE PLAS : d'argent à trois jumelles de gueules posées en bande. — LAROCHEFOUCAULD : burelé d'argent et d'azur à trois chevrons de gueules, le 1 écimé, brochant sur le tout. —CASET DE LA VOTORTE : d'azur à 3 aigles d'or. — DE BAR : fascé d'argent et gueules de 6 pièces.—D'ILLIERS-D'ENTRAGUES : d'or à 6 annelets de gueules 3, 2 et 1. — NARBONNE-PELET, de gueules à l'écu d'argent en abîme, au chef de sable. — CHAPELLE DE JUMILLAC : d'azur à l'église ou chapelle d'or.

LOMBEZ. — ROGER DE COMMINGES, GUILLAUME DE DEUFORT et les deux D'ORNESAN, ARMAND DE MIREPOIX et PIERRE DE FOIX : portaient comme leur famille. Pour les deux BILLÈRES DE LAGRAULAS, voir t. 5, p. 49. — FRANÇOIS OLIVIER : écartelé 1 et 4 d'azur à 6 besants d'or, 3, 2 et 1, au chef d'argent, chargé d'un lion naissant de sable, au 2 et 3 d'or à 3 bandes de gueules. — LES TROIS DAFFIS : d'argent à la bande de gueules, chargée d'une rose d'argent entre deux roues d'or de 6 rais. — SÉGUIER : d'azur au chevron d'or accompagné en chef de deux étoiles de même, et en pointe d'un mouton passant d'argent. — FAGON : d'azur au lion rampant et contourné, regardant un soleil d'or mouvant de l'angle dextre supérieur do l'écu, et senestré d'une brebis d'argent paissante sur une terrasse de sinople, sur laquelle reposent aussi les deux pates du lion. — MAUPOU : comme l'archevêque d'Auch. — RICHIER DE CÉRISI : de sinople à la bande surmontée d'un lion léopardé d'argent de ... — LAMOTHE-FÉNÉLON : comme l'archevêque de Cambrai, d'or à 3 bandes de sable. —DE CHAUVIGNI DE BLOT : écartelé, 1 et 4 de sable, au lion d'or, 2 et 3 d'or à 3 bandes de gueules, et sur le tout d'argent à 5 fusées de sable rangées en fasce.

AIRE.—D'ORBESSAN, ST-MARTIN, LEFÈVRE ou DUFAUR, NOAILLES, LESCUN, LES FOIX, D'ALBRET, ABADIE, D'AYDIE, GRAMMONT, ST-JULIEN, SARIAC, portaient comme leur famille.—AMBOISE. AMBYJOUX : pallé d'or et de gueules de six pièces.—BIAIX : d'or à la fasce de gueules chargée de 3 besants.—SALUCES : d'argent, au chef d'azur.—COSPÉAN : écartelé, 1 et 4 d'azur, à 3 bouterolles d'or, 2 et 1, 2 et 3 d'or à la croix alésée de gueules. — BOUTILLIER : d'azur à 3 fasces d'or, aliàs à 3 fusées d'or rangées en fasces — BOUTAUT : d'azur à 3 chevrons d'or, accompagnés de 3 triangles d'or renversés. — D'ANGLURE : d'or semé de grillets d'argent, soutenu chacun d'un croissant de gueules, écartelé de Châtillon, et sur le tout d'or à 4 fasces de gueules.— FROMENTIÈRES : de gueules à 2 fasces d'argent. — BASIN DE BESONS : d'azur à 3 couronnes ducales, fleuronnées de 5 pièces d'or.—FLEURIAU-D'ARMENONVILLE : d'azur à l'épervier d'argent, perché sur un bâton de gueules, au chef d'or chargé de 3 glands fruités et tigés de sinople.— MATHA : d'or à la croix de gueules cantonnée de 4 lionceaux d'azur.—LES DEUX MONTMORIN : de gueules, semé de molettes d'argent au lion de même.—SARRET DE GAUJAC : de...... à 2 lions affrontés, accompagnés, en chef, d'un lambel de 3 pendants, en abîme d'une étoile, et en pointe de 3 branches de saule pleureur, posées 1 et 2. — RAYGECOURT : d'or à la tour de sable. — CAHUSAC DE CAUX : d'or à 3 pals ondés d'azur. —LE PAPE DE TREVERN : d'argent, à la corneille de sable traversée d'une flèche de pourpre et posée sur une terrasse de sinople. — SAVY : d'azur à la croix recroisettée au pied fiché d'argent. — Mgr. LANNÉLUC écartelle d'azur au pélican d'argent, 2 de gueules à la tour d'argent crénelée et maçonnée de sable, 3 de gueules à la couleuvre tortillée en pal d'or, 4 d'azur à la colombe essorée d'argent posée en bande; les 4 quartiers figurent la Charité, la Force, la Prudence et la Douceur.

DAX. — CAUNA, MAULÉON, SALIES OU SALINIS, MIOSSENS, VILLE, CAUPENNE, BORDES, FOIX, MONTFERRAND, CASTELNAU, NAVAILLES, ABADIE D'ARBOUCAVE, LEQUIEN DE LA NEUFVILLE, portaient comme leur famille. — PIERRE YTHIER : de..... à la bande de..... accompagné en chef d'une étoile et en pointe de 2 besants. — PIERRE DU BOSC : de gueules à la croix d'argent cantonnée de 4 trèfles de même, — LES DEUX BORIE : d'azur, au lion d'or gravissant un rocher d'argent et surmonté de 3 étoiles d'or. — LES DEUX LAMARTHONIE : de gueules au lion d'or armé et lampassé de sable. — LES DEUX NOAILLES : de gueules à la bande d'or. — LES DUSAULT : de sable à l'aigle éployé et couronné d'argent, au vol abaissé. — DESCLAUX : d'azur à 2 fasces d'or surmontées d'une étoile enjambée d'une cane essorante de sable sur une rivière d'argent. — LE BOUX : d'argent au chevron d'azur, accompagné en chef de 2 hures de sanglier arrachées de sable, et en pointe d'une tête de limier de gueules accolée d'argent.— HUGUES DE BAR, voir Lectoure. — D'ANDIGNÉ : d'argent à 3 aiglettes au vol abaissé de gueules, becquées et membrées d'azur. — SUARÈS D'AULAN : d'azur à la tour d'argent crénelée et maçonnée de sable, surmontée d'un aigle couronné d'or.

BAYONNE. —ASTARAC, ESPETETTE, LACARRE, HAITS, LES DEUX ST-JEAN, RIVIÈRE, DU BERNET, DES BORDES, LAUR, BARRIÈRE : comme leur famille. — MAREUIL : d'azur à la fasce d'argent accompagnée de 3 étoiles de même, posées 2 en chef et 1 en pointe. — LAHET : écartelé, 1 et 4 de gueules à 2 poissons d'or posés en fasces, 2 et 3 de Béarn. — ROCHEFORT D'AILLI : de gueules à la bande d'argent accompagnée de 6 merlettes de même posées en orle. —

Du Bellay : d'argent à la bande fuselée de gueules accompagnée de 6 fleurs de lys d'azur posées en orle. — Poncher : d'or au chevron de gueules chargé en chef d'une tête de maure de sable tortillée d'argent et accompagné de 3 coquilles de sable posées 2 en chef et 1 en pointe.— Moutiers : écartelle 1 et 4 d'argent à 3 fusées de gueules, 2 et 3 d'azur à 2 léopards d'or. — Sossionde : de ... au cavalier de... accompagné en chef à dextre d'une fleur de lys et à senestre d'une croix patée. — D'Etchaux : d'azur à 3 fusées d'or. — Rueil : d'or à 4 aigles de gueules au franc-quartier d'azur chargé d'un lion d'or.— Béthune : d'argent à la fasce de gueules, accompagnée en chef d'un lambel de 3 pendants de même. —Montaigne : de gueules semé de trèfles d'or, à une pate de griffon d'or en barre. — Fouquet : d'argent à l'écureuil de gueules. — D'Olce : de gueules, à 3 chevrons d'argent à l'étoile à 5 raies de même, posée en franc-quartier. — La Roche-Priélé : écartelle, 1 et 4 d'or à la palme de sinople posée en pal, 2 et 3 d'azur à 2 flèches d'or posées en fasce, la seconde contournée. — La Lanne : écartellé 1 et 4 de gueules au lion contourné, 2 et 3 d'azur, à 2 levrettes courantes d'argent. — Beauveau : d'argent à 4 lionceaux de gueules, armés et couronnés d'or. — Drueillet : d'argent au chef de gueules chargé de 3 étoiles du champ. — La Vieuville : de gueules au lion couronné d'argent. — Gigaut de Bellefonds : d'azur au chevron d'or accompagné de 3 losanges d'argent, 2 en chef et 1 en pointe. — De Beaumont : de gueules à la fasce d'argent chargée de 3 fleurs de lys d'azur. — D'Arche : d'azur à l'arche d'alliance voguant sur une mer ondée et surmontée d'une colombe tenant dans son bec un rameau d'olivier, le tout d'or. — Ferron de La Ferronays : d'azur à 6 bellettes d'argent posées 3, 2 et 1, au chef cousu de gueules chargé de 3 annelets d'or.—Pavée de La Villevieille : d'azur à 3 chevrons d'or. — J.-J. Loison : d'azur à ses 3 initiales entrelacées d'or.—D'Astros, d'azur à 3 étoiles d'or posées 2 en chef et 1 en pointe. — D'Arbou : d'azur au lion d'argent, au chef de même, chargé de 3 merlettes. — Mgr Lacroix : porte d'azur à la croix alésée d'or, entrelacée en cœur d'une couronne d'épines de sable.

OLERON. — Mauléon, Sadirac. d'Espagne, Faudoas, Pardaillan, Albret, les deux Foix, Gassion, Miossens et Salette. portaient comme leur famille. — Salviati : d'argent à 3 bandes tréflées de gueules. — Les trois Maytie : écartelaient 1 et 4 de gueules au lion d'or, 2 et 3 d'argent à l'arbre arraché de sinople, sur le tout d'azur à la la croix d'or.— Bassompierre : d'argent à 3 chevrons de gueules. — Magny : d'azur au chevron d'argent accompagné de 3 canettes de même, 2 en chef et 1 en pointe. — Les deux Revol. :

d'argent à 3 trèfles de sinople 2 et 1. — MONTILLET : voir Auch. — VILLANTREIX DE FAYE : d'azur au chevron sommé d'un croissant et accompagné, en chef, de 2 étoiles, et en pointe d'une rose, le tout d'argent. Les évêques de Lescar ont tous appartenu à la province. On trouvera leurs blasons dans l'armoirial de la Gascogne.

TARBES. — MONTESQUIOU, BIRAN, PARDAILLAN, LES TROIS COARASE, MIOSSENS, LES FOIX, BONHOMME D'ARMAGNAC, GRAMMONT, LES D'AURE, CASTELNAU, MONTBRUN, HUNAUD DE LANTAR, LES D'HYARSE, PALATS, POUDENS : comme leur famille. —MARTRES : d'azur à une martre fourrée d'hermine.—D'AMBOISE-BUSSY : pallé d'or et de gueules de 6 pièces. — LA HOUSSAYE : d'argent à la fasce d'azur accompagnée de 3 roses de gueules, 2 en chef et 1 en pointe. — DE SUZE : voir Auch. — CAMBOUT : de gueules à 3 fasces échiquetées d'argent. — LAROCHE-AIMON : de sable au lion d'or armé et lampassé de gueules, l'un semé d'étoiles d'or. — BEAUPOIL DE ST-AULAIRE : de gueules à 3 accouples de chien d'argent, liées d'azur, mises en pal 2 et 1.

DU VIVIER : d'or à 2 pins entrelacés et arrachés passés en double sautoir de sinople fruités d'argent. — NAYRAC : d'azur à 14 étoiles d'argent, posées en barre, 3, 4, 4 et 3. — DOUBLE : d'azur à la croix perronnée et tréflée d'argent reposant sur une foi et entourée d'une gloire. — Mgr LAURENCE porte d'or à la croix ancrée de gueules et entourée d'une gloire, au chef d'azur chargé de 3 étoiles d'argent posées en fasce.

COMMINGES. — Pour les DEUX D'ESPAGNE et les DEUX FOIX, pour CASTILLON, LAUTREC, BARBAZAN, D'ALBRET, D'AURE et MAULÉON, voir leurs familles.—Les BATARDS D'ALBRET et de BOURBON brisaient d'une barre. — BERTRAND DE GOTH (Clément V) : d'or à trois fasces de gueules. — SALIGNAC : d'or à trois bandes de sable. — COSNAC : d'argent, semé de molettes de sable, au lion de même, armé, lampassé et couronné de gueules, brochant sur le tout. BERTRAND OU BERTRANDI : d'azur au cerf passant d'or, au chef d'argent. — LE CARDINAL CARAFFE : d'azur à 3 fasces d'argent. — DE ST-GELAIS : d'azur à la croix d'argent. — SOUVRÉ : d'azur à 5 cotices d'or. — DONADIEU : d'azur au dextrochère, soutenant un cœur, accompagné en chef de 2 étoiles, le tout d'argent. —CHOISEUL : d'azur, à la croix d'or, cantonnée de 18 billettes de même, 5 à chaque canton d'en haut mises en sautoir, et 4 à chaque canton d'en bas, 2 et 2. — RECHIGNEVOISIN DU GURON : de gueules à une fleur de lys d'argent. —BRISAY : fascé d'argent et de gueules de 8 pièces. — DU BOUCHET : de .... au lion de .... soutenant de ses deux pates un pal ou une épée de ...., au chef de ...., chargé de 2 étoiles. — LAS-

TIC : de gueules à la fasce d'argent.— LES DEUX D'OSMOND : de gueules au vol renversé d'hermines.

COUSERANS. — Pour SAUBOLE, MONTFAUCON, MONTAIGU ou
MONTÉGUT, ASPET, VILLEMUR, LAUTREC, AURE, GRAMMONT,
MARTRES, OSSUN, LINGUA DE ST-BLANCAT, BELLEGARDE, MARCA,
ST-ESTEVEN, ASTIER, MARMIESSE et LASTIC, voir leur famille. —
D'AUBUSSON : d'or à la croix ancrée de gueules, — AULE : d'azur
à une tour de castille d'argent. — RUADE : d'argent au chevron de
gueules, accompagné de 3 hermines de sable. — VERTAMON : écartelé de gueules au lion léopardé d'or, 2 et 3, 5 points d'or, équipollés
à 4 d'azur, 4 de gueules plein. — MACHECO : d'azur au chevron d'or,
accompagné de 3 têtes de perdrix de même. — MARNAY : de sable
au chevron d'or, au chef de même, chargé d'une hure de sanglier
de sable.

BAZAS.— Pour les LAMOTHES, les DE PINS, CASTILLON, MON-
TESQUIOU, DU PUY, D'ALBRET, les DE PLAS, FOIX, PONTAC et
GOURGUES, voir ailleurs. — MONTLAUR portait : d'or au lion couronné de vair. — LES BALAGUIER : d'or à 3 fasces de gueules. —
GRILLET : d'azur au chevron d'or accompagné de 3 grelots de même
et surmonté d'un croissant.— LISTOLFI-MARONNI : coupé au 1 d'or
à l'aigle éployée de sable, au 2 d'azur à la bande d'argent chargée de
3 roses de gueules.— MARTINEAU : d'azur à 3 lions d'argent.— GRÉ-
GOIRE DE ST-SAUVEUR : d'argent à la croix patée de gueules. —
Enfin, le CARDINAL D'OSSAT portait : d'azur à la colombe d'argent
tenant dans son bec un rameau d'olivier de sinople.

ADDITIONS A L'ARMOIRIAL.

ANTIN : ancien d'argent, à 3 lions naissants de gueules 2 et 1. — AYDIE : de gueules à 3 conils d'argent, cantonnés aliàs courant en fasce l'un sur l'autre. — AURE : d'azur à 3 léopards d'argent. — BALAGNY : comme le maréchal Monluc et sur le tout d'or à 3 lions d'azur lampassés de gueules. — BENAC : parti au 1 de gueules au lièvre courant en bande d'argent, au 2 d'azur à 2 lapins d'or courant l'un sur l'autre. — CASTELNAU-CHALOSSE : écartelé de Castille et de Lion. — CORACÉ : écartelé 1 et 4 de gueules à l'anneau d'argent 2 et 3 d'or à 2 vaches de sable. COURS DE MAUPAS : d'argent au pin de sinople, terrassé de sable, senestré d'un lion contre-rampant de gueules, couronné de même. — DOURS : d'azur, au chef d'or au lion de gueules brochant sur le tout. — DUCOUSSOL : de ... à 5 burelles de ..., au chef de ... chargé de 3 étoiles de ... — FEZENSAC (le comté de) : de gueules au lion d'or. — GROIN DE LAROMAGÈRE, évêque de Tarbes : d'argent à 3 têtes de lion de gueules. — GALLARD, différent des Galard-Terraube et Magnas : d'azur à une fasce d'argent chargée d'une flamme de gueules et accompagnée de 2 étoiles d'or en chef et d'un croissant d'argent en pointe, aliàs d'azur au chevron d'or, accompagné d'un croissant d'argent, accosté de 2 roses d'or en chef et d'une rose de même en pointe. — LAMOUROUX DE PLEINE-SELVE : de gueules à 3 fers de lance, aliàs de pique d'argent.

LECTOURE (la ville de) : de gueules à deux béliers paissants d'argent l'un sur l'autre. — LALOUBÈRE : d'or à deux loups passants de sable. — LAAGE, (voir Lage). — LAROQUETTE : pallé d'or et de gueules à la bande de gueules brochant sur le tout. — LAGOUTTE : écartelé 1 et 4 d'azur au chevron d'or, accompagné de 3 étoiles de même, 2 et 3 de gueules à la tour d'argent. — LUCAS : d'argent à la bande de sinople. — LAUGNAC : écartelé 1 et 4 de gueules à 2 balances en équilibre d'or 2 et 3 de gueules à 3 bandes d'or. — LEMASUYER : d'azur au pélican d'or. — MONTBOISSIER : d'or semé de croix potencées de sable au lion de même. — MONTGASCON : de gueules, au chef de vair. — MONTFERRAN : pallé d'azur et d'argent de huit pièces. — MARTINS : écartelé 1 et 4 d'Armagnac 2 et 3 de gueules à une meule de moulin d'argent. — MAUBEC : de gueules à 3 léopards d'or. — MARCA, de Castelnau-R.-B. : de .... à la bande de .... cotoyée de 2 lions léopardés de ..,.... — PUGET, évêque. de Dax : d'azur au chevron ondé d'argent, accompagné de 3 molettes d'or. — SALES-POMMIERS : de sinople à 5 lionceaux d'argent posés en sautoir. — STE-COLOMBE : écartelé d'argent et d'azur. — ST-PASTOU : d'azur à la cloche d'argent bataillée de sable, soutenue par une aigle d'or au vol abaissé et surmontée d'une fleur de lys d'or.

ASSON-CHELLE : d'or au chevron renversé de ... accompagné de 4 roses, 1 en chef et 3 en pointe 1 et 2. — CAMBIS : d'azur à la montagne de 6 copeaux d'or, accostée de 2 lions affrontés et contre-rampants de même. — CASTELNAU-CHALOSSE et SERVUZ . écartelé 1 et

V.   13

4 de gueules à la tour de sable, sommée de 3 donjons crénelés de même, 2 et 3 d'azur au lion d'argent armé et lampassé de gueules; d'autres disent écartelé de Castille et de Lion.— CASTELNAU-LALOU-BÈRE (voir Castera-Laloubére). — CASTILLON-ST-VICTOR : d'azur à la tour couverte d'argent, surmontée d'un croissant de même et soutenue par deux lions rampants d'or. — CHAILAN : d'or au cœur de gueules d'où sort une pensée de sinople. — DELPHIN : de gueules au lion rampant d'or, accompagné de 2 étoiles de même. — FERRIER : bandé d'or et de sable de 6 pièces. — GÈRE-STE-GEMME : d'azur à 2 besants d'or posés l'un sur l'autre à la bordure de gueules chargée de 3 besants d'argent et de 5 écussons de sable. — LARI-LATOUR : d'azur au pal d'or, accosté de 4 antres de sinople, au chef d'or chargé de 3 corbeaux. — LESCOUT-ROUMEGOUX , comme les d'AUX. — LE-BLANC : d'azur à 3 étoiles d'or en chef et à la colombe d'argent en pointe. — SARRET DE GAUGAC, évêque d'Aire : d'azur à 2 lions affrontés d'or soutenant une étoile d'argent posée sur un rocher de même mouvant de la pointe de l'écu. — ST-FÉLIX : d'azur au levrier rampant d'argent, accolé de gueules, cloué et bouclé d'or. — TALE-RANS DE GRIGNAUX-CHALAIS : de gueules à 3 lions couronnés d'or 2 et 1. — TERSAC-MONTBERAUD : de gueules, au chef d'or surmonté de France. — TESTE-LAMOTHE : parti au 1 d'azur au lion contourné d'or au 2 de gueules à la colonne d'argent. — VACHON-BELMONT : de sable à la vache d'or. — VERDELIN : d'or à la fasce de sinople, surmontée d'un verdier de même, becqué et membré de gueules. — VINCENS : d'azur à 3 croissants d'argent 2 et 1, surmontés de 6 étoiles d'or, 3 en chef et 3 en pointe, et sur le tout d'or au lion de sable, armé, couronné et lampassé de gueules. — URRE : d'argent à la bande de gueules, chargée en chef d'une étoile d'argent.

ERRATA.

TABLE DES MATIÈRES

DU SUPPLÉMENT.

Page

ÉPILOGUE.

FIN DE LA TABLE DES MATIÈRES.

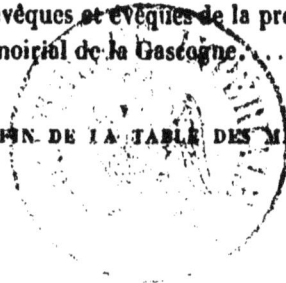

www.ingramcontent.com/pod-product-compliance
Lightning Source LLC
Chambersburg PA
CBHW070638100426
42744CB00006B/726